内蒙古财经大学实训与案例教材系列丛书

丛书主编　金　桩　徐全忠

U0791415

心理辅导活动课操作实务

主　编　李　静　傅彩云

副主编　高晓华　陈芳蓉

中国财经出版传媒集团

经济科学出版社

Economic Science Press

图书在版编目（CIP）数据

心理辅导活动课操作实务/李静，傅彩云主编.—北京：经济科学出版社，2018.12（2021.7重印）
ISBN 978-7-5218-0055-5

Ⅰ.①心… Ⅱ.①李…②傅… Ⅲ.①心理健康-健康教育-教学研究-高等学校 Ⅳ.①G444

中国版本图书馆CIP数据核字（2018）第283407号

责任编辑：李一心
责任校对：刘 昕 王苗苗
责任印制：李 鹏 范 艳

心理辅导活动课操作实务
主 编 李 静 傅彩云
副主编 高晓华 陈芳蓉
经济科学出版社出版、发行 新华书店经销
社址：北京市海淀区阜成路甲28号 邮编：100142
总编部电话：010-88191217 发行部电话：010-88191522
网址：www.esp.com.cn
电子邮件：esp@esp.com.cn
天猫网店：经济科学出版社旗舰店
网址：http：//jjkxcbs.tmall.com
北京季蜂印刷有限公司印装
787×1092 16开 16.25印张 350000字
2019年8月第1版 2021年7月第3次印刷
ISBN 978-7-5218-0055-5 定价：48.00元

前　　言

大学是人才的摇篮，大学生是国家建设的栋梁和未来的希望。人才培养的质量历来是高校重点关注的问题，也是高等教育的目标所系。随着中国改革进程的快速发展和社会稳定和谐的需要，人才的全面发展和整体素质的完善越来越成为高等教育创新的重要课题。自20世纪90年代开始，教育部就明确了加强大学生思想政治教育和心理教育的方向及要求，近年来，又陆续出台了多个重要文件，进一步强调要加强这一方面的内容，如《教育部关于加强普通高校大学生心理健康教育工作的意见》《中共中央 国务院关于进一步加强和改进大学生思想政治教育的意见》《教育部 卫生部 共青团中央关于进一步加强和改进大学生心理健康教育的意见》等，这些文件强调大学生心理健康教育工作要重在建设，立足教育，心理健康教育要以课堂教学、课外教育指导为主要渠道和基本环节，形成课内与课外、教育与指导、咨询与自助紧密结合的心理健康教育工作的网络和体系。这是对高校十几年来心理健康教育工作的总结，突出了心理健康课程教育在心理健康教育中的地位和作用，强调心理健康课程应该成为心理健康教育的主渠道。2011年的《普通高等学校学生心理健康教育工作基本建设标准（试行）》和《教育部办公厅关于印发〈普通高等学校学生心理健康教育课程基本教学要求〉的通知》，又进一步强调建立完善的心理健康教育课程体系，学校应开设必修课或必选课并给予相应的学分，保证学生在校期间普遍接受心理健康课程教育。以上这些文件为高校心理健康教育课程体系建设指明了方向，使高校心理健康课程教育有了可靠的政策依据，并为有效地开展心理健康课程教育提供了保障。

大学生心理健康教育工作不但受到了党和政府及各级教育行政部门的高度重视，也日益受到广大教育工作者和大学生自身的积极关注。课堂教学方法的改革成为心理健康教育是否有效的关键。

内蒙古财经大学的心理健康课程注重课堂教学与课外活动、理论与实践的有机结合。实施“互动”实践教学模式，课堂讲授与心理训练紧密结合，通过讲解、体验和分享“三位一体”的教学模式，让学生在体验中分享，在分享中感悟，在感悟中成长，激发学生的心理潜能，提高学生的心理素质和解决心理问题的能力。

本教材结合多年来的教学实践，是集心理健康知识、心理辅导技术、心理团体训练为一体的心理学教科书，更为强调师生的互动性，参与本书编写老师都是长期从事大学生心理健康教育的一线工作者。本书共分十章，包括：探索心灵的奥秘；发现不一样的我；塑造健康人格；开启智慧学习；培育积极情绪；建立和谐人际关系；增强爱的能力；应对压力，拓展弹性空间；善用网络，把握虚拟世界；感恩生命，幸福生活。各个章节理论导读中嵌入了积极心理学内容，结合实际案例提出了调节心理的科学方法和途径，注重培养学生的积极心理品质；每个主题的心理辅导与训练方案分为四个阶段，即热身阶段、感知——感受阶段、理解——感想阶段、整合——感悟阶段，精心设计活动内容，以取得最大的成效。此外，书中每一章附有“拓展阅读”，其中包括心理健康前沿研究的资料、心理测验、心理故事和心理小视频，既便于学生课后阅读、拓展知识和自我运用，也便于教师课堂上活跃氛围，丰富教学方法。

这是一本符合当代大学生心理需求的教材。希望本书能够成为一个实用的工具，既能够成为大学生提供自我认识、自我把握的工具，促进人格完善和能力提升，也能够为高校从事大学生心理健康教育工作的教师、辅导员提供一些参考。

由于时间和水平所限，对于书中存在的不足与问题，恳请读者批评指正。

编　者

2018 年 12 月

目　录
CONTENTS

导　论

班级团体心理辅导课，在我国不同的地区又分别被称为“班级辅导”“班级团体辅导”“心理辅导活动课程”“心理辅导课”“心理教育课”“心理健康教育课”“心理健康教育活动”“心理辅导专门活动”等，不一而足。这些表述的多元化，恰恰反映了这种以班级团体活动为载体、以班级全体学生为辅导对象、以发展和预防为主要功能的心理健康教育形式在我国还处在探索、尝试的初始阶段，因此各种学术观点“百花齐放，百家争鸣”。

例如，刘勇（2003）称其为“心理辅导专门活动”，指的是“根据学生的身心发展特点和社会需要，有目的地对学生施加旨在促进其更有效地适应学校学习和社会生活的一种教育，它的表现形式可以称之为活动或课程”①。吴增强（2001）将其表述为“班级心理辅导”，认为“班级心理辅导，是指以团体心理辅导及相关的理论与技术为指导，以解决学生成长中的问题为目标，以班级为单位的集体心理辅导活动”。他强调指出：“国外的有关文献中没有‘班级心理辅导’这一术语。在欧美国家，学校的心理辅导工作大多由专业的学校心理咨询工作者担任，主要着眼于解决个别学生心理问题的矫治性目标。而我国的心理健康教育一开始就寻求与学校教育目标融合的教育模式，是以发展为主，矫正为辅，主要认为是提高学生的心理素质，促进他们的心理健康。班级心理辅导正是这种着眼于全体学生成长的心理教育模式。”② 莫雷（2003）称其为“心理健康教育活动”，认为这是“以培养学生良好的心理素质、发展健全的人格、促进其心理健康状况和社会适应能力为专门目的的教育活动。在形式上，它是作为一门课程或按一节课的时间来进行的，所以也可以称之为心理健康教育课；但由于该课程不同于一般的认知学习课程，它主要通过活动的形式来进行，因此，有人主张把它称为心理健康教育活动”③。刘宣文（2004）则将其定名为“心理辅导活动课程”，认为它是“辅导员根据学生的身心发展特点和社会需要，依据团体动力学原理，有目的、有计划地增进学生有效适应和健全人格发展的一种辅导形式”④。综合上述这些学者的观点，可以发现，不管用何种术语来描述，在这几个方面的观点是基本一致的；这种辅导形式以“团体动

① 刘勇．团体咨询治疗与团体训练［M］．广州：广东高等教育出版社，2003：10－11.

② 吴增强，沈之菲等．班级心理辅导［M］．上海：上海教育出版社，2001：1－2.

③ 莫雷．青少年心理健康教育［M］．上海：华东师范大学出版社，2003：127.

④ 刘宣文．学校发展性辅导［M］．北京．人民教育出版社，2004：162.

力学”为理论支柱；它是一种“活动课程”；它是“以班级为单位”的；它的功能是“发展性”的。

而主张使用“心理健康教育课程”这一概念的学者的看法与上面几种观点则有较大的区别。例如夏海鹰（2004）认为：“各校开展的心理辅导课、心理常识课、心理训练课、心理咨询与辅导活动等，目的在于提高学生的心理素质，健全学生的人格，帮助学生解决在成长过程中出现的心理问题，增强承受挫折、适应环境的能力。从这个意义上讲，它们都属于心理健康教育的范畴。因此，把心理健康教育所对应的各种课程统称为心理健康教育课程是比较合理的。”她进一步指出：“心理健康教育课程不是特指某一种课，它是一类课的总称，是依据心理健康教育的目的，或者说为实现心理健康教育的目标而组织的各种教育活动及各种教育性经验的总称。”①

本书论及的“班级团体心理活动课”，是以班级团体活动为载体、以班级全体学生为辅导对象、以发展和预防为主要功能的心理健康教育形式，是学生自我体验、自我发展、自我超越、自我实现的重要学习方式，是学校心理健康教育的重要载体，为实现学校心理健康教育目标提供了课程保证。

《心理辅导活动课操作实务》是由十个主题构成的，涉及大学生活的方方面面，每个主题的心理辅导和训练方案都是将课程总目标分解后确定的，从实践的角度提供最可行的解决方案。课程的实施以不同主题为模块进行，既有与各主题相关的心理学理论通俗易懂、简明扼要的阐述，更有详细的操作训练方案，把理论有机地融入游戏、训练活动中，用理论来解释和提升心理训练活动，以取得最大的成效。

实践证明，班级团体心理活动课的意义在于把理论与实践结合了起来，把抽象的知识演变成了生动活泼的操作，使学生在实际活动情境中来体验、领悟训练项目中所蕴含的深刻道理，最重要的是帮助学生勇敢地走出了改变自己、拓展自己的第一步。

F

① 夏海鹰．心理健康教育课程问题探究［M］．北京：中国人事出版社，2004：7.

第一章　探索心灵的奥秘

本章导语

从“讳疾忌医”的故事说起

原文：扁鹊见蔡桓公，立有间，扁鹊曰：“君有疾在腠理，不治将恐深。”桓侯曰：“寡人无疾。”扁鹊出，桓侯曰：“医之好治不病以为功。”居十日，扁鹊复见曰：“君之病在肌肤，不治将益深。”桓侯不应。扁鹊出，桓侯又不悦。居十日，扁鹊复见曰：“君之病在肠胃，不治将益深。”桓侯又不应。扁鹊出，桓侯又不悦。居十日，扁鹊望桓侯而还走。桓侯故使人问之，扁鹊曰：“疾在腠理，汤熨（中医用布包热药敷患处）之所及也；在肌肤，针石（中医用针或石针刺穴位）之所及也；在肠胃，火齐（中医汤药名，火齐汤）之所及也；在骨髓，司命之所属，无奈何也。今在骨髓，臣是以无请也。”居五日，桓公体痛，使人索扁鹊，已逃秦矣，桓侯遂死。故良医之治病也，攻之于腠理，此皆争之于小者也。夫事之祸福亦有腠理之地，故曰：“圣人早从事焉。”（节选自《韩非子·喻老》）

译文：名医扁鹊，有一次去见蔡桓公。他在旁边立了一会儿对桓公说：“你有病了，现在病还在皮肤的纹理之间，若不赶快医治，病情将会加重！”桓公听了笑着说：“我没有病。”待扁鹊走了以后，桓公对人说：“这些医生就喜欢医治没有病的人把这个当做自己的功劳。”

十天以后，扁鹊又去见桓公，说他的病已经发展到肌肉里，如果不治，还会加重。桓公不理睬他。扁鹊走了以后，桓公很不高兴。

再过了十天，扁鹊又去见桓公，说他的病已经转到肠胃里去了，再不从速医治，就会更加严重了。桓公仍旧不理睬他。

又过了十天，扁鹊去见桓公时，对他望了一望，回身就走。桓公觉得很奇怪，于是派使者去问扁鹊。扁鹊对使者说：“病在皮肤的纹理间是汤熨的力量所能达到的；病在肌肤是针石可以治疗的；在肠胃是火剂可以治愈的；病若是到了骨髓里，那是司命所掌管的事了，我也没有办法了。而今在骨髓，我不再请求了。

五天以后，桓公浑身疼痛，赶忙派人去请扁鹊，扁鹊却早已经逃到秦国了。桓公不久就死掉了。

中国人对自己的身心健康的关注是远远不够的，因此我们会忌讳去谈与自己身心有关的情况，更不愿意承认自己心理有不健康的状况。在学校中遇到的几个最后被确诊为精神分裂症的案例中，大家首先都是对该同学的言行、举止感觉怪异，和常人有很大的差别，再通知父母之后，几个案例的父母都有相同的反应，首先是不相信，觉得仅仅是孩子因为某一方面的压力，心情不好，绝对不承认有任何心理疾病的可能。其次，父母就表现出极大的伤心，不理解，为什么自己的孩子会有如此的反应。最后，到医院进行了确诊，父母或是觉得自己的孩子已经没有希望了，或是想尽一切办法让孩子完成大学学业，似乎大学过去了，疾病也过去了一样，对疾病没有一个正确的认识。

大学生作为一个正在接受高等教育的特殊群体，在完成学业深造的同时，还要经历快速的心灵成长。在其成长和发展过程中，会遇到适应、学习、交友、恋爱、择业、人格完善等一系列问题，如果处理不当，就会影响其心理健康。因此，重视心理健康教育，了解大学生的心理特点，关注他们的心理问题，寻求增进心理健康的有效途径和方法，提高心理健康水平，就成为高校心理健康教育工作者和大学生的共同任务。

[本章问题]

（1）如何评估一个人是否心理健康？

（2）我们遇到心理问题怎么办？

（3）什么样的生活态度和生活方式是健康的？

第一节　理论导读

无论社会如何发展、时代如何进步，人类对于自身健康的关注可以说一天也没有停止过。传统的健康观认为“无病即健康”，现代人对健康的理解更为全面广泛，正如1948年世界卫生组织（WHO）所下的定义：健康不仅是免于疾病与衰弱，而且是保持身体上、精神上和社会适应方面的完美状态。今天，我们所面对的是一个知识爆炸、矛盾加剧、竞争激烈、交往频繁的社会环境，提高心理素质、维护身心健康与大学生成长成才密切相关。

一、关于健康

健康是人生的首要财富。古希腊哲人赫拉克里特就说过：“如果没有健康，智慧就难以表达，文化就无从施展，力量就不能战斗，财富就变成废物，知识也无法利用。”人人对健康一词都不陌生，但什么是健康？什么是心理健康？你的健康程度如何？却不是都有明确的答案。

（一）健康观的演变

人们对健康的认识经历了一个漫长的过程，随着人类社会的发展以及人类自身认识的深化而不断丰富着。在生产力低下的时期，人类关注的是如何适应自然和征服自然，维持自己的生存。随着生产力水平的提高，人类开始关注自己的身体健康，研究疾病发生、治病的医学科学开始诞生。数百年生物医学的成就为人类的健康做出了突出贡献，这也使人们对健康的认识过分地关注在了躯体生物学的变化上，而忽视了人的心理活动和社会存在对健康的影响。在过去很长的时间里，人们把不生病、没有不适感当作健康，即“无病即健康”。在日常生活中，积极参加体育锻炼，有了躯体症状，即前往医院救治。但对自己心理的不适和障碍却不知所对，不能正视。现代科技飞速发展，社会在迅猛变革，生活在现代的人们，普遍面临着激烈的竞争，快速的生活节奏、前所未有的心理压力，使人不堪重负，对人们的身体健康造成了巨大的影响。人们逐渐认识到心理、社会因素和生理疾病间的相互作用与转化不容忽视，新的健康理念确定了身心统一的健康观。

（二）健康的标准

世界卫生组织（WHO）1948 年在成立宪章中提出：健康是一种生理、心理与社会适应都臻于完满的状态，而不仅是没有疾病和摆脱虚弱的状态。1990 年 WHO 对健康的阐述是：在躯体健康、心理健康、社会适应良好和道德健康四个方面皆健全。这是对健康较为全面的、科学的、完整的定义。

（1）生理健康。生理健康有明确的标准，比如生长发育、成熟衰老等，更量化一些，就是体温 36℃～37℃，血压：低压 60～90 毫米汞柱、高压 90～130 毫米汞柱，心率 60～80 次/分，这是人体生理运动的正常指标。

（2）心理健康。心理健康由于社会、文化背景等因素的影响，标准就比较模糊了。但心理健康对人的行为准则起着主导作用，面对五彩缤纷的人生，只有健康的心理才能适应各种各样的环境、处理形形色色的事情。

心理健康是一种良好的心理状态，处于这种状态下，人们不仅有安全感、自我状态良好，而且与社会契合和谐，能以社会认可的形式适应外部环境。它一般可理解为情绪的稳定和心理方面的成熟两个方面，但这种稳定和成熟的状态是相对的。因为我们生活在一切都在变化的社会中，没有人会有一成不变的精神和情绪状态。只有将制约人格的各种条件，比如文化程度、工作能力、职业、社会地位、生活演变等很好地协调起来，并能适应环境、利用环境、创作环境，才能称为心理健康。

（3）社会适应良好。指一个人的外显行为和内在行为都能适应复杂的社会环境变化，能为他人所理解，为社会所接受，行为符合社会身份，与他人能保持正常的人际关系。当人的生理产生疾病时，其心理也必然会受到影响，出现情绪低落、烦躁不安等问题，从而导致心理不适；同样，长期的心情抑郁、精神负担重、焦虑的人也易产生身体不适。因此，健全的心理与健康的身体是相互依赖、相互促进的。

（4）道德健康。道德健康是指不能以损害他人的利益来满足自己的需要，能按照社会认可的行为道德准则来约束自己及支配自己的思维和行动，具有辨别真伪、善恶、荣辱的是非观念和能力。

据测定，违背社会道德往往导致心情紧张、恐惧等不良心理，很容易发生神经中枢、内分泌系统等失调，免疫系统的防御能力也会下降。医学家研究发现，贪污受贿的人就容易患癌症、脑出血、心脏病和神经过敏症；而为人正直、心地善良和淡泊、坦荡的品质，则能使人保持平衡，有助于身体健康。

为明确、加深认识，世界卫生组织进一步制定了健康的新标准：

（1）具有充沛的精力，能从容不迫地担负日常工作和生活，而不感到疲劳和紧张；

（2）积极乐观，勇于承担责任，心胸开阔；

（3）精神饱满，情绪稳定，善于休息，睡眠良好；

（4）自我控制能力强，善于排除干扰；

（5）应变能力强，能适应外界环境的各种变化；

（6）体重得当，身材匀称；

（7）牙齿清洁，无空洞，无痛感，无出血现象；

（8）头发有光泽，无头屑；

（9）反应敏锐，眼睛明亮，眼睑不发炎；

（10）肌肉和皮肤富有弹性，步伐轻松自如。

从这10条标准可以看出，健康是生理健康与心理健康的统一，二者是相互联系、密不可分的。

大量的理论研究与实践也证明，人是生理、心理与社会层面的统一。人不仅仅是一个生物体，而且是有着复杂的心理活动、生活在一定的社会环境中的完整的人。健康不仅是指身体无疾病健康，还包括心理的健康、人格的健康、社会适应良好和道德的健康。

二、心理健康

我国传统理念和古老的中医理论对现代健康观做出了突出的贡献。古老医书中早已提出的“喜伤心、忧伤肺、思伤脾、怒伤肝、恐伤肾”即心理影响生理的中医医理。传统理念中的修身立命之法，大都俱有身、心兼修的不二法门。

从广义上讲，心理健康是一种持续高效而满意的心理状态；从狭义上讲，心理健康是知、情、意、行的统一，是人格完善协调，社会适应良好。

现代理论的观点认为，心理健康是完整健康概念的重要组成部分。《简明大不列颠百科全书》中将心理健康定义为：“心理健康是指个体的心理在本身的环境条件允许范围内能达到的最佳功能状态。但不是十全十美的绝对状态。”由此可见，心理健康就是一种持续的、积极向上的高效而满意的心理状态。与大多数人比较，其心理功能是正常的，没有心理疾病。在这种状态下能更好地适应环境，发展自我，最大限度地发挥其心智功能和自身潜力。

（一）心理健康的判断标准

迄今为止，关于心理健康还没有个统一的概念，国内外学者一般认同心理健康标准具有复杂性，既有文化差异也有个体差异。一般而言，判断个体的心理健康与否，主要源于五个方面：

（1）医学标准的身心一体。即我们的身心是一个统一的整体，我们可以透过身体的感官复苏与觉察，去了解我们的心灵。在觉察的基础上，我们可以打开身体来释放心理能量的积压，我们的身体和心灵是我们作为人的整体的不同方面，是一个系统里的不同部分。只有它们和谐统一，内部能量流动是顺畅的，它们才会健康，人这个整体也会健康。

（2）经验标准。即当事人按照自己的主观感受来判断自己的健康，研究者凭借自己的经验对当事人的心理健康进行判定；重在关注当事人的主观心理感受，由于个体先天的遗传及后天的环境不同，经验标准更强调其个别差异。同样的生活事件，当事双方由于自我认知不同，自我体验不同，自我评价也不尽相同。

（3）社会适应标准。以社会中大多数人的常态为参照标准，观察当事人是否适应常态而进行其心理是否健康的判断。例如：大学生根据生理、心理与社会发展应当具有独立生活与处理生活中面临事务的能力，而如果有的大学生生活能力低下不能打理自己的日常生活，这便需要引起重视。

（4）统计学标准。依据对大量正常心理特征的测量取得一个常模，把当事人的心理测试结果与常模进行比较。这个标准更多地应用于心理学研究之中，一般而言，我们都要将个体的心理测验结果与常模对照，来判断其心理健康状况。

（5）自身行为标准。每个人在以往生活中形成的稳定的行为模式，即正常标准。事实上，心理健康与否其界限是相对的，企图找到绝对标准是不现实的。

一些心理学家摆脱开标准的束缚，向人们描述一个心理健康人士的特征：这是一个朝气蓬勃的快乐的人，有所爱，也被人爱；满怀信心地面对人生的挑战，满腔热情地投入自己的工作，发挥自己的全部潜能；能够洞察外部世界，并对自己所遇到的挑战做出应对，制定出合理的人生策略；不会随意夸大也不会任意贬低自己的能力；对自己和他人的评价都建立在现实的基础上。如果你是上面描述的这种人，那么你的心理就是健康的。

探索人类心智奥秘的拓荒者弗洛伊德将心理健康归结为爱与工作的能力。他在一部著作中列出了心理健康人士的一些共同特点：保持理智与平衡；具有自我价值感；具有爱的能力；具有建立和维持亲密关系的能力；能接受现实中的各种可能性和局限性；对工作的追求与自己的天资和教育背景相适应；能体验到某种内在的静与满足感，让自己觉得此生没有虚度。

（二）正确理解心理健康的标准

心理健康的标准是动态的，要正确理解和把握好心理健康的标准，必须注意做到以下几点：

1. 心理是否健康与是否有不健康的心理和行为表现不能等同

心理不健康是指一种持续的不良状态，偶尔出现一些不健康的心理和行为并不等同于心理不健康，更不等同于已患心理疾病。因此，不能仅从一时一事而简单地给自己或他人下心理不健康的结论。判断一个人的心理健康与否，要持相对和综合的标准，不能以单一的表现和绝对的数字为准则，那种认为心理健康测验多 1 分即是异常、看到一个心理或行为异常就下结论的做法是不符合心理健康的实际的。

2. 心理健康与不健康并非泾渭分明的两极，而是一种连续的状态

如果将良好的心理状态比作白色，将严重的心理疾病比作黑色，那么在白色与黑色之间存在着一个巨大的缓冲区域——灰色区。在许多情况下，异常心理与正常心理、变态心理与常态心理之间并没有绝对的界限，只是程度的差异。心理健康不是完全的平衡状态，而是一种动态的平衡。心理平衡并不等于内心无冲突。一个满足现状、没有追求、不思进取的人，不会有实现目标过程中的焦虑感和挫折感，也没有冲突，但他不能完全算是心理健康，因为他的心理状态不是积极向上的。通常情况下，心理平衡的破坏只要不超过人的自我平衡能力范围，心理健康状态就可以不被破坏；然而一旦超出人的自我平衡能力范围，人的心态就会出现问题和紊乱，如果不及时调整和矫正，久而久之就会出现严重的心理疾病。

3. 心理健康标准是一个发展的、文化的概念

心理健康在不同的历史时期、不同的文化背景下会有不同的要求和衡量标准。在同等条件下，大多数人心理和行为的一般模式称为社会常模。如果心理状态符合社会常模，就是健康的，反之，就是不健康的。

4. 心理健康的标准是一种理想尺度

心理健康的标准不仅为我们提供了衡量是否健康的标准，而且为我们指明了提高心理健康水平的努力方向。每一个人在自己现有的基础上做不同程度的努力，就可以追求心理发展的更高层次，不断发挥自身的潜能。

（三）心理健康的意义

关注心理健康，对每一个社会人而言都具有重要意义，主要体现在以下三个方面：

1. 心理健康直接影响和制约着生理健康

心理健康与生理健康相辅相成，缺一不可。生理健康是心理健康的基础，心理健康是生理健康的必要保证。积极的心理对生理健康具有促进作用，消极的心理会引起生理机能的紊乱，诱发各种疾病。关于心理活动对人体生理和病理活动的调节和控制，人类早就有所认识。我国古代医书典籍《黄帝内经》就曾指出："怒伤肝、喜伤心、思伤脾、忧伤肺、恐伤肾。"现代科学和医学实验也证明，心理因素是许多疾病的病源或诱因，如心脑血管疾病、消化道疾病、癌症、哮喘以及胆结石等都和心理因素密切相关。

2. 心理健康是个人能力发挥的必要条件

轻松、愉快、乐观的情绪，能使人记忆力增强、反应敏捷、思维活跃，从而有利于充分发挥智力潜能，保证学习、工作的高效率；焦虑不安、悲观、苦闷、愤怒等不良情绪，则使人心烦意乱、思维停滞，阻碍才智的发挥。心理长期处于不健康状态，即使天资聪慧也难以成就其才。楚霸王项羽，"力拔山兮气盖世"，却终因骄横狂傲、轻信多疑而落得个兵败垓下、自刎乌江的下场；蜀国名将关羽，智勇双全、威震华夏，却因骄傲自负，大意失荆州而败走麦城。

3. 心理健康是人生幸福的重要保证

心理健康的人面对复杂多变的环境和人生的成与败能够泰然处之；与人交往平等、真诚，能设身处地换位思考；对待生活积极乐观、豁达知足，不计较个人得失，因而更能体会到人生的幸福和快乐，更能收获到友情和事业，在实现自我价值的同时实现个人的社会价值。而患得患失、消极悲观、心胸狭隘、过于自我的人则往往会使自我趋于封闭，对人对事充满抱怨和不满，致使人际关系恶化，生活毫无乐趣可言。可以说，有什么样的心态，就有什么样的人生。因为每个人的心态链都是一样的，即播种一个理念，收获一种态度；播种一种态度，收获一种心情；播种一种心情，收获一种行动；播种一种行动，收获一种习惯；播种一种习惯，收获一种性格；播种一种性格，收获一种命运。

心理小贴士：

"一颗找回自我的心"

心理健康的兴起与一位大学生的贡献分不开。20 世纪初，美国有一位来自康涅狄格州，就读于耶鲁大学商科的名叫比尔斯（C. W. Beers）的大学生。比尔斯与他的哥哥住在一起，他哥哥患有癫痫（俗称"羊角风"），发作时四肢抽搐、口吐白沫、声似羊鸣，痛苦万分，使他非常害怕。他更听说此病有遗传性，总担心自己也会像哥哥一样，终日生活在恐惧、担忧、焦虑的情绪当中。终于在 1900 年，他因心理失常，被送进了精神病院。住院期间，他目睹了精神病患者所受到的种种粗暴、残酷的待遇与非人的生活，不胜悲愤。同时有感于社会对心理异常者的歧视、偏见、冷漠，病愈出院后，他根据自己 3 年的亲身经历和体会，用生动的文笔撰写了一部书，名为《一颗找回自我的心》（A Mind That Found Itself）。1908 年 3 月该书出版时，美国哈佛大学心理学教授威廉·詹姆斯（W. James）给予了高度评价，并为此书作序。康奈尔大学校长列文斯通·法兰（L. Farrand）等名人也被此书所感动，纷纷支持比尔斯。于是在 1908 年 5 月，世界上第一个心理卫生组织"康涅狄格州心理卫生协会”诞生了。1909年2月，在比尔斯等人的积极努力下，“美国全国心理卫生委员会”在纽约成立。此后，心理卫生运动不仅在美国发展迅速，而且扩展到世界各国。1930年，“第一届国际心理卫生大会”在华盛顿召开，到会3042人，代表53个国家和地区，会上成立了一个永久性的“国际心理卫生委员会”，它的宗旨是：“完全从事慈善的、科学的、文化的、教育的活动。尤其关于世界各国人民的心理健康的保持和增进，心理疾病、心理缺陷等的研究、治疗与预防，以及全体人类幸福的增进。”

（资料来源：仲少华，蒋南牧．新编大学心理健康教程［M］．上海：上海交通大学出版社，2012）

开心秘方：

保持身心健康的秘诀

快食：吃饭不挑食、不偏食，津津有味；

快眠：较快入睡，睡眠质量好，精神饱满；

快便：快速通畅的排泄，感觉轻松自如；

快语：说话流利，头脑清醒，思维敏捷；

快行：行动自如协调，迈步轻松有力，动作流畅；

良好的个性：性格柔和，适应环境，为人处世好；

良好的人际关系：与人相处自然融洽，朋友多。

如果你符合这“五快”“两良好”，恭喜你，继续保持哦！

三、大学生心理健康的标准

从心理学的观点来看，大学生的年龄一般在18～25岁，正处于青年中期，其心理具有这个时期的许多共同特点。但作为当代青年中的一个特殊群体，大学生的心理又具有其独特之处。结合国内外学者的观点，并考虑到大学生所处的时代、文化背景和年龄特征等多方面因素，我们提出了大学生心理健康的8条标准。

1. 智力正常

智力是人的观察力、注意力、思维力、想象力和实践活动能力等的综合。智力正常是大学生学习、生活与工作的最基本的心理条件，是其适应周围环境变化所必需的心理保证。美国智力与发展障碍协会（AAIDD）规定智商低于70为典型的智力落后，这个标准是最起码的临界智力。通过激烈竞争、复杂考试跨进大学校门的大学生均属于中上智力或高智力水平。因此，衡量大学生的智力是否正常，关键在于看其是否能有效协调各种智力因素，充分发挥自我的创造性潜能。

2. 情绪反应适度

情绪对人，尤其对大学生影响十分重大。一般说来，情绪不能自制的人，对外界刺激难以保持适度反应。鲁迅笔下的祥林嫂，孩子被狼吃了，她总是怪自己没有看好孩子，一天到晚逢人就说："我该死！我该死！"结果把自己折磨成了精神病。这是悲切之时陷入过度自责的典型。古典名著《儒林外史》中的范进中举后精神失常，这是大喜之时情绪不能自控的典型。心理健康的人正性情绪多于负性情绪，乐观开朗，富有朝气，对生活充满希望；既不会为琐事耿耿于怀，也不会冲动莽撞，而是能保持一颗平常心；情绪较稳定，既能克制，又能合理里宣泄自己的情绪；情绪表达恰如其分，既符合社会的要求，又符合自身的需要。

3. 自我评价正确

一个心理健康的人能体验到自己的存在价值，既能了解自己，又能接受自己，具有自知之明，即对自己的能力、性格、情绪和优缺点能做出恰当、客观的评价，不会提出苛刻的期望与要求；设定的生活目标和理想切合实际，因而对自己总是满意的，即便是自己无法补救的缺陷也能安然处之。而一个心理不健康的人则缺乏自知之明，总是对自己不满意，总是和自己过不去，由于所定的目标和理想不切实际，主观和客观的距离相差太远，因而总是处在自责、自卑之中，结果导致心理状态始终无法平衡，难以摆脱自认为将会面临的心理危机。

4. 意志品质健全

意志是人们在完成一种有目的的活动时进行的选择、决定与执行的心理过程。意志健全的人在行动的自觉性、果断性、顽强性和自制力等方面都表现出较高的水平；在各种活动中都有自觉的目的性，能适时地做出决定并运用切实有效的方式解决所遇到的问题；在困难和挫折面前，能采取合理的反应方式，能在行动中控制情绪，言而有信，而不是盲目行动、畏惧困难、顽固执拗。

5. 人格完整统一

人格结构包括气质、能力、性格和理想、信念、动机、兴趣、人生观等多方面。心理健康的人，其人格结构的各要素能平衡发展，人格在人的整体的精神面貌中能够完整、协调、和谐地表现出来；思考问题的方式适中、合理，待人接物的态度恰当、灵活；对外界刺激不会有偏颇的情绪和行为反应，能够与社会的步调合拍，也能与集体融为一体。

6. 人际关系和谐

良好而融洽的人际关系，是事业成功与生活幸福的前提。心理健康的人乐于与人交往，不仅能接受自我，也能接受他人、悦纳他人，能和大多数人建立良好的人际关系，重视友谊，也不拒绝别人的关心与帮助；与人相处时，积极的态度（如同情、友善、信任、尊重、宽容等）总是多于消极的态度（如猜疑、嫉妒、敌视等），因而在社会生活中有较强的适应能力和较充足的安全感。而一个心理不健康的人，总是孤立于集体之外，与周围的环境和人们格格不入。

7. 适应能力强，与社会协调一致

心理健康的人能够面对现实、接受现实，并能够主动地去适应现实，进一步地改造现实；对周围事物和环境能做出客观的认识和评价，并能与现实环境保持良好的接触，使自己的思想、行为与社会保持一致；既有高于现实的理想，又不会沉湎于不切实际的幻想与奢望；对自己的能力有充分的信心，对生活、学习、工作中的各种困难和挑战都能妥善处理。心理不健康的人往往以幻想代替现实，不敢面对现实，没有足够的勇气去接受现实的挑战，总是抱怨自己“生不逢时”，或者责备社会环境对自己不公而怨天尤人，逃避现实。

8. 心理行为符合实际年龄特征

一个人心理行为的发展，总是随着年龄的增长而不断发展变化。心理年龄是指人的整体心理发展特征所表露的年龄特征，与自然年龄并非完全一致。如果一个人的认识、情感、言行和举止等心理行为表现基本符合他的年龄特征，是心理健康的表现；如果严重偏离相应的年龄特征，发展严重滞后或超前，则是行为异常、心理不健康的表现。一名大学生如果没有一般青年学生的活泼好动、勤学好问、反应敏捷等心理特征，而是老气横秋、反应迟钝，或者毫无主见、喜怒无常，其心理就不可能属于完全正常。

心理小贴士：

大学生心理健康日的由来

为引导大学生关注自身的心理健康，2000 年，“5·25”全国大学生心理健康节在北京师范大学拉开帷幕，健康节取“5·25”的谐音“我爱我”，意为关爱自我的心理成长和健康，活动的主题是大学生人际交往和互助问题，口号为“我爱我——走出心灵的孤岛”。

2004 年教育部、团中央、全国学联办公室向全国大学生发出倡议，把每年的 5 月 25 日确定为全国大学生心理健康日。

“5·25”是“我爱我”的谐音，对此，发起人的解释是：爱自己才能更好地爱他人。心理健康的第一条标准就是认识自我，接纳自我，能体验到自己存在的价值，乐观自信，这样的人才能用尊重、信任、友爱、宽容的态度与人相处，能分享、接受、给予爱和友谊，能与他人同心协力。选择 5 月 25 日是为了让大学生便于记忆，关注自己的心理健康。

四、积极心理与大学生心理健康

健康是一个人感觉幸福的重要指标。有研究显示，除意外受伤以外，身体上的疾病80%来源于心理问题。可见心理的健康对健康的生活至关重要。

传统认识中，我们把有心理问题或冲突认为是一种不健康的状态，而在本书中有着对心理不健康的全新解释，从而对获得健康有着更积极、更具建设性的意义。

抑郁，传统解释是被动的情绪低落，而积极的诠释可以是对冲突做出深刻的情绪反应的能力。神经性呕吐，传统解释为食欲缺失、青春期过分追求苗条，而积极的诠释可解释为能约束自己的能力，能用饥饿摆脱女性角色的能力，能分担世界饥荒的能力。

同样我们希望通过积极心理的理论向大学生传递这样的一个信息，大学心理健康教育不仅仅是帮助大家解决困扰与问题，我们更加关注每一名大学生的健康与幸福。我们渴望通过以积极心理为视角的“大学生心理健康课程”能够让健康的人更健康，让幸福的人更幸福。现代大学生往往会在一件事出现的时候马上能够反应出它可能带来的麻烦，却不曾想过换个角度看，兴许会是一件好事。“塞翁失马，焉知非福”的故事我们都听过，道理大家都懂，可不见得每个人都能把它带进生活。比如现代大学生对于校园生活的抱怨、对于就业的抱怨等。有时候，不是这个世界怎么了，而是人们把本来灵活的眼球固定在了一个方向。“有两个人从铁窗上朝外望去，一个人看到的是满地泥泞，另一个人看到的却是满天繁星”。

例如，大学生在择业与就业的过程中，总是看到别人的优点和所得，总是不满意自己的处境和成就。忘记了尺有所短，寸有所长，甚至嫉妒和打压别人，对自己或悲观失望或苛求完满。然后让生活在对别人和自己的耿耿于怀中黯然失色，或是在内心的矛盾中耗尽了自己的能量。其实，如果试着用一种积极的全新的态度去关注那些我们认为的短处和问题，或许会得到意想不到的认知。

正如有大学生所言，“愿心理健康教育课程如一缕阳光，撒在我们探索人生、了解自我与社会的路上，让心灵始终充满阳光。让我们看清自己的前方，特别是自己的囿限，懂得了如何调节自己，成为一个健康的社会人”。

第二节 探索维护心理健康的方法

心灵故事：

幸福和快乐就在心中

幸福快乐的秘密在每个人的心中，每个人都具备使自己幸福快乐的资源，只是许多人没有把这些“幸福快乐的资源”运用得好而已。

传说在天堂上的某一天，上帝和天使们召开了一个头脑风暴会议。上帝说："我要人类在付出一番努力之后才能找到幸福快乐，我们把人生幸福快乐的秘密藏在什么地方比较好呢?"

有一位天使说："把它藏在高山上，这样人类肯定很难发现，非得付出很多努力不可。"

上帝听了摇摇头。

另一位天使说："把它藏在大海深处，人们一定发现不了。"

上帝听了还是摇摇头。

又有一位天使说："我看哪，还是把幸福快乐的秘密藏在人类的心中比较好，因为人们总是向外去寻找自己的幸福快乐，而从来没有人会想到在自己身上去挖掘这幸福快乐的秘密。"

上帝对这个答案非常满意。

从此，这幸福快乐的秘密就藏在了每个人的心中。

（资料来源：谭阳香著．人生三悟：改变你一生的小故事［M]．北京：九州出版社，2009）

每个人来到世上，都会面临"人的一生该如何度过"这个问题。不同的人有不同的人生选择，创造不一样的人生道路。之所以会有不同的人生境遇，能否保持心理健康至关重要。对于大学生来说，有效维护和增进心理健康的途径有以下几个方面：

一、树立正确的世界观和人生观

俗话说："人是万物之灵。"这是说人具有其他一切动物所没有的丰富的内心世界。而它的核心是一个人的世界观和人生观。如果一个人有了正确的世界观和人生观，他就能对社会、他人、人生、世界上的万事万物，持正确的认识和了解，并采取适度的态度和行为反应；就能正确观察和分析客观事物，做到冷静稳妥地处理事情；同时也能心胸开阔、保持乐观主义态度，提高对心理冲突和挫折的耐受能力，防止心理障碍问题的发生，保持心理健康。

二、确定符合自身实际的奋斗目标

一个心理健康的人，能够对自己的能力做出客观的评价，并依此付诸社会实践；能够把奋斗目标确定在自己能力所及的范围之内，不对自己过分苛求。如果不自量力，盲目制定宏伟目标，结果往往会目标落空，使个人心理蒙受打击，产生挫折体验，不仅白白耗费精力，而且还会影响今后的进一步发展。树立切实的目标，还包括不盲目地处处与人竞争。每个人都有成功的欲望，大学生的成功欲望更为强烈，但每个人的能力不同、精力有限、优势各异，如果处处与他人竞争，不可避免地会受到挫折；而且，处处竞争，会使自己终日生活在紧张状态之中，心理上承受过大的压力，这对心理健康极为不利。因此，每个大学生应根据自己的实际情况，选择恰当的竞争领域。这样，不仅有利于充分发挥自身的优势争取成功，而且有助于身心的健康发展。

三、正确认识自我

过高或过低地估计自己都会使人丧失成功的机会。一个人如何正确认识自我，获得自知之明呢？一是要全方位、多途径地了解自我。不要仅仅和自己身边的几个人比较，也不要仅仅让自己身边的几个人对自己进行评价，而要在更广阔的生活领域和社交范围中去比较、认识自己。二是要善于反馈周围世界中各种有关自我的信息。人们往往并不直接表达对他人的真实看法（或评价），有的甚至口是心非，对此必须保持清醒的头脑，多方验证，才能正确认识自己。三是要拓展生活经验，创造发展自我的机会。大学生不应以自己不会或没有学过某种技能为借口放弃对新经验的尝试。新经验的建立过程实际上也是自我发现、自我了解的过程，更是自我真正实质性的发展过程，这种发展比我们重复某种东西的价值要大得多。

四、善于控制和调整自己的情绪

对于大学生来说，学习中的压力、生活中的苦恼、工作中的困难、人际关系的失衡、爱情中的失恋等在所难免。怎样化消极为积极，变压力为动力？需要我们善于调整自己的情绪。那么，如何保持健康乐观的情绪呢？

1. 开朗豁达

“大肚能容，容天下难容之事，开口便笑，笑世上可笑之人。”这是一种境界，人与人在交往过程中，磕磕碰碰在所难免，没必要把什么不愉快的事都牢牢记在心里，认死理。很多时候是“忍一时，风平浪静；退一步，海阔天空”。

2. 善于疏导不良的情绪

一个人长时间处于不良的情绪状态中，患得患失、喜怒无常，就会导致心理失衡和心理危机，因此，在生活中要学会调控自己的情绪，做到“不以物喜，不以己悲”。即使遇到难免使自己情绪波动的刺激时，也要及时给予有效控制，以避免过喜过怒过悲而爆发“地震”，应把消极情绪对身心的伤害尽可能减轻到最低限度，具体方法有：

（1）宣泄。通过正当的途径主动把不良情绪释放出来，如大哭一场、向亲朋好友倾诉、猛击沙袋等。

（2）转移。离开引起不良情绪反应的人和事，换个环境，待心平气和之后再去冷静处理。

（3）升华。在目标受挫之后转向新目标，在新目标成功后获得更大的满足。

（4）理智控制。当不良情绪发生时，用理智控制感情，以缓解不良情绪带来的消极反应，求得心理上的良性平衡。可利用心理学上的“酸葡萄”与“甜柠檬”效应。

（5）环境因素的调节。环境因素可以是物，也可以是一种行为方式、一种心理氛围。如林则徐的“制怒”、郑板桥的“难得糊涂”、听优美的音乐、记日记等。

3. 正确对待外界刺激

来到大学求学，大学生当然希望这个环境能优雅、舒适一些，但大学毕竟不是世外桃源，在一所学校的内部和外部存在着许许多多的矛盾。例如，在拥挤的宿舍里每个人的脾气禀性、生活习惯、为人处世等各不相同，存在着相互适应的问题；去图书馆看书，不一定找得到座位或借到合意的书；在教室自修，偏偏有几个不自觉的同学叽叽喳喳说个没完；刚买不到两天的雨伞不翼而飞；等等。对待诸如此类的外界刺激，如果心烦意乱、大动肝火，心情就会进一步恶化，情绪就会越来越糟，而这种不良的情绪反应会影响到人的心理健康。因此，大学生应正确对待外界刺激，在干扰之中求得适应之法，情绪稳定，心平气和，把不良刺激的负面作用降到最低点。

五、善待他人，学会去爱

建立良好而真诚的人际关系，是心理保健的重要途径。实现平衡、健康的心理是需要丰富营养的，最重要的营养就是爱。爱不是抽象的，它有着十分丰富的内涵。除了通常意义上的男女情爱，如眷恋、关怀、惦念、安慰、鼓励、帮助、支持、理解等，都可归为爱的范畴，而这些都可以从良好的人际关系中得到，并且又会使人际关系更为和谐。善待他人，还要力避失望感。在实际生活中，任何人都不是完美无缺的，因此在与他人相处过程中，要理解他人，与他人相互关心和帮助。如果对别人求全责备或对别人期望值过高，而遇事又处理不好，就会抱怨他人，增加自己的失望感，以致影响自己的心理平衡。

六、建立合理的生活秩序

1. 适当安排好学习

大学生的主要任务是学习，很多心理活动都与学习有关。研究表明，个体在适度的压力和焦虑情绪之下，可以提高思考力和机敏度。因此大学生的学习应有一定的压力，这种压力对心理健康发展及学业的完成是必要的。

2. 确立合理的生活节奏

大学校园生活是丰富多彩的，积极参加校园活动既可以调剂紧张的学习生活，又可以开阔视野广交朋友，还能发掘自己各方面的潜力，增加与他人相处的经验，体验到大学生活的快乐。这种平稳的积极状态，能使大学生充分发挥其潜在能量，增强自信，使自己的生活有节奏感，提高学习效率。

3. 注意用脑卫生

大脑是心理活动的最重要的物质基础。过度的疲劳、紧张，或长时间的高度兴奋、强烈刺激，都会引起脑功能失调。要恢复失调的脑功能，颇为费时费力。因此，大学生要合理安排作息时间，千万注意不要图一时之快，逞一时之强，长时间熬夜上网，忽视用脑卫生。

七、参加社会活动，扩大交际范围

作为社会的一员，人必须生活在集体和社会之中。要善于与人相处，广交朋友，通过参与有益的社会活动，扩大人际交往，增进相互间的了解、理解，开阔心胸，同时通过交往还可以获得他人更多的帮助和关注，充分地感受到社会安全感、信任感和激励感，大大增强生活、学习和工作的信心和力量，最有效地减少心理应激和心理危机的产生。一个离群索居、孤芳自赏、行为怪僻的人，是不可能真正心理健康的。

八、培养广泛的业余爱好，学会自我放松

人不可能总是工作和学习。在业余时间，积极开展愉快有益的娱乐活动，做到积极的放松和休整，才能使自己得到真正的身心健康，并使自己更有效地从事工作和学习。每个大学生在大学阶段，都有必要根据自己的性格和条件，注意培养和发展一些业余爱好，学会自我娱乐，这对维护身心健康是十分有利的。

心理小贴士：

心灵体操

心理学上有一套心灵体操，可以帮助缓解烦闷的心情，大家不妨试着做一做：

一是动一动。运动时大脑能产生一种叫脑啡肽的物质，这种物质可以增强人的免疫能力，让人产生欣快感。

二是聊一聊。如果不开心，不妨找个朋友聊一聊，相互倾诉，烦恼就会减轻很多。不要一个人独处，尽量减少自己胡思乱想的机会。

三是听一听。音乐具有振奋精神，改善气血运行，调节心率，降低血压，促进消化等功能。

四是读一读。在一个人孤独无助的时候，你可以去读一些好书。在和他人对话的过程中，去寻找为自己释放的策略。

五是写一写。如果你有不便向别人诉说的心事时，即可选择写作。用文字记录自己生活和心灵的轨迹，让所有的酸甜苦辣，喜怒哀乐都能得到合理又合情的宣泄。

通过这样的心灵体操，做个快乐积极向上的大学生。时间是很宝贵的，多姿多彩的生活全靠自己去创造和打拼，鼓起信心和勇气行动起来吧。

（资料来源：段鑫星．告别蓝调布鲁斯：大学生心理咨询实录之情绪管理［M］．北京：科学出版社，2008：83）

第三节　心理辅导与训练方案

一、相识活动——热身阶段

1. 两人一组自我介绍

操作：指导者先让团体成员在房间里自由漫步，见到其他成员，微笑着握握手。给一定的时间让成员自然相遇，鼓励成员尽可能地与其他人握手。当指导者说“停”，每个成员与面对或正在握手的人就成了朋友，两人一组，面对面坐下。指导者发给每人一张纸，写下自己的姓名、所属系或专业、宿舍地址，分别画下三项自己喜欢的和不喜欢的东西或事。每个人自我介绍 3 分钟，然后漫谈几分钟。当对方自我介绍时，倾听者要全身心地投入，通过语言与非语言的观察，尽可能多地了解对方。

2. 4 人一组他者介绍

操作：刚才自我介绍的两个两人小组合并，形成 4 人一组，每位成员将自己刚才认识的朋友向另外两位新朋友介绍，每人 2～3 分钟。

3. 8 人一组自我介绍

操作：两个 4 人小组合并，8 人围圈而坐。从其中一个人开始，每人用一句话介绍自己。一句话中必须包含三个内容：姓名、所属系、自己与众不同的特征。当第一个人说完后，第二个人必须从第一个人开始讲起，第三个人一直到第八个人都必须从第一个人开始讲起。即：

A：我是○○，来自○○系，性格○○；

B：我是○○，来自○○系，性格○○；左边的是●●，来自●●，性格●●；

C：我是○○，来自○○系，性格○○；左边的是●●，来自●●，性格●●；

再左边的是◎◎，来自◎◎系，性格◎◎。（这样做可以使全组注意力集中，相互有协助他人表达完整正确的倾向，而且在多次重复中，不知不觉记住了他人的信息。）

二、感知——感受阶段

活动：观看视频

观看视频《怒放的生命》，谈谈观后感。

力克·胡哲（Nick Vujicic）生于澳洲，生下来没有四肢，医学上不能解释他残障的原因，但更不可思议的是，骑马、打鼓、游泳、足球，力克样样皆能，在他看来没有难成的事。他拥有两个大学学位，现在是一家企业的总监，于2005年获得“澳大利亚年度青年”。他为人乐观幽默、坚毅不屈，热情鼓励身边的人。他已走遍世界各地，接触逾百万人，激励、启发他们的人生。

小组讨论：究竟是什么动力让力克在困境中仍看见希望、热爱生命、绽放人生的光辉？

三、理解——感想阶段

活动一：进入大学后的酸甜苦辣

操作：小组成员每人在白纸上写下自己在进入大学以来遇到的各种事件，分为四类，每种类型写一至两件事即可：

A. 酸：尴尬的事情________________

B. 甜：开心的事情________________

C. 苦：悲伤的事情________________

D. 辣：愤怒的事情________________

小组讨论：

（1）我们感到开心的事情有哪些？我们还可以做哪些事情让自己更开心？

（2）进入大学后有哪些事情让我们觉得不太适应，甚至觉得尴尬？别人也会有类似的感受吗？

（3）大学里什么事情让我们感到悲伤和痛苦？对此我们可以做些什么？

（4）是哪些人哪些事让我们感到愤怒？愤怒的时候我们可以做些什么？

（5）当我们认识到自己的各种情绪后，我们是不是更能够接纳自己？在今后的生活学习中，我们应该如何面对自己的各种情绪？

活动二：畅想人生的形状

操作：以小组为单位，每组一张纸，每组围圈坐好；各小组成员思考人生的形状，各小组由一个人负责将意见记录在纸上；意见越多越好，争取超过别的小组，同时希望意见是经过思考的；最后选出共同的答案和特别的答案让大家发表感想。

活动三：价值竞拍

操作：

（1）今天各位都很幸运，每人都中了彩，拥有10000元的现金，下面我们一起进入价值商场。先请做出个人购买预算，每种价值基本底价 1000 元：

①学到一技之长（专业地位、成就）；

②当一个名人（名声）；

③拥有一家企业的老板（经商有成）；

④与自己喜欢的人朝夕相处（情感）；

⑤环游世界（休闲）；

⑥在政府机关主管一定的实权（领导）；

⑦帮助孤寡残幼的人（社会服务）；

⑧身心无疾病（健康）；

⑨拥有早出晚归的安定工作（生活形态）；

⑩拥有相处和谐的工作生活伴侣（家庭、人际）。

（2）所有成员一起参加竞拍，每次加价 1000 元，举手以示出价，不接受加价把手放下。

讨论：

①哪一样你最想买，有没有买到？若没买到，为什么？与你的个性是否有关？

②有没有买到你不想要的？为什么？

③为什么你什么都没买到？

④为什么你要花那么多钱买那一样？

活动四：拥有与失去

操作：

（1）请大家写出个人生命中最珍贵的五项事物。这些事物可以是人物，也可以是事件；可以是已过去的，也可以是未来的；可以很具体，也可以很抽象。书写时不必排列次序。

（2）由于现在面临一个特殊环境，个人不能再全部拥有这五项珍贵的东西，一定要放弃其中之一。待做出决定后，划掉放弃的那一项。

（3）请你再放弃一次，思考后做出选择。

（4）请你再划掉一项，只剩下两项。

（5）迫不得已，你还得做最后的选择，只能剩下最后一项。

交流与讨论：你为什么留下那一项？请你把自己放弃过程中的心理感受以及做出最后决定的想法做一小结和记录。

四、整合——感悟阶段

放松训练：

操作：请所有的同学摘下眼镜、手表饰物等束缚自己的东西，以放松的姿势坐在椅子上，闭上眼睛，随着指导语进行想象。

指导语：请找一个舒服的位置坐下，将全身放松。感觉一下，周围是否很宁静？现在将你的注意力集中在呼吸上，深吸一口气，再呼出，感觉是否轻松？再深吸一口气，是不是更加放松？更加放松？你舒服得可以微笑起来。继续保持这么舒服的呼吸节奏，每吸一口气，就更加平静。

现在，想象一下，在你的眉心中间有一点微微的黄光，这黄光很柔和，很温暖，使你感觉很舒服。这黄光好像太阳刚出来时那种光芒，不会刺眼，有种暖洋洋的感觉。现在，眉心的这点黄光慢慢地一直蔓延到你的眉毛两边，使你的双眼周围都被这柔和的黄光浸润着，眼皮感觉很重，很舒服。这黄光一直蔓延向你的鼻子、你的脸、你的口，整个面部感觉很放松，平时咬紧的牙关现在也放松下来了，整个头部笼罩着如此舒服的黄光，整个人好像戴了一个光环一样，很轻松，很自然。

这黄光从你的头部经过你的颈部，流到你的肩膀，使你整个肩膀都感觉到很舒服。你肩膀上的重担都溶解了，卸掉了，肩膀就好像被人做了按摩一样，完全放松了。这种放松的感觉传到你的双手，传到手指头。不开心的事情都被这些黄光溶解了，从手指间流走了。

现在，这些黄光又流向你身体里面，流向你的心脏，使你的心脏感觉很温暖，好像一股暖流滋润着你身体里的细胞。每一个细胞都觉得很开心，很喜悦，它们开心地在跳舞，很轻松自在地跳舞，而且，它们每一个都笑了起来。这黄光随着血管流到其他的器官那儿，流到你的肺部，使肺部的细胞变得很醒目，很精神，有一种很轻松的感觉。现在这种舒服的感觉，连同这黄光，再继续流向你的胃，流向你的其他的器官，每流过一个地方，都把那里清洗干净，同时给那个地方增添一些能量。

黄光代表了力量，这一充满力量的黄光，现在流向你的臀部，你的双腿，经过你膝盖，流到小腿，再到脚底。每一个细胞都好像天使在跳跃，在飞翔。现在，从头到脚，每一个地方都充满了这柔和、温暖、代表了力量的黄光。整个人完全舒服了，你可以好好享受这种情景，身体的每一部分被这种黄光的能量包围着。你可以继续不断保留这些能量，请你记住这种如此舒服的感觉，请把你的注意力再放到你的呼吸上。吸气，呼气，每次呼吸都是如此顺畅，如此舒服。

放松的顺序。手臂部—头部—躯干部—腿部。这一顺序不是绝对不能打乱的，也可对此顺序进行新的编组排列。

心理测试：

心理卫生自评量表（SCL－90）常用于测评一个人的心理健康状况。

SCL－90 问卷

指导语：

下面是一些关于人可能会有的问题的陈述。请你仔细地阅读每个条目，然后根据最近一星期之内这些情况对你影响的实际感觉，在最符合的一项上划“√”。答案没有对、错之分。不要对每个陈述花太多的时间去考虑，但所给的回答应该最恰当地体现你现在的感觉。

本问卷共90题，作答时间约15分钟。

(0) 没有、(1) 轻度、(2) 中度、(3) (偏重)、(4) 严重，其中“没有”记1分，“较轻”记2分，“中等”记3分，“较重”记4分，“严重”记5分。

1. 头痛。□□□□□
2. 神经过敏，心中不踏实。□□□□□
3. 头脑中有不必要的想法或字句盘旋。□□□□□
4. 头昏或昏倒。□□□□□
5. 对异性的兴趣减退。□□□□□
6. 对旁人责备求全。□□□□□
7. 感到别人能控制您的思想。□□□□□
8. 责怪别人制造麻烦。□□□□□
9. 忘记性大。□□□□□
10. 担心自己的衣饰整齐及仪态的端正。□□□□□
11. 容易烦恼和激动。□□□□□
12. 胸痛。□□□□□
13. 害怕空旷的场所或街道。□□□□□
14. 感到自己的精力下降，活动减慢。□□□□□
15. 想结束自己的生命。□□□□□
16. 听到旁人听不到的声音。□□□□□
17. 发抖。□□□□□
18. 感到大多数人都不可信任。□□□□□
19. 胃口不好。□□□□□
20. 容易哭泣。□□□□□
21. 同异性相处时感到害羞不自在。
22. 感到受骗，中了圈套或有人想抓住您。□□□□□
23. 无缘无故地忽然感到害怕。□□□□□
24. 自己不能控制地大发脾气。
25. 怕单独出门。□□□□□
26. 经常责怪自己。□□□□□
27. 腰痛。□□□□□
28. 感到难以完成任务。□□□□□
29. 感到孤独。□□□□□
30. 感到苦闷。□□□□□
31. 过分担忧。□□□□□
32. 对事物不感兴趣。□□□□□

33. 感到害怕。□□□□□
34. 您的感情容易受到伤害。□□□□□
35. 旁人能知道您的私下想法。□□□□□
36. 感到别人不理解您，不同情您。□□□□□
37. 感到人们对您不友好，不喜欢人。□□□□□
38. 做事必须做得很慢以保证做的正确。□□□□□
39. 心跳得很厉害。□□□□□
40. 恶心或胃部不舒服。□□□□□
41. 感到比不上他人。□□□□□
42. 肌肉酸痛。□□□□□
43. 感到有人在监视您、谈论您。□□□□□
44. 难以入睡。□□□□□
45. 做事必须反复检查。□□□□□
46. 难以做出决定。□□□□□
47. 怕乘电车、公共汽车、地铁或火车。□□□□□
48. 呼吸有困难。□□□□□
49. 一阵阵发冷或发热。□□□□□
50. 因为感到害怕而避开某些东西、场合或活动。□□□□□
51. 脑子变空了。□□□□□
52. 身体发麻或刺痛。□□□□□
53. 喉咙有梗塞感。□□□□□
54. 感到前途没有希望。□□□□□
55. 不能集中注意。□□□□□
56. 感到身体的某一部分软弱无力。□□□□□
57. 感到紧张或容易紧张。□□□□□
58. 感到手或脚发重。□□□□□
59. 想到死亡的事。□□□□□
60. 吃得太多。□□□□□
61. 当别人看着您或谈论您时感到不自在。□□□□□
62. 有一些不属于您自己的想法。□□□□□
63. 有想打人或伤害他人的冲动。□□□□□
64. 醒得太早。□□□□□
65. 必须反复洗手、点数目或触摸某些东西。□□□□□
66. 睡得不稳不深。□□□□□
67. 有想摔坏或破坏东西的冲动。□□□□□

68. 有一些别人没有的想法或念头。□□□□□
69. 感到对别人神经过敏。□□□□□
70. 在商店或电影院等人多的地方感到不自在。□□□□□
71. 感到任何事情都很困难。□□□□□
72. 一阵阵恐惧或惊恐。□□□□□
73. 感到公共场合吃东西很不舒服。□□□□□
74. 经常与人争论。□□□□□
75. 单独一人时神经很紧张。□□□□□
76. 别人对您的成绩没有做出恰当的评价。□□□□□
77. 即使和别人在一起也感到孤单。□□□□□
78. 感到坐立不安心神不定。□□□□□
79. 感到自己没有什么价值。□□□□□
80. 感到熟悉的东西变成陌生或不像是真的。□□□□□
81. 大叫或摔东西。□□□□□
82. 害怕会在公共场合昏倒。□□□□□
83. 感到别人想占您的便宜。□□□□□
84. 为一些有关性的想法而很苦恼。□□□□□
85. 您认为应该因为自己的过错而受到惩罚。□□□□□
86. 感到要很快把事情做完。□□□□□
87. 感到自己的身体有严重问题。□□□□□
88. 从未感到和其他人很亲近。□□□□□
89. 感到自己有罪。□□□□□
90. 感到自己的脑子有毛病。□□□□□

量表解释：

（一）症状得分解释和筛查标准

总体来看，被试的自我症状评价介于“没有”到“严重”的那一个水平。总症状指数的分数为1~1.5，表明被试自我感觉没有量表中所列的症状；分数为1.5~2.5，表明被试感觉有点症状，但发生得并不频繁；分数为2.5~3.5，表明被试感觉有症状，其严重程度为轻到中度；分数为3.5~4.5，表明被试感觉有症状，其程度为中到严重；分数为4.5~5，表明被试感觉有症状，且频度和强度都十分严重。

筛查标准：

（1）综合筛查：总分大于160，并且阳性条目多于43个，阳性症状均分大于3分；

（2）分项目筛查：所有因子分大于3分，或轻生的重点项目大于3分。

（二）项目解释

（1）躯体化：包括1、4、12、27、40、42、48、49、52、53、56和58，共12

项。该因子主要反映主观的身体不适感，包括心血管、胃肠道、呼吸和其他系统的不适，以及头痛、背痛、肌肉酸痛等躯体的不适。该分量表的得分为 12～60 分，该因子均分在 3 分以上，表明个体在身体上有较明显的不适感，并常伴有头痛、肌肉酸痛等症状。

（2）强迫症状：3、9、10、28、38、45、46、51、55 和 65，共 10 项，反映临床上的强迫症状群。主要指那些明知没有必要，但又无法摆脱的无意义的思想、冲动和行为，还有一些比较一般的认知障碍的行为征象也在这一因子中反映。

该分量表的得分为 10～50 分，该因子均分在 3 分以上，强迫症状较明显。

（3）人际关系敏感：包括 6、21、34、36、37、41、61、69 和 73，共 9 项。主要是指某些人际的不自在与自卑感，特别是与其他人相比较时更加突出在人际交往中的自卑感，心神不安，明显的不自在，以及人际交流中的不良自我暗示，消极期待等是这方面症状的典型表现。

该分量表的得分为 9～45 分。该因子均分在 3 分以上，表明个体对人际关系较为敏感，人际交往中自卑感较强，并伴有行为症状（如坐立不安，退缩等）的发生。

（4）抑郁：包括 5、14、15、20、22、26、29、30、31、32、54、71 和 79，共 13 项。反映与临床上抑郁症状群相联系的广泛的概念。苦闷的情感与心境为代表性症状，以生活兴趣的减退、动力缺乏、活力丧失等为特征。还表现出失望、悲观以及与抑郁相联系的认知和躯体方面的感受，另外，还包括有关死亡的思考和自杀观念。

该分量表的得分为 13～65 分。该因子均分在 3 分以上，表明个体的抑郁程度较强，生活缺乏足够的兴趣，缺乏运动活力，极端情况下，可能会有死亡的想法和自杀的观念。

（5）焦虑：包括 2、17、23、33、39、57、72、78、R0 恕 R6，共 10 项。指在临床上明显与焦虑症状群相联系的精神症状及体验。一般指烦躁、坐立不安、神经过敏、紧张以及由此产生的躯体征象，如震颤等。

该分量表的得分为 10～50 分。该因子均分在 3 分以上，表明，个体比较焦虑，易表现出烦躁、不安静和神经过敏，极端时可能导致惊恐发作。

（6）敌对：包括 11、24、63、67、74 和 81，共 6 项。主要从思维、情感及行为三方面来反映病人的敌对表现。其项目包括厌烦的感觉、摔物、争论直到不可控制的脾气暴发等各方面。

该分量表的得分为 6～30 分。该因子均分在 3 分以上，表明个体易表现出敌对的思想、情感和行为。

（7）恐怖：包括 13、25、47、50、70、75 和 82，共 7 项。它与传统的恐怖状态或广场恐怖所反映的内容基本一致。恐惧的对象包括出门旅行、空旷场地、人群或公共场所和交通工具。此外，还有社交恐怖。

该分量表的得分为7～35分。该因子均分在3分以上，表明个体恐怖症状较为明显，常表现出社交、广场和人群恐惧。

(8) 偏执：包括8、18、43、68、76和83，共6项。主要是指猜疑和关系妄想等，包括投射性思维、敌对、猜疑、妄想、被动体验和夸大等。

该分量表的得分为6～30分。该因子均分在3分以上，表明个体的偏执症状明显，较易猜疑和敌对，得分在12分以下，表明个体的偏执症状不明显。

(9) 精神病性：包括7、16、35、62、77、84、85、87、88和90，共10项。反映各式各样的急性症状和行为，即限定不严的精神病性过程的症状表现。其中幻听、思维涣散、被洞悉感等反映精神分裂样症状项目。

该分量表的得分为10～50分。该因子均分在3分以上，表明个体的精神病性症状较为明显。

(10) 其他：包括19、44、59、60、64、66及89共7个项目，它们主要反映睡眠及饮食情况。

推荐阅读：《谁动了我的奶酪?》

《谁动了我的奶酪?》（Who Moved My Cheese?）是一本由斯宾塞·约翰逊创作的书籍，该书生动的阐述了“变是唯一的不变”这一生活真谛。斯宾塞·约翰逊博士是美国知名的思想先锋和畅销书作家，此外，他还是一位医生、心理问题专家，也是把深刻问题简单化的高手。

《谁动了我的奶酪?》是个简单的寓言故事，书中有4个“人物”——两只小老鼠嗅嗅、匆匆和两个小矮人哼哼、唧唧。他们生活在一个迷宫里，奶酪是他们要追寻的东西。有一天，他们同时发现了一个储量丰富的奶酪仓库，便在其周围构筑起自己的幸福生活。很久之后的某天，奶酪突然不见了！这个突如其来的变化使他们的心态暴露无遗：嗅嗅、匆匆随变化而动，立刻穿上始终挂在脖子上的鞋子，开始出去重新寻找，并很快就找到了更新鲜更丰富的奶酪；两个小矮人哼哼和唧唧面对变化却犹豫不决，烦恼丛生，始终固守在已经消失的美好幻觉中追忆和抱怨，无法接受奶酪已经消失的残酷现实。经过激烈的思想斗争，唧唧终于冲破了思想的束缚，穿上久置不用的跑鞋，重新进入漆黑的迷宫，并最终找到了更多更好的奶酪，而哼哼却仍在对苍天的追问中郁郁寡欢……

《谁动了我的奶酪?》的作者斯宾塞·约翰逊迎合了世界性的巨大心理需求，用一个小小的寓言打开了人们的心扉——怎样处理和面对信息时代的变化和危机，给人带来一种内在的勇气，去直面“软心理问题”（又叫“正常人的心理问题”）这种每个人都肯定存在的心理障碍。

推荐电影：《心灵捕手》

影片由格斯·范·桑特执导，罗宾·威廉姆斯、马特·达蒙等主演。影片讲述了一个名叫威尔的麻省理工学院的清洁工逆袭成为天才数学家的故事。威尔作为学校的清洁工，在一次意外中看到数学教授公布的一道数学难题，这道难题没有学生能解但最终却被威尔解了出来，数学教授蓝勃因而发现了威尔在数学方面的惊人天赋。但不巧的是，威尔出生在一个状况不良的家庭，导致他内心叛逆，变成了一个问题少年。于是数学教授蓝勃请求资深的心理学教授老友尚恩来辅导这个数学天才的心理问题，最终威尔渐渐地打开了自己的心扉，重新恢复了对人性的信任和希望，并鼓起勇气找回了爱情，完成了自我的升华。整部电影感人至深，发人深省。

与其说电影《心灵捕手》是一部传统的剧情片，不如将它当成一部优秀的心理咨询题材影片。电影《心灵捕手》以细腻的镜头语言和叙事技法，让观众慢慢地进入咨询对谈的心理情景中去，获得了感同身受的浸入式体验，而影片中由尚恩引导和启发的过程，不仅对威尔有效，他也让观众从不同角度看到了一个自省的自己。

第二章　发现不一样的我

本章导语

希腊有一座著名的神庙——德尔菲神庙。它兴建于公元前9世纪，传说太阳神阿波罗在杀死大蟒皮同之后，亲自在这里为自己修建了神庙，被人们称为“地球的肚脐”。这座泛希腊式的德尔菲神庙，是阿波罗神昭晓其神谕的地方，古人建造时就赋予了它神圣的意义，成为古希腊神话中诸神向求签的凡人传达神谕的场所。各地的古希腊人不辞辛苦到这里求神谕的事项范围包括小到个人、家庭事务，大到“国际贸易”、建城选址甚至城邦之间的开战预测等，比如，后来著名的拜占庭、以弗所城邦的选址确定，据记载最初就曾经得到过德尔菲神谕的“指引”和护佑。当然这是遥远的茫昧时代人们的信仰，虽然以今天科学昌明的观点看，那很多神谕掺夹属于心理暗示效应、舆论宣传目的之类操作，但经过漫长岁月考验后仍保有很高的“品牌美誉度”，说明其中不乏包含有社会生活经验与智慧的积累，比如当年刻在阿波罗神庙门前的那三句石刻铭文：“人啊，认识你自己”“凡事勿过度”“承诺带来痛苦”，都具有穿越时空的深刻内涵。

苏格拉底说：“我除了知道无知这个事实外，一无所知。”苏格拉底把“认识你自己”作为哲学出发点，把先前哲学家重点关注自然的方向转回关注人本身。实现了哲学主题由神到人，由自然到社会的转变。

很多大学生在进入大学后，都会思考几个问题：“我是谁?”“我今后要做什么?”“我为什么上大学?”等。当我们再问一个简单的问题：请你向别人描述你自己，你首先想到的特征是什么？是你的性格特征如外向、内向还是外表特征如高、矮、胖、瘦？还是社会类别如男、女等？事实上，你可能更倾向于用概括性的语言对自己做一个总体评价。例如，“我是一个追求优秀的大学生”，“我是一个有理想、有抱负但有些懒惰自制力弱的人”等。所有这一切，都是大学生自我意识的体现。

[本章问题]

(1) 你会怎样做自我介绍呢？

(2) 你是通过什么途径来认识自我的？

(3) 如何做更好的自己？

第一节 理论导读

一、自我意识的含义

心理学描述自我的术语有两个：自我意识（self-consciousness）和自我概念（self-concept），这是两个意思相近的概念。西方学者一般用自我概念的多，中国学者采用自我意识的多。

自我意识是指个体对自己的各种身心状态的认识、体验，以及对自己与周围环境之间关系的认识、体验和愿望。个体在与环境的相互作用中，不断地认识自己、反省自己、发展自己并完善自己，个体正是根据自我意识来不断地控制、调节自己的行为，以完整的、系统的形式担负起人们内部世界以及内部世界与外部世界之间的协调工作，它始终指引和确定行为方向，规划如何去做，怎么做，从而使自己与周围环境保持动态平衡。

大学生宿舍里，最多的装饰兼实用物品是镜子，有不少人在走出宿舍楼前瞬间，还不忘记在门旁的镜子前顾盼。漂亮、帅气的女生、男生，为自己的出众而沾沾自喜；智慧与才气的男生、女生，为自己的优异成绩而自得；而众多的学生为自己的各种得意与失怀或驻足微笑，或皱眉懊恼。"你喜欢照镜子吗?"男女生的回答大多都是肯定的。

在镜子里看什么呢？同学们的回答如出一辙："我们照照我们自己呗!"在这里前一个"我们"是一个处于观察者的自我，而后一个"我们"是处于被观察着的自我，而对貌美、帅气的自喜，对智慧和才气的自得以及对失意、烦恼的懊恼，就是对自我的一种评价，是自我意识。

但实际上自我意识是一种多维度、多层次、多角度的复杂心理现象，不同的学者对此有不同的理解。

国内心理学家认为：自我意识只是自我的一个方面、一种形式，即关于作为主体的自我的意识，特别是关于人我关系的意识（朱智贤，1977）。自我意识也称"自我"，是对自己存在的觉察，是自己对于所有属于自己身心活动的认识（时蓉华，1984）。自我意识不同于"自我"概念，"自我"就是"我这个人"，它是具体的、活生生的社会存在。而"自我意识"则是指个人对自己在意识水平上的反映，亦是自觉的、能动的反映（李敏中，1985）。自我意识在一种情况下是指人能够觉察或意识到自我心理的过程。在另一种情况下，是指人所意识到的自己的心理活动内容及其特点，两者不可分割（张增杰，1983）。自我意识就是一个人对自己，包括自己的思想认识、情感行为、个性特点以及人际关系等各方面的认识、感受、评价和调控。换句话说，就是以观念的方式反映现实的那种能力，作用于自我本身的意识形态（漆佑华，1987）。

以上引述的这些概念，或者从自我意识的过程和表现形式进行解释，或者从自我意识的对象和范围进行解释。虽然各抒己见，不相一致，但有一点是大体相似的，就是大家都承认自我意识是他人对自己、自己与他人、自己与周围环境关系的认识，是人的意识发展的高级阶段，是一个包含认知、情感、意志等多种心理机能的、完整的、多维度、多层次的心理系统。

二、自我意识的结构

根据对自我意识的不同角度的分类，概括起来，自我意识包括了以下几方面的内容或结构。

（一）生理、心理、社会的自我意识

1. 生理的自我是指个体对自己身体、生理状态的认识和体验，如身高、体重、容貌以及温饱感、病痛感和舒适感等。

2. 心理的自我是指个体对自己的认知过程、情绪情感过程以及个性倾向性、个性心理特点的认识、体验，包括对自己的感知、记忆、思维、智力、能力、性格、气质、兴趣、意志等的认识和体验。

3. 社会的自我是指个体对自身与外界事物关系的认识和体验，包括自己在社会关系中的角色、地位、性别、种族、权利、义务、责任、力量等的意识。个体对自己生理的心理的、社会属性的意识，是密切地关联的，并相互作用，统一于自我意识当中。

（二）知、情、意的自我意识

即自我认识、自我体验、自我控制。

1. 自我认识

自我认识是主观的我对客观的我的认识和评价，包括自我感觉、自我观察、自我印象、自我分析、自我评价等。自我认识主要解决“我是一个什么样的人”的问题，比如有些女孩子观察自己的体形，认为自己是属于“肥胖型”；有的人分析自己的为人处事，认为自己是“热情友善”；有的人认为自己“聪明能干”。这些看法纯属个体对自己的看法，主观性强，有时候可能是对的，有时候可能是错的。如果一个人在社会生活中，把自己看得很低，没有什么价值，那他（她）就易产生自卑感，做事缺乏信心，没有主动性和积极性，其结果是，会丧失许多成功的机遇。相反，如果一个人过高地评价自己，过多地看到自己的长处，就会产生盲目乐观情绪，自我欣赏，自我陶醉，往往处理不好人际关系。进行客观的、正确的自我评价是一个复杂的、有较大难度的过程。社会比较理论认为这个过程是一个社会比较的过程，是个体通过对自己的价值和他人的价值进行比较而实现的。个体要与周围的社会群体保持一种动态平衡，就必须清楚了解周围环境，清楚自己所处的社会地位和价值。如果个体对周围社会环境不了解，就会无

所适从，产生焦虑。与此同时，个体在进行自我认识时，还受到个体自身的需要、动机、愿望等诸多心理因素的影响。因此，自我认识总是或多或少地与实际状况存在一定的差异。当自我认识与社会评价相一致时，个体就会产生安全感，对自己充满信心，如果个体自我评价与社会评价相距甚远时，个体则会与周围的人际关系失去平衡。

2. 自我体验

自我体验是主观的我对客观的我产生的情绪体验。自我体验主要涉及"对自己是否满意""能否悦纳自己"此类的问题。当"客体的我"满足了"主体的我"的要求时，就会产生积极肯定的自我体验，即自我满足感；反之，"客体我"如果没有满足"主体我"的需要，则会产生消极否定的自我体验，即自我责备等。

自我体验的内容十分丰富，可以包括自我感受、自尊、自爱、自信、自豪、自卑、自怜以及责任感、义务感、优越感、荣誉感、羞耻感等。客体的我能否满足主体的我，往往与个体的自我认知、自我评价和个体对社会规范、价值标准的认识有关。例如，自尊、自信，它们往往激励个体努力获得别人的尊重，推动自己走向成功。但是，如果过于自尊和自信，把握不好度，往往容易陷入自负或过度自我关注。由此可见，恰当地处理自我体验，对个体的心理发展具有重要意义。

3. 自我控制

自我控制是自己对自身行为和思想、言语的控制，以达到自我期望的目标，包括自我监督、自我激励、自我暗示、自立、自主、自强、自律等，主要涉及"我应当成为一个怎样的人"等问题。

自我认识、自我体验、自我控制构成了完整统一的自我意识，三者互相联系、有机组合、完整统一，成为一个人个性中的核心内容，它们当中任何一个环节的失误都有可能导致自我意识的偏差。

三、自我意识的发展

在个体的成长历程中，童年期以前是人格开始形成时期，少年期和青年初期是人格初步定型时期，青年中、末期是人格成熟时期。自我意识是人格结构中的一个核心要素，在自我认识、自我体验和自我控制三者相互影响、相互作用的过程中，自我意识逐步成熟，其过程往往要经历一个自我意识分化——矛盾——统一的过程。

（一）自我意识的分化

自我意识的分化，使一个笼统的"我"被打破了，出现了"主体我"和"客体我"，"理想我"与"现实我"的不统一，由于个体正处于发展阶段，自我形象还未能确立，由此而表现出明显的内心冲突以及强烈的困惑感，其表现主要有以下几个方面：

1. 理想我和现实我的矛盾

处在青年期的大学生往往富有理想、抱负、成就动机强烈，对未来充满了幻想和希望，对自己的期望值很高，对未来的发展和前景设计得非常理想，因此为自己设定了“理想我”，为实现“理想我”规划了具体的宏伟的目标。但是，由于大学生接触社会较少，对现实的认识不够全面和深刻，对自身的条件缺乏理性的分析，因此往往使“理想我”与“现实我”产生较大的差距。如果此二者差距适当，则往往能激发个体的奋发进取，但差距太大时，则会引起个体内心深处的冲突和痛苦，这种矛盾如果不能加以调适，常常会导致自我意识的分裂，从而导致一系列的心理问题。

2. 独立与依附的矛盾

独立意向是青年人自我意识发展中最显著的特点之一，青年人希望能在经济、生活、学习、思想等各个方面独立，能够自主地处理自己遇到的问题。但在内心深处又多多少少有些依赖成人或他人，无法真正的独立，这种主观上的要求独立与客观上不能完全独立的矛盾也给个体带来许多困惑。尤其是独立过程中，有时会出现矫枉过正，把独立理解为“凡事自己来”，不需要任何社会支持，因此往往采取独来独往、我行我素的生活方式，其结果是在现实中遇到挫折时想得到帮助但又得不到帮助，这种苦恼也是大学生常常遇到的心理困难之一。

3. 渴望交往与自我封闭的矛盾

青年人迫切需要同伴的友谊，渴望得到同伴的理解，寻求在同辈团体中的归属感，希望和朋友们在一起探讨人生，分享思想，分享彼此间的喜怒哀乐。然而，青年人又非常在意别人眼中的“我”，希望自己在别人的心目中非常完美，因此，在交往中常常存在着自我封闭的趋向，不肯表露自己，把自己的心灵深藏起来，与别人交往中有意无意地保持一定的距离，存在一定的戒备心，这也是青年人在成长发展过程中常遇到的矛盾。

4. 自尊与自卑的矛盾

青年人自尊心很强，比较争强好胜，不甘落后，但由于涉世不深，往往不易把握好“度”。要么过于自尊，要么过于自卑。过强自尊时往往表现出骄傲、自大、唯我独尊、自我中心，缺乏自知之明，当遇到挫折时又表现得过于自卑、自责或怀疑自己，或否定自己，这种自尊与自卑的矛盾冲突常常困扰着个体的自我。

5. 理智与情绪的矛盾

处在青年期的大学生在情绪方面有一个很突出的特点，就是容易两极化，或高或低，波动性较大，易冲动，不易控制。但随着身心的成熟发展，认知水平的提高，大学生的理智感也渐渐增强，在遇到问题时，既想满足情绪、情感的需求，又要服从于社会以及他人的要求和期待。在困难面前，既不甘自弃，又想退缩，内心极为矛盾、烦躁，焦虑便由此而生。

6. 自我中心与从众的矛盾

随着自我意识的发展，青年人越来越把关注的重心投向自我，特别强调“我”的感受、“我”的能力、“我”的价值等，但又要考虑到周围的人际关系，不得不压抑“我”，屈从于大家，内心总有程度不等的一些痛苦。还有的人，遇事缺乏主见，人云亦云，过分地从众，又发现自己迷失了，被淹没了，找不到“我”的感觉，也很不愉快。

7. 学习中盲目与专一的矛盾

大学生正处于精力旺盛的年龄段，他们有广泛的兴趣和爱好，好奇心强，总想在各方面显示自己的才能和智慧，有强烈的参与意识。有的人选了许多选修课，参加了许多社团，又热衷于各种社会事务，试图在各个方面都有所收获，但由于每个人的时间、精力有限，这种眉毛胡子一把抓的盲目心理，使许多人精疲力竭，主要的学习任务不能完成，考试亮红灯，产生极大的心理压力。而有的人只专一于功课，其他课外的活动一概不涉及、不参加，结果又觉得自己知识面太窄，发展受到局限，产生无奈的心态。

其实，由自我意识的分化所带来的矛盾冲突有许多，这些矛盾的出现是许多大学生或年轻人在发展过程中经常遇到的问题。一方面，这些矛盾给个体带来困惑、不安，但另一方面也迫使个体设法解决矛盾，实现自我意识的统一，从而使自己走向成熟，这些矛盾实际上是促进自我发展的动力。

（二）自我意识的统一

自我意识的矛盾与分化，会令许多大学生焦虑不安。于是，他们总是力图摆脱这种矛盾状态，寻求自我同一性。这种同一性表现为主体我与客体我的统一，自我与客观的统一，理想我与现实我的统一，表现为“个人我”与“社会我”的统一，也表现出自我认识、自我体验与自我控制的和谐一致。

但是由于个体的遗传、成长环境、生活经历、智力水平、自身的追求目标、动机、价值观的差异，年轻人的自我意识的统一的途径、方法、时间的长短、结果、类型也不尽相同。例如，有的人努力改变现实我，使之逐渐趋向于理想自我；有的人修正理想自我，降低标准，抛弃不切实际的标准，使之接近现实我。在调整自我统一的过程中，常常会出现以下一些结果：

1. 积极的统一：自我肯定

自我肯定就是指自我认识清楚、客观、全面、深刻，能恰当地设立理想目标，既符合社会要求，又符合自身状况，经过努力完全可实现理想我，这种自我肯定，使自我变得完整而有力，灵活而富有朝气，有助于自我的发展，有助于走向成功与幸福。

2. 消极的统一：自我否定或自我夸大

自我意识的消极统一有两种情形，即自我否定型和自我夸大型。

自我否定型的人对现实的自我评价过低，缺乏自信，不悦纳自己，不肯定自己的价值所在，常常自我排斥，自我拒绝，有的甚至自我摧残，实际上这是一种自我放弃，这种人往往给人以失败、颓废、没有朝气、自甘消沉的感觉。

自我夸大者往往是对自己认识和评价过高，虚假的我占优势，常常以幻想的我、理想的我代替真实的我，盲目自尊，爱慕虚荣，心理防御意识强，往往因自己的主观条件远逊色于现实而导致失败。

3. 难以统一：自我矛盾

自我矛盾型的人，自我认识不是过高就是过低，自我体验或好或坏，自我控制时强时弱，三者发展极不平衡，极不稳定，因而很难形成独立而自信、稳固的自我。自卑时，自轻、自怨、自恨、消极放任、内心充满了痛苦和悲哀。自我膨胀时又夸大自己的能力及其他方面。这种类型在人群中占少数。

自我意识由分化到统一这个过程并不是绝对的，具体到每一个人身上，情况不尽相同。另外，自我意识的发展是终生的，只是在青年期显得较为突出，对其以后的发展来说更重要一些。

大学生正处于青年中期，是人格发展趋向成熟的关键时期。因此，自我意识的发展是否积极与健全，对大学生的人格整合、发展有特别重要的意义。

首先，自我意识促进和提高了人的认识功能，使人类能把自己的心理活动当作客体加以反映，这就更加自觉、合理、有效地提高了人的自我认识活动的效能，尤其是个体的自我反省认知水平对个体认知活动的监督、控制和调节，使个体的认识活动更加完善，使个体在认识和改造客观世界的同时，也改造自身的主观世界。

其次，自我意识使个体发现了现实中的“我”和理想中的“我”，发现了别人眼中的“我”以及自己内心深处的真实的“我”。自我意识使个体在与自然环境和社会环境的相互作用中，体验到了不同层次、不同种类、不同程度的需求，即自尊、自豪、自信以及孤独、羞愧、自卑、苦闷……自我意识使个体时常感到“内在”自我和“外在”行为的种种不符的冲突，从而不断产生新的情绪、情感体验，使个体的内心世界日益丰富、细致而复杂。

与此同时，由于自我意识的意志成分，使个体不断地调节自身的行为，有意识地调节自身的行为，促使自身特性与环境需要相适应。

四、自我意识与心理健康的关系

一个人的心理发展历程一般要经历从幼稚到成熟的过程。而形成正确的自我意识是心理成熟的标志，对心理健康起着重要的作用。

（一）自我意识是心理健康的重要标志

自我意识对心理健康的积极影响。个体的自我意识是每个人人格的核心。自我意识把人的愿望、爱好、欲念、习惯、利益结合成统一的体系，在日常生活中构成个人的内心世界，对人格的发展起着极为重要的作用。因此，我们完全可以用自我意识的发展程度来衡量人的心理成熟程度和心理水平。自我意识又称自我观念或自我观，简单地说，就是自己对自己的认识。因此，心理健康的标准，就可以从自己对自己的认识自己对自己的态度、自己对自己的控制这三个方面来加以衡量。健全的自我意识通过合理的自我认识、良好的自我体验、自觉的自我调节和控制，从而促进自我实现，最大限度地挖掘自身心理潜力。按照心理学家马斯洛的观点：自我实现是心理最健康和心理质量最佳的标志。

（二）良好的自我形象是成功的基础

1. 自尊和尊重他人

一般而言，人有自尊心才能尊重别人，有自信才能相信别人。自我形象不仅影响人的心理健康，而且影响着人的成就水平。自我意识有助于自我教育和自我完善。当现实的自我和理想的自我不能统一，或在理想的自我实现过程中受到挫折时，有健全自我意识的人能够自省、自觉地寻找其原因。一方面通过自我调节、控制，纠正心理偏差，努力缩小理想自我与现实自我的差距；另一方面重新调整认识，形成新的“理想自我”的内容，使自己的心理行为个体化与社会化协调、平衡、完善发展。

2. 适应社会，和谐人际

促进社会适应，和谐人际关系。大量的心理学实践证明，许多人社会适应不良及人际关系不协调是由于自我意识不健全或不正确造成的。当一个人对生理的自我、心理的自我和社会的自我认识、体验不正确，尤其是在自我评价及自我概念上与客观的现实差距太大时，就可造成社会适应不良和人际关系不协调，进而影响人的心理健康。正确的自我意识通过正确的自我评价产生合理的理想自我，并且通过正确认识自己与他人、个体与群体双方不同的地位和需要，采取不同的策略，主动调节人际关系。对己、对人能够知己知彼，从而保持良好的社会适应和人际关系，维护心理健康。

（三）良好的自我意识增进心理健康

大量的心理健康的测定和研究表明，大学生的自我概念与心理健康之间有较高的正相关性，因此，培养大学生的自我概念是增进大学生心理健康的有效途径。大学生的消极自我概念容易诱发忧郁、强迫、人际关系敏感、精神病等不同程度的不健康心理，积极的自我概念的培养有助于预防、减少心理疾病的发生。大学生心理疾病的发生多与其自我的认同程度、自我接纳程度和自我调适能力存在高负相关关系。正确引导和教育大学生客观评价自己、积极悦纳自己、不断提高自我调节能力，是促进大学生心理健康的具体途径和方法。我们应该积极促进自我实现，创造最佳心理质量。

第二节　探索自我意识完善的途径

健全的自我意识是个体健康成长、全面发展、走向成功的必备要素。每一个立志成才的人，必须逐步完善自我意识，使自我意识趋于成熟。那么，怎样才算成熟的自我呢？虽然在自我意识结构问题上，大多数心理学家都可以达到基本认同，认为包括自我认识、自我体验和自我控制，但在成熟自我的看法上还是各有千秋。一般认为应有以下特点：

第一，自我同一感。达到了“生理我”“社会我”“心理我”的同一，“我”就是“我”，一个完整的我，一个无论何时何地都可以真实体验的我，所有关于我的认知、体验与控制都是身心合一的体现。

第二，现实责任感。能将自身的愿望与社会责任相互协调，走出不符合年龄的自我中心和盲从状态，体验到行为与结果间的“自我”的直接责任。

第三，主动控制感。能为自己的行为负责，并愿意为此负责，相信可以通过“自我”的努力适应环境、改善环境，相信自己的思维和行动可以由“自我”控制，相信“自我”是一个不断发展、可以发展的过程。

成熟的自我必定是心理健康的，因为成熟的自我有着健康的认知、健康的体验和积极行动，知情意的统一协调自然是心理健康的标志。那么，大学生怎样达到一个健全的、成熟的自我意识呢？走向自我意识成熟完善的途径有哪些呢？

一、健全自我意识的标准

关于自我意识的标准，目前尚无统一衡量的标准，但可以从以下几个方面来考虑：

（1）一个有健全自我意识的人应该达到自我意识的积极统一。

（2）一个有健全自我意识的人应具有正确的自我认识，在自我认识的主动性、自觉性、准确性上达到较高的水平；具有良好的自我体验，自我体验是丰富、积极、健康的；具有有效的自我控制，在自我控制的自觉性、坚持性、自制性上达到较高的水平。

（3）一个有健全自我意识的人是自我认识、自我体验、自我控制三者的协调一致，同时又与外界保持协调一致。

（4）一个有健全自我意识的人应该是一个自我发展的人，其自我具有灵活性。

（5）一个有健全自我意识的人是一个心理健康的人，不仅自己能健康发展，而且能够促进社会的文明和进步。

二、自我意识完善的途径

自我意识由自我认识、自我体验、自我控制组成，因此，要塑造健全的自我意识，就应该从这三方面入手：

（一）正确认识自我

自知是一个人自我意识发展的基础。大学生的生活环境相对于社会而言比较简单，但实际情境也是复杂多变、个人很难把握的。可把握以下三种关系来正确认识自我：

1. 从我与人的关系中认识自我

他人是反映自我的镜子，与他人交往，是个人获得自我观念的主要来源。我们先从家庭中的感情扩展到外面的友爱关系，进入社会后又体验到人与人之间的利害关系。有自知之明的人能从这些关系中用心向别人学习，获得足够的经验，然后按照自己的需要去规划自己的前途。但是通过和人比较来认识自己的时候，应该注意比较的参照系。第一，跟别人比较的是行动前的条件，还是行为后的结果？如果认为自己来自农村，条件不如别人，开始就置自己于次等地位，自然影响心态和情绪。而在大学学习过程中，应当看行动后的成绩才有意义。第二，跟人比要有标准，是相对标准还是绝对标准？是可变的标准还是不可变的标准？经常有大学生认为自己不如他人，其实他们关注的可能是身材、家世等不能改变的条件，没有实际比较的意义。第三，比较的对象是什么人？是与自己条件相类似的人，还是个人心目中的偶像或极不如己的人？所以，确立合理的参照体系和立足点对自我的认识尤为重要。

2. 从我与事的关系中认识自我

从我与事的关系中认识自我，即我从做事的经验中了解自己。一般人通过自己所取得的成果、成就及社会效应来分析自己，却又常常受成败经验的限制。其实任何一种活动都是学习，不经一事，不长一智。成败得失，其经验的价值也因人而异。对聪明又善用智慧的人来说，成功、失败的经验都可以促使他再成功，因为他们了解自己，有坚强的人格特征，善于学习，因而可以避免再蹈失败的覆辙；而对于某些自我比较脆弱的学生而言，失败的经验更促使其失败，这也是常见的现象，因为他们不能从失败中吸取教训，改变策略追求成功，反而在挫败后形成怕败心理，不敢面对现实去应付困境或挑战，以致失去许多良机；对于有些自我狂妄的人而言，成功反可能成为其失败之源。他们获得成功后便容易骄傲自大，做事不自量力，结果遭受失败；还有些人成长过于顺利，又有家庭的保护伞，而一旦失去保障的环境，便一蹶不振，不能支撑起独立的自我。因此，一个大学生在由成败经验中获得自我意识时也要细加分析和甄别。

3. 从我与己的关系中认识自我

从我与己的关系中认识自我，看似容易实则困难。我们可以从以下几个“我”中去认识自我：（1）自己眼中的我。个人实际观察到的我，包括身体、容貌、性别、年龄、职业、性格、气质、能力等。（2）别人眼中的我。与别人交往时，由别人对你的态度、情感反映而觉知自我。不同关系的人对自己的反应和评价不同，它是个人从多数人对自己反应归纳的统觉。（3）自己心中的我，也指自己对自己的期望，即理想我。我们还可以从实际的我、自觉别人眼中的我、自觉别人心中的我等多个方面来全面认识自己。但是，对于现代大学生而言，虽然有多个“我”可供认识，但形成综合的自我观念比较困难。因为现代社会急剧变迁，受改革开放后多元价值的影响，现在的大学生自我认识难以客观、全面。

（二）积极悦纳自我

每个人都知道“自我”很重要，可依然会有一些人不懂得真正尊重自己、爱惜自己。他们可以喜欢朋友、喜欢知识、喜欢自然，却不愿意喜欢自己，结果他们并不快乐。所以，悦纳自我是发展健康的自我体验的关键和核心。积极悦纳自我包括：（1）愉快感和满足感。（2）性情开朗，对生活乐观，对未来充满憧憬。（3）平静而又理智地看待自己的长处与短处，冷静地对待自己的得与失。（4）树立远大理想，并以此激励自己，不断克服消极情绪。（5）既不以虚幻的自我补偿内心的空虚，也不以消极回避漠视自己的现实，更不以怨恨、自责以至厌恶来否定自己。

身边的故事：

肯定自己的容貌

出生于意大利的索菲亚·罗兰，曾荣获奥斯卡最佳女演员奖项的伟大女性，被评选为千年美人。索菲亚·罗兰是一位受全世界影迷喜爱的女影星，她主演的《两妇人》《卡桑得拉大桥》在中国有广大观众。可是，在她16岁第一次拍电影时，却遇到了不少麻烦。

索菲亚·罗兰是一个私生女，知道自己缺陷不少。她在第一次试镜头的时候，就失败了，所有的摄影师都说她达不到美人的标准，都抱怨她的鼻子和臀部。没办法，导演卡洛只好把她叫到办公室，建议她把臀部减去一点儿，把鼻子缩短一点儿。一般情况下，演员都对导演言听计从。可是，索菲亚·罗兰却没有听导演的，她相信自己，对自己有信心，认为这就是她自己的特色。

在试了三四次镜头后，卡洛导演又叫索菲亚·罗兰上他的办公室。卡洛导演以试探性的口气说："我刚才同摄影师开了个会，他们说的结果全一样，噢，那是关于你的鼻子的，还有建议你把臀部削减一些，如果你要在电影界做一番事业，你也许该考虑一些变动。"

索菲亚·罗兰对卡洛说："说实在的，我的脸确实与众不同，但是我为什么要长得跟别人一样呢？"我要保持我的本色，我什么也不愿意改变，正是这种对自己的肯定和无与伦比的自信心使她获得了奥斯卡最佳女演员金像奖。

（资料来源：王薇华. 幸福法则［M］. 北京：中国财富出版社，2009）

1. 喜欢自己

悦纳自我首先要接纳自己、喜欢自己、欣赏自己，看到自己身上的闪光点，具有成长的潜能，具有存在的价值。你要知道，当你排挤、讨厌自己的时候，你根本提不起劲去改善自己的处境。所以第一件你需要做的事是要多照镜子，并不断对镜中人说"我真的很不错，我真的真的很不错！"

在成长的过程中，你也经历了一些或大或小的挫折、阻碍，也会有成功的喜悦。挫折和阻碍会变化成为你成长的财富，所以你也有理由把右手放在你的胸口，大声地告诉自己"我为自己骄傲！"

2. 保持乐观，性情开朗

在大学生活中，我们可能会面临各种生活、学习和人际交往的压力，时常会遇到各种挫折和冲突。有位同学钱包掉了，一个月的生活费没了，却不见他特别沮丧。问他为什么，他说：“钱包掉了本来就是一种损失，如果再因此让自己很不开心，不是损失更大了吗？为什么要把金钱的损失扩大为时间和心情的损失呢？我不是粗心的人，但是作为教训，下次我会更小心一点。”

如果能像这位同学一样，遇事保持乐观的心态，不对自己太过苛责，接纳自己偶尔也会犯错，也有短处、缺点，这样反而会给自己更自由的成长空间，会有一个更为理想的心理健康状态。

（三）有效地控制自我

自我控制是人主动定向地改变自己的心理品质、特征及行为的心理过程，是大学生健全自我意识、完善自我的根本途径。很多大学生对自我抱有很高的期望，但因为没有足够的自制能力和意志，经受不住挫折和打击，无法实现自我理想。而那些自卑自怨、自暴自弃的学生更是因为自己无法控制自我的不良情绪而使自己偏离了健全自我意识的轨道。所以，大学生应该根据自己的实际情况和社会需要，确立合适的抱负水平，通过自我奋斗，达到最终利国利民利己的自我实现和自我成功。具体来看，有效控制自我包括以下几点：

（1）建立合乎自身实际情况的抱负水平，确立适宜的理想自我。也就是面对现实，确定自己具体的奋斗目标，把远大的理想分解成不同的子目标，从而由近到远、由低向高、循序渐进，逐步加以实现。关键是每个子目标都应适当、合理，是经过努力可以达到的，以免失去信心。

（2）增强自尊和自信，使自己有为实现理想自我而努力的更强大的动力，激励自己不断奋进。

（3）培养顽强的意志和坚强的性格，发展坚持性和自制力，增强挫折耐受力，使自己能自觉主动地认清目标，为实现目标而努力排除干扰、克服困难，能正确地面对成功和失败。

三、不断完善自我、超越自我

加强自我修养，不断进行自我塑造，达到完善自我、超越自我境界是健全自我意识的终极目标。健全自我的过程也是一个塑造自我、超越自我的过程。经验告诉我们，自我认识是很难的，自我控制也很难，若再期望自我开拓、提升、超越更是难上加难。对于大学生而言，塑造自我，实现理想自我是其终生的目标。因此，加强自我修养是大学生的重要课题。大学生都有很高的抱负和远大的理想。古人说得好，要“齐家治国平天下”，须从“修身养性”开始，即从点滴小事开始付诸行动。要想运动健身，就天天练习自己喜欢的体育活动；要想开阔思路，就多读书，多学习。在行动时，无论对人对事，都要全力以赴，使自己的能力、品性得到最大限度的发挥。行动之后再反省得失原因，再度投入行动，吸取教训作经验，一旦有所成果，便再反省总结。如此往复进行，自我便一步一步得到扩展和深化，自我的境界也就自然而然得到开拓与提升。

完善自我、超越自我也是一个“新我”形成的过程。从“小我”走向“大我”，从“昨天之我”向“今日之我”“明日之我”迈进。珍惜已有的自我，追求更好更高的自我，做一个“自如的、独特的、最好的自我”。

自我的健全并不是一帆风顺的过程，它需要付出艰辛的努力和沉重的代价。我们可以用“4A论”来表述其心路历程：（1）Acceptance：接纳，接纳自我与自我所在的现实环境。（2）Action：行动，对自己决定的事，付诸行动，并全力以赴。（3）Affection：情感，工作时投入情感，也可以得到情感收获，即工作活动中所得到的乐趣和兴趣，亦即所谓的乐在其中。（4）Achievement：成就，是以上三者完成后的自然结果，是努力奋斗的价值所在。如果一个大学生经历了4A的过程，也就意味着领到了一张健全自我意识的合格证。

身边的故事：

“肥胖”的折磨

多年前，曾有一个女孩在北京的一所大学求学。大学的大部分时光，她都在疑心、自卑中度过。她疑心同学们会在暗地里嘲笑她，嫌弃她肥胖的身材。平时她穿衣服显得很挑剔，只穿蓝、灰、黑三种比较显瘦的颜色，她不敢穿裙子，不敢上体育课。大学毕业的时候差点毕业不了，不是因为功课差而是因为她不敢参加体育跑步测试。老师说：“只要你跑了，不管多慢，都算你及格。”可她就是不敢跑，因为她惧怕自己肥胖的身体跑起步来愚笨的样子会遭到同学们的嘲笑。她对此茫然不知所措，只能傻乎乎地跟着老师走，老师回家做饭去了她也跟着，最后老师烦了，勉强算她及格。那时，走在街上，谁看她一眼，她就停下来，直盯着他，直到把人家盯走为止，因为她觉着别人在嫌她胖。因此，她无时无刻不在跟别人的眼神，跟自己的情绪进行无声的“厮杀”，活得紧张极了。

后来，她终于冲出了心理阴影，一下子觉得跟生活、跟众人、跟自己没“仇”了。当满街的人都看她“胖”的时候，她不减肥。她说：“我感觉胖并不是缺陷。胖与瘦好比说你是双眼皮，我是单眼皮；你爱吃鱼香肉丝，我爱吃豆腐白菜。不少人都有盲目的从众心理，仅仅因为现在瘦人比胖人多，就觉得凡是胖子必得减肥才合乎情理。”“人是靠一股子气活着，没有这股气我就无法活了，想想那一阵，觉得好险，我差点就毁在那上面，就因为对自己没信心。我现在挺好，干吗要减肥!”

这位从自卑中彻底摆脱出来的人，就是中央电视台著名节目主持人张越。

张越的成功，可以说首先得益于她自我意识的改善。她的经历告诉我们，只有对自我有个正确的认识和评价，扬长避短，取长补短，不断完善自己，才能有所作为。

（资料来源：南平高级中学校本德育教材）

第三节 心理辅导与训练方案

一、大风吹——热身阶段

操作：

（1）所有人围坐成一个圆圈，椅子数比参加活动的人数少一个，即有一人需要先站着。

（2）团体领导者站在团体中说：“大风吹。”众问：“吹什么？”领导者选择让具有某一种特征的人“被风吹到”。例如领导者说：“吹穿红衣服的人。”那么所有穿红衣服人就要动起来寻找位子。最后没有位子的人要站到中间为大家表演一个小节目。

（3）以此类推，直至领导者看到最初的座位格局被打乱。

二、感知——感受阶段

故事导入：

一位老人在湖边垂钓，旁边坐着一个愁眉不展的男青年。

老人问：“为何总是这样垂头丧气？”

“唉，我是个穷光蛋，一无所有，哪里开心得起来？”青年人非常郁闷地答道。

“那这样吧，我出20万买你的自信心。”老人说。

“没那点自信心我就什么也做不了了，不卖。”年轻人头摇得跟拨浪鼓似的。

“再出30万买你的智慧，你愿意吗？”老人继续出价。

“一个空空的脑袋也什么都做不了，不卖！”年轻人想都没想就一口拒绝了。

“我再出20万买走你的外貌。”老人望着年轻人的面容说道。

“没了外貌我活着还有什么劲啊？不卖！”

“这样，最后出30万买你的勇气，怎么样？”老人笑嘻嘻地询问道。

“我可不想成为一个一蹶不振的人。”年轻人愤愤地欲转身离去。

老人忙挽留缓缓地说：“慢，你看我分别用20万买你的自信心，30万买你的智慧，20万买你的外貌，30万买你的勇气，一共100万元，你都没有同意卖，年轻人，你拥有100万元，你还能说你是穷光蛋吗？”

年轻人瞬间恍然大悟，他明白了，自己并不是一无所有，只是没有看到自己的优势，成天就知道埋怨命运，以至于懈于奋斗，错失了很多成功的好时机。

（资料来源：阳志平等．积极心理学团体活动课操作指南［M］．北京：机械工业出版社，2010）

小组讨论：其实，每个平淡无奇的生命中，都蕴藏着一座丰富的金矿，只要你肯挖掘，你就会挖掘出令自己都惊讶不已的宝藏来。那么你的宝藏是什么呢？

三、理解——感想阶段

活动一：20 个“我是谁”

操作：

（1）写出 20 句“我是怎样的人”，要求尽量选择一些能反映个人风格的语句，避免出现类似“我是一个男生”这样的句子。

（2）然后将陈述的 20 项内容作下列归类。

①身体状况（属于你的体貌特征，如年龄、身高、体型等）；

②情绪状况（你常持有的情绪情感，如乐观开朗、振奋人心、烦恼沮丧等）；

③才智状况（你的智力、能力情况，如聪明、灵活、迟钝、能力、机灵等）；

④社会关系状况（与他人的关系、如何和别人应对进退、对他人常持有的态度和原则，如乐于助人、爱交朋友、坦诚的、孤独的等）。

（3）接着评估一下你对自己的陈述是积极的还是消极的。在你列出的每句话的后面加上加号（+）或减号（-），加号表示“这句话表达了你对自己肯定、满意的态度”，减号的意义则相反，表示“这句话表达了你对自己不满意、否定的态度”。看看你的减号与加号的数量各多少。

活动小结：

如果你加号的数量大于减号的，说明你的自我接纳状况良好；相反，你的减号将近一半甚至超过一半，这显示你不能很好地接纳自己，你的自尊程度较低，这时你需要内省一番，寻找问题的根源。比如，你是否过低地评价了自己？是什么原因使你成为这样？有没有改善的可能？

活动二：自画像

操作：

（1）给所有组员发一张 A4 纸，每组 1 盒彩笔。然后允许所有组员用任何形式画出自己，抽象的、形象的、素描的、写实的、动物的、写生的、植物的都可以，可以有标题，也可以无标题，把最能表现本人的事物画在 A4 纸上。

指导语：“请画出你自己。”若有人迟疑不愿意动手，或说：“我画画很差。”对他可以这样鼓励：“我不是考察你的绘画技巧，我只对你画的人感兴趣。”“不用担心绘画技巧，你想怎样画都可以。”（指导语不宜给予太多的指引，太多的指引与提示会影响作画者的思路）

（2）让每一位成员在小组内展示他（她）的作品。例如，“我画了一块石头，因为它坚硬、光滑、古老”；“我画了一只白鸽，因为它纯洁、自由和善良”。

（3）让团队成员到其他小组寻找伙伴，彼此分享纸上内容，并在交换下一个对象前，向对方同学说一句形容对方特质的话，例如："你很可爱，我很喜欢你……"

活动三：三个"我"

操作：

（1）先描述"理想的我"，写好之后进行自尊量表测验。

罗森伯格自信心量表

指示：以下是一组有关自我感觉的句子，请按你的情况作答。

1 = 很不同意　2 = 不同意　3 = 同意　4 = 很同意

①我认为自己是个有价值的人，至少基本上是与别人相等的。1 2 3 4

②我觉得我有很多优点。1 2 3 4

③总括来说，我觉得我是一个失败者。1 2 3 4

④我做事的能力和大部分人一样好。1 2 3 4

⑤我觉得自己没有什么值得骄傲。® 1 2 3 4

⑥我对于自己是抱着肯定的态度。1 2 3 4

⑦总括而言，我对自己感到满意。1 2 3 4

⑧我希望我能够更多的尊重自己。® 1 2 3 4

⑨有时候我确实觉得自己很无用。® 1 2 3 4

⑩有时候我认为自己是一无是处。® 1 2 3 4

注："® "表示该测题要反过来计分。

自信心量表使用说明：

（1）量表简介。

自信心量表（Rosenberg Self – Esteem Scale）由美国心理学家罗森伯格（M. Rosenberg）制订，它是世界上最常用的测量个人自信心的量表。它共有 10 个测题，用以测量个人对自我感觉的好坏程度。该量表具有简单易懂、操作方便、可信度高等特点。

（2）计分方法。

其最低得分为 10 分，最高得分为 40 分。在 10 个条目中，第 3、5、8、9、10 五个条目的算分是反向的（即 1 分算作 4 分，4 分算作 1 分；2 分算作 3 分，3 分算作 2 分）。

（3）得分解释。

10 ~ 15 分：自卑者。

你对自己缺乏信心，尤其是在陌生人和上级面前，你总是感到自己事事都不如别人，你时常感到自卑。你需要大大提高你的自信心。

16～25 分：自我感觉平常者。

你对自己感觉既不是太好，也不是太不好。你在某些场合下对自我感到相当自信，但在其他场合却感到相当自卑，你需要稳定你的自信心。

26～35 分：自信者。

你对自己感觉十分良好。在大多数场合下，你都对自我充满了自信，你不会因为在陌生人或上级面前感到紧张，也不会因为没有经验就不敢尝试。你需要在不同场合下调试你的自信心。

36～40 分：超级自信者。

你对自己感觉太好了。在几乎所有场合下，你都对自我充满了自信，你甚至不知道什么叫自卑。你需要学会控制你的自信心，变得自谦一些。

（2）具体描述“别人眼中的我”。

引导语：世界上没有两片完全相同的叶子，同样世界上没有两个完全相同的人，每个个体都独一无二地存在在这个世界上。为了能更好地适应这个社会，为了能更好地生活下去，同样为了能了解这个世界上最奇妙的自己，我们必须去全面地剖析自己，将一个完完整整的自己展示在自己面前。

父亲眼中的我：____________

母亲眼中的我：____________

兄弟姐妹眼中的我（有兄弟姐妹的人选择填写）：____________

恋人眼中的我（有恋爱经历的人选择填写）：____________

好友眼中的我：____________

一般朋友眼中的我：____________

初次见面的人眼中的我：____________

我最敬重的长辈眼中的我：____________

一般老师眼中的我：____________

（3）具体描述“真实的我”。

请核查一下，看看“理想的我”与“真实的我”是否协调一致。透过此关注点，可以发现两者之间的差距，甚至矛盾之处。同时，也会发觉自己对人生所产生的一些深层感受和渴求。

乔韩窗口：

美国心理学家乔（Jone）和韩（Hary）提出关于人自我认识的窗口理论，被称为乔韩窗口理论。

他们认为人对自己的认识是一个不断探索的过程。

因为每个人的自我都有四部分：

公开的自我，也就是透明真实的自我，这部分自己很了解，别人也很了解；

盲目的自我，别人看得很清楚，自己却不了解；

秘密的自我，是自己了解但别人不了解的部分；

未知的自我，是别人和自己都不了解的潜在部分，通过一些契机可以激发出来。

通过与他人分享秘密的自我，通过他人的反馈减少盲目的自我，人对自己的了解就会更多更客观。

	自己知道的	自己不知道的
自己知道的	A公开区	B盲目区
自己不知道的	C隐秘区	D未知区

活动四：优势轰炸

操作：

6 个人一组，每个人轮流被其他同学指出身上的优势，并填写在该同学的优势卡片上："我们认为你还有的优势____________。"

请发现其他同学的优点，表达越准确，轰炸越有力，所以要求写具体的优点而不是套话；小组讨论后，请小组长将填好的优势卡片交给下一位同学，直到卡片回到主人手里为止。

四、整合——感悟阶段

活动一：生命线

操作：

请每个人拿出一张纸，在中间从左向右画一条直线，并且在线的右端画个箭头。在线的左端写上 0 岁，在右端写上你期望自己活到的岁数，这条线就代表了你的生命线。请在线上标出你现在所在的位置。现在，请在线的左边，写上过去的生命中对你有重大影响，或者使你产生深刻印象的三个经历。你会发现，它们往往是使你的生活发生转折，或者使你看待世界的眼光产生转变的事情。然后，现在，请在线的右边，写出你未来的生活道路，它们代表你未来的生命会沿着什么样的方向发展。

活动二：自我肯定训练

人要不断地否定和肯定自己才能进步，而否定的最终目的是为了向肯定方向发展。自我肯定，保持坚定的信念，往往是事业成功的关键。然而，生活中有些人经常容易出现一些不该有的自我否定行为，因而失去信心，这是无益的。如有人对你赞扬时，心里却想“这并不是我聪明，只是运气好”；解释你的漂亮仪表时，却想“主要是这衣服给我增色了”；当你做出显赫成绩时，心里全部归功于他人“多亏了×××，没有他，我无从做起”；当看到别人做完某事时，你马上想到“我比他笨得多了”；别人说你气色不错时，而你则认为“他在夸大其词，只是想让我感受到舒心”。因此，一个人不能相信自己，不能肯定自己的智慧和作用，时时感到自卑，就会极大地影响自己生活和事业的成功。

（1）语言诱导中的自我肯定。

进行自我肯定的练习，就是用一些积极的思想和概念来替代我们过去陈旧的、否定性的思维模式。自我肯定可以默不作声地进行，也可以大声说出来，还可以在纸上写下来，甚至可以歌唱或吟诵。每天坚持进行有效的肯定练习，就能逐步抵消许多年积累下来的负面的思想习惯。可以这样说：

“我是一个聪明、漂亮的人。”

“在我所从事的领域，我是出类拔萃的。”

“我来自偏远地区，井冈山虽然偏僻，但是，中国革命正是从那里开始走向成功的。”

“我有足够的时间、能力、智慧来实现自己的美好愿望。”

当你发现自己刚说了自我贬低的话——“我真没什么了不起，这回考试得优秀，我想想只不过是因为运气好。”这时，你头脑中应马上敲起警钟：“我又说错话了，又做出了这种自我否定的行为。但我现在已经意识到了，下次可不要再讲这种话了。”接着用有针对性的策略纠正自己的错误，你可以对自己大声说：“这和运气根本没有关系，我考试成绩优秀，因为我平时付出了努力，我应该得到优秀。”

当别人对你做出赞许的表示时，不要马上表示怀疑，应该用接受的态度来做出反应。同时说声“谢谢”或“你那样认为，我很高兴”。当自己喜欢一种活动又不敢参加时，应鼓起勇气抽出时间争取参加，千万不要指责自己会耽误做什么了。当遇到挫折，别人安慰时，用“对方与我一样”的心态接受，告诉自己“谁都有跌跟头的时候。”

（2）运用自我肯定应该遵循的原则。

当然，在肯定自我的时候，也不要忘了对自己过失的否定，要始终保持实事求是的态度。运用自我肯定应该遵循以下原则：

①始终要以现在时态而不是将来时态进行肯定，例如，应该说：“我现在很幸福”，而不说：“我将来会很幸福。”因为每个人的感受和所创造的现实只存在于“当下”，而非“未来”。

②始终要在最积极的方式中进行肯定，使用正向的肯定词。如不要说“我再也不偷懒了”，而是说“我越来越勤奋，越来越能干了。”这样做可以保证我们总是创造积极的思想形象。

③一般来说，肯定词越简短，也就越有效。肯定时若能表达出强烈的情感，而且情感表达得越多，给人的印象就越深，达到的效果也就越强，如“我真棒！”

心理测试：

你在多大程度上追求完美

1. 问卷

指导语：世界上没有完美的事物，但是每个人几乎都有追求完美的心理。这种心理倾向就属于完美主义心态，你是一个完美主义者吗？

用“是”或“否”来回答下面的测试题目。

（1）是否只做有把握的事，尽量不碰不会或可能犯错的事？

（2）是否凡事都要争第一？

（3）是否做错了一件事就会闷闷不乐？

（4）是否很在意别人对你的看法？

（5）是否非得把自己打扮得美美的才会出门，即使快迟到了也毫不在意？

（6）是否常常处于神经紧绷的状态，即使在家里也一样？

（7）是否认为如果让别人发现你有缺点，他们一定会不喜欢你？

（8）如果事情未达到预期目标，你是否会一直耿耿于怀？

（9）当别人赞美你时，你是否觉得他们言不由衷？

（10）是否总希望把事情能做得十全十美？

2. 计分方法

如果以上10条中，有8条选“是”的话，你就是一个真正的完美主义者了。

3. 心理指导

完美主义是指对事物要求尽善尽美，愿意付出很大精力把它做到天衣无缝。完美主义并不完全是不好的，对于某些人和职业有时是很有必要的，如音乐、美术、服装设计等。但是如果对周围的一切事物都追求尽善尽美的话，就脱离了现实，容易引发心理问题。为了避免这种情况发生，我们应该怎样做：

（1）放松对自己的要求，为自己确定一个短期的合理目标。

（2）宽以待人，完美主义者是仔细周到的人，但是要小心，不要总是指出别人的错误，让别人反感和紧张。

（3）学会接受不完美的现实，没有十全十美的人，也没有十全十美的事物，这是客观事实，不要逃避，也不要苛求。

（4）对“失败”要重新认识。谁都会遭遇失败，不同的只是失败次数的多少而已。失败并不可怕，可怕的是对待失败的消极态度。“不经历风雨，怎么见彩虹。”应把失败看做是自己前进道路上宝贵的经验，相信这一次失败之后一定会迎来成功。

推荐阅读：张德芬身心灵三部曲：《遇见未知的自己》《遇见心想事成的自己》《活出全新的自己》

张德芬是华语世界第一个身心灵畅销书作家，她不仅带来了优秀的作品，也引发了整个华语世界对身心灵的深入思考和探索。张德芬翻译并推荐了无数优秀的身心灵作品，而她本人亲自写作的身心灵三部曲更是探索身心灵之旅的必读之作。张德芬身心灵三部曲包括《遇见未知的自己》《遇见心想事成的自己》和《活出全新的自己》，也是她目前全部的作品集，作品用深入浅出的方式，不仅讲述实现愿望和目标最强有力的“吸引力法则”，而且揭示法则背后的陷阱和秘密，进行一场人生的追寻之旅。

推荐电影：《猫鼠游戏》

本片是由斯蒂文·斯皮尔伯格执导，李奥纳多·迪卡普里奥、汤姆·汉克斯、克里斯托弗·沃肯等主演的犯罪电影，梦工场电影公司出品。该影片讲述了 FBI 探员卡尔与擅长伪造文件的罪犯弗兰克之间进行的的一场场猫抓老鼠的故事。擅长伪造文件的弗兰克·阿巴格诺（李奥纳多·迪卡普里奥饰），父母离异后，不满 18 岁的他深受打击，孤独而伤心地开始了伪造支票骗取现金的行当。他一次次得逞，在美国 50 州与全球 28 个国家开出总金额高达 600 万美元的空头支票，成为美国历年通缉名单上最年轻的罪犯。不久后，他又假冒飞行员，借此乘坐高级飞机和入住高级酒店。此后，他又利用一张伪造的哈佛医学学位证书在乔治亚州一所医院当起急诊大夫。在那里，他很快和一个叫布雷达（艾米·麦当斯饰）的护理员坠入了爱河，然后弗兰克·阿巴格诺跟着他的这位女朋友来到了她的家乡新奥尔良。

身为检察官的布雷达的父亲（马丁·胥饰），听说弗兰克·阿巴格诺在加州伯克利大学法律系毕业，非常高兴自己的女儿找到这样一位男朋友，于是把他安排做了检察官助理。弗兰克·阿巴格诺也满意自己目前的职业，正当他想通过自己的努力取得路易斯安娜的法律从业资格考试时，被执着的 FBI 调查员乔·夏弗（汤姆·汉克斯饰）盯上了。幸运的是，弗兰克·阿巴格诺总是先乔·夏弗一步用法律保护自己，并用电话和明信片一次次地戏弄乔·夏弗。

有趣的是，虽然弗兰克·阿巴格诺和乔·夏弗两人都不承认，但他们却有着惊人的相似：两人都喜欢用打电话来度过寂寞的圣诞节，和家人都很疏远，而且似乎都喜欢上了这种追逐和被追逐的游戏中。乔·夏弗很同情弗兰克·阿巴格诺，犯了这么多罪，而他当时还没有满 20 岁，但是乔·夏弗无法忍受被他的一次又一次的戏弄。

最后，弗兰克·阿巴格诺终于没有逃脱法网。

第三章　塑造健康人格

本章导语

“一种性格是人生的开端”。在林肯很小的时候，母亲经常教导他说：“孩子，有两件事一定要记牢。第一是命运，那是你无法控制的；第二是性格，那可是在你掌握之中的。你可以失去一切，包括你的生命和财富，但是你绝不能失去你的性格，因为它是掌握在你自己手中的。”母亲的这番话在林肯成长的道路上起到了十分关键的作用，帮助他后来登上美国总统宝座。

格森说：“我们的性格即我们的自身。”其深刻含义就是，从小事做起，养成良好的习惯，塑造健全的人格，保持健康的心理，收获健康、快乐和成功。人生的较量有三个层次，最低层次是技巧的较量，其次是智慧的较量，而最高层次的较量则是人格的较量。正如安东尼·罗宾所说：“影响我们人生的绝不是环境，也不是遭遇，而是我们持什么样的心态。”美国心理学家和职业指导专家霍兰德得出结论：性格对能力的形成和发展起制约作用，性格是一种力量，更是一种资产。世界上最伟大的力量不在别处，恰恰就藏在我们自己身上。这种伟大的力量，不一定是卓越的本事，也不一定是渊博的知识，健全的人格就是一种力量，在某个合适的时间，会让你收获你的梦想。一个人的人格能决定其想什么、干什么，同时也决定其是否心想事成，所以说人格决定命运。

[本章问题]

(1) 你是属于哪种个性的人呢？

(2) 我们怎样发挥自己的优势？

第一节　理论导读

大学经历对许多人而言，都是其一生中最关键的阶段之一。因为它不仅是大学生学识能力提高的重要阶段，更是大学生人格魅力塑造的重要时期。在同样的能力、同样的努力程度和相似的社会背景条件下，一个具有良好人格魅力的人获得的机遇和帮助往往会多于人格魅力差的人。在弄清什么是人格魅力之前，首先要弄清楚什么是人格。

一、人格的内涵

人格是一个丰富而复杂的心理成分，它凝聚着文化、社会、家庭、教育与先天遗传的个体风貌，人格有着鲜明的个性特征。正如中国的那句俗话，“人心不同，各如其面”。人格就像人的面孔，千差万别，千姿百态。

人格一词来自拉丁文的persona，其原意是“面具”或“脸谱”，是指在戏台上表演的角色显示给观众的样子，代表着戏中角色的特定身份。心理学上的人格内涵极其丰富，但基本包含两方面的意义：一是个体在人生舞台上所表现出的种种言行，人格所遵从的社会准则，这就是我们可以观察到的外显行为和人格品质；另一方面是内隐的人格成分，即面具后面的真实自我，是人格的内在特征。这也是心理倾向性两个方面的内容。

人格心理特征包括能力、气质、性格，这些心理特征在不同程度上受先天遗传因素的影响，相对比较稳定。人格倾向性包括需要、动机、兴趣、价值观、理想等，主要在后天社会化过程中形成，集中反映了人性独特的一面。只有当人的心理特征、心理倾向性在与环境相互作用过程中表现出独特的行为模式、思维方式和情绪反应时，其人格才可能表现出来成为可观察、现实的人格。从这个角度来说，人格就是个体在先天生物遗传素质的基础上，通过与后天社会环境的相互作用而逐渐形成起来的相对稳定的和独特的心理行为模式。

二、人格与生活

宿舍文化是大学文化中最为基础的组成部分。“卧谈”可能是每一个大学生都要常常经历的。是否会有这样的感觉，有的室友就是你的知己，能说出你想说却没有整理好的话；而另外有的室友则跟你完全无法沟通，你们的理念完全不同。在宿舍文化的研究中，我们划分了这样的六种人：“政治型”的人习惯于“支配——服从”的角度来进行你们的谈话，总是想要掌握宿舍的权力乃至更大的权力；“社会型”的人则比较重视人们之间的爱、关怀与依赖；“审美型”的人则比较重视精神上的美感，不喜欢太世俗的事物，也不喜欢斤斤计较现实利益；“经济型”的人则凡事只重视实用性，完全不会从浪漫的角度出发；“理论型”的人喜欢把任何事情都上升到理论的高度，讲起话来头头是道，但是很不切实际；“宗教型”的人比较相信命运，很看重感觉和灵性。看完这六种人，能否回想起你的宿舍呢？这种差异与不同就是人格的差异。

理解人格对于大学生的生活是十分有益的。我们常讲，“物以类聚、人以群分”，有学者调查大学新生入学6个月之后的朋友关系，结果发现：在6月之后变成好朋友的人，事实上在彼此认识之前，性格就已经非常类似或接近了。因为性格类似，他们才会聚在一起。但是在生活中，性格类似性较高的人固然容易成为好朋友，不同性格的人同样也可以成为好朋友。不同性格的人，有的可能会相互排斥，有的却可能形成互补。那么如何理解与运用人格的同质与差异，这对大学生提高生活质量是非常有益的。

三、气质

（一）什么叫气质

在日常生活中，面对同一情景，不同的人有截然不同的行为表现。

请看如下场景：

假如今晚学校礼堂将要放映一部最新获奖电影，或者要举办某著名歌星演唱会，此电影或歌星正是你梦寐以求想观看或想一睹芳容的，但是，当你得到消息去买票时，票已经售完了，这时你一般会怎么做?

先看看一些学生的回答：

——我会到卖票处问问，看有没有人退票，如果没有，就只好回去自习了。

——我会到礼堂门口等，看有没有人来退票，或者是卖高价票，如果是我喜欢的，出高价我也愿意。

——我会和看门的保安说说好话，请他让我进去。

——我会找学生会的同学或老乡，让他们帮我想想办法。这种活动一般都是由学生会组织的，他们一定有办法。

——我会趁保安不注意或很多同学进去时，看能不能混进去。

——我会从礼堂的后面进去，就说我是帮忙的。

——我会在礼堂门口一直等着，一般开始后就会管理得比较松了。

——我会在门口等着一直到散场，既然是自己喜欢的歌星，就一定要一睹芳容，最好能要到他/她的签名。

我们先不评定这些同学的行为是否合适，也不对他们的行为做出对与错的是非判断。单从他们的想法和行为上看，每个人对待这件事情就有不同的想法和外部行为方式。这些不同的想法和外部行为方式反映的就是一个人的气质。

气质是表现在人的心理活动和行为动力方面典型的、稳定的心理特征。

1. 气质是个体心理活动和行为的外部动力特点

气质不是推动人们行为的心理原因，因为它不是个性的内部动力因素，它不决定一个人是否活动，也不决定他的活动的具体方向，气质表现在人的心理活动和行为中是显露在外的动力特点，如速度和强度特点、稳定性特点、指向性等。

速度：知觉的速度、思维的灵活性、情绪和动作反应的快慢；

强度：情绪的强弱、意志的紧张度；

稳定性：注意持续的长短、情绪的起伏变化；

指向性：心理活动倾向于外部事物还是自身内部。

气质是个体心理活动和行为的动力特点，因而表现在个体活动的一切方面。这些特点一般不受个人活动的目的、动机、内容的影响，气质是个人最一般的特征，它影响个人活动的一切方面。

比如一个脾气急躁的人，他做什么可能都比较快，吃饭三分钟结束战斗，思维总比别人更迅速，说话也像开机关枪，走路来去一阵风……相反，一个秉性比较沉稳的人，做什么可能都比较缓慢，吃饭慢，说话慢条斯理，思考问题也细致周密……

2. 气质是个性心理特征中受人体先天生物学因素影响较大的一部分

气质不同于能力和性格，它较多地受到精神系统先天特性的影响，具有先天性。婴儿出生时，气质就有明显的差别，有的爱哭爱闹、四肢活动较多，有的则较安静、较少啼哭等。托马斯等（1970）通过测定婴幼儿对刺激物的敏感性、对新事物的反应等，追踪研究气质的早期表现，结果发现在儿童生命最初几星期内，就在气质上表现出明显的个性特征，这些差异显然不是后天特性造成的。还有一项研究表明，同卵双胞胎儿要比异卵双胞胎儿在气质上相似许多，即使把他们分别放在不同的生活环境和教育条件下培养，他们也仍能保持原来的气质特点，这说明，气质是与生俱来的，是天赋的一部分。

3. 气质的稳定性与可变性

由于气质是人的精神系统的最基本的特征，因而气质具有一定的稳定性，表现在：

（1）气质不因人的活动的目的、动机和内容而改变。在不同性质的活动中，一个人的气质表现为相对稳定的特点，例如，一个情绪爱激动的学生，上课时可能爱举手发言，考试前可能显得心神不定，参加体育比赛可能沉不住气等，在这些场合尽管他的活动内容在变化，活动方式各不相同，但表现在这些活动中的气质特点是相对稳定的。

（2）气质的稳定性还表现在人生的不同时期气质特点是相对稳定的。一个人小时候爱急躁，长大以后仍然会是一个脾气急的人；一个人小时候做事慢条斯理，长大后依然会不紧不慢。

有的同学会说，既然气质是稳定的，不容易变化的，那我就不需要做任何调整和努力了。事实上，气质是稳定的，但并不是说气质是丝毫不能改变的。气质的改造主要通过以下两条途径完成：

一是习惯的养成。习惯的养成就是条件反射的建立，一旦个体形成了某种条件反射，其实就是大脑的某些原本并无联系的神经元之间建立了固定的联系，一有刺激条件出现，相应的反应和行为就会产生。

二是通过大脑的锻炼。通过某些专业的锻炼大脑的方法，可以训练脑细胞的灵活性、敏捷性等特性，从而可以达到改造气质的目的。

（二）气质的类型

1. 胆汁质（兴奋型）

（1）高级神经活动类型：强而不平衡型。

（2）心理特征：感受性低，有一定耐受性，反应快而不灵活，情绪兴奋性高，抑制能力差，外倾性明显，行为有一定可塑性。

（3）行为方式的典型表现：直率、热情、精力旺盛、情绪易冲动、心境变换剧烈、脾气急躁。

胆汁质比较典型的人物或艺术形象有：普希金、鲁智深、李逵等。

胆汁质的大学生精力充沛，能经受强烈刺激；行动迅速，思维敏捷，易于激动，性情直率；进取心强，大胆倔强，敏捷果断；主动与他人交往，乐于交际；但自制力差，性情急躁，情绪容易被激起，难以控制；主观任性，办事粗心，缺乏准确性，有时会刚愎自用。

2. 多血质（活泼型）

（1）高级神经活动类型：强而平衡、灵活型。

（2）心理特征：感受性低，耐受性高，反应快而灵活，情绪兴奋性高，外部表露明显，外倾性明显，行为可塑性大。

（3）行为方式的典型表现：活泼、好动、敏感、反应迅速、喜欢和人交往、注意力易转移、兴趣易变化、缺乏持久力。

多血质比较典型的人物或艺术形象：周恩来、王熙凤等。

多血质的大学生活泼好动，不甘寂寞；易于适应新环境，善于交际而有朝气；易于接受新事物，但注意力不稳定，兴趣容易转移；情绪发生快且易变，表情丰富、外露，但体验不深刻；思维、言语、动作敏捷、灵活。

3. 黏液质（安静型）

（1）高级神经活动类型：强而平衡、不灵活型。

（2）心理特征：感受性低，耐受性高，反应速度缓慢，有稳定性，情绪兴奋性低，内倾性明显，行为有一定可塑性。

（3）行为方式的典型表现：安静、稳重、反应缓慢、沉默寡言、情绪不易外露、注意力稳定难转移，善于忍耐。

黏液质比较典型的人物或艺术形象：华罗庚、林冲等。

黏液质的大学生坚定顽强，沉着踏实，耐心谨慎，自信心足，自制力强，善于克制忍让，生活有规律，心境平和，沉默少语。但往往不够灵活，固执拘谨，因循守旧。

4. 抑郁质（抑制型）

（1）高级神经活动类型：弱型。

（2）心理特征：感受性高，耐受性低，反应速度慢，刻板而不灵活，情绪兴奋性高而体验深，内倾性特别明显，行为可塑性小。

（3）行为方式的典型表现：情绪体验深刻、行动迟缓、多愁善感、能觉察他人不易察觉的事物、富有幻想、胆小孤僻。

抑郁质比较典型的人物或艺术形象：林黛玉等。

抑郁质的大学生好静，喜欢独处，孤僻，但是在友爱的集体中，又可能是一个很容易相处的人；情绪高度易感，但发生慢，体验丰富、深沉、持久而不外露；动作反应迟缓，但准确性高；较多地注意自己的内心世界。

四、性格

（一）什么是性格

性格是一个人在现实的稳定态度和习惯化了的行为方式中所表现出来的个性心理特征。具体来说，我们常形容一个人诚实或者虚伪，勇敢或者怯懦，谦逊或者骄傲，勤劳或者懒惰，果断或者优柔寡断，等等，这都是对这个人的性格特征的描述。性格就是一个人的许多性格特征所组成的统一体。人的个性差异首先表现在性格上。

（二）性格的结构

从组成性格的各个方面来看，可以把性格分为态度特征、意志特征、情绪特征和理智特征。

1. 性格的态度特征

性格的态度特征主要指一个人如何处理社会各方面的关系，即他也对社会、集体、工作、劳动、他人以及自己的态度，如谦虚或自负，自信或自满，自豪或自卑，自尊或羞怯，同情或冷漠。

2. 性格的意志特征

性格的意志特征指一个人能否对自己的行为自觉地进行调节。良好的意志特征是：有远大理想、有计划、独立自主、不受别人左右、果断、勇敢、坚忍不拔、有毅力、自制力强；不良的意志特征是：鼠目寸光、盲目性强、易受暗示、优柔寡断、放任自流、固执己见、怯懦、任性等。

3. 性格的情绪特征

性格的情绪特征指一个人的情绪对其活动的影响，以及他对自己情绪的控制能力。良好的情绪特征是：善于控制自己的情绪，情绪稳定，常处于积极乐观的心境状态；不良的情绪特征是：事无大小都容易引起情绪反应，容易产生消极悲观的情绪。

4. 性格的理智特征

性格的理智特征指一个人在认知活动中的性格特征，主要有认知活动中的独立性和依存性、想象中的现实性、思维活动的精神性等。

性格的各种特征并不是孤立静止地存在着，也不是机械地结合，而是相互联系、相互制约，构成一个整体。

（三）性格的类型

1. 按照个体的心理机能可分为理智型、情绪型和意志型

理智型的人常以理智衡量一切，并以此支配自己的行为，做事能三思而后行，很少受情绪影响；情绪型的人不善于思考，行为易受情绪左右，常感情用事；意志型的人行动目标明确，富有主动性和自制力，行为不易受外界因素干扰。在现实生活中，只有少数人是这三种类型的典型代表，大多数人属于中间类型。

2. 按照心理活动的倾向性可分为外倾型和内倾型

以心理活动的倾向性作为划分标准，可将性格分为内倾型和外倾型。这是一种最有影响力、最著名的观点，是由瑞士心理学家荣格提出来的。

外倾型的人活泼开朗，情感外露，热情大方，不拘小节；善于交际，独立性强，领导能力强；易适应环境的变化，不介意别人对自己的评价；但有时易轻率、散漫、感情用事。

内倾型的人深沉稳重，办事谨慎，做事三思而后行；不善于交际，反应慢，较难适应环境的变化；很注重别人对自己的评价，有时显得拘谨、冷漠和孤僻。

在现实生活中，大多数人属于中间型。

3. 按照个体独立程度可分为独立型和顺从型

独立型的人不易受外来事物的干扰，他们具有坚定的信念，能独立地做出判断，善于发现问题、解决问题，在紧急和困难的情况下不慌张，但有时会把自己的意志强加于人，固执己见，不太合群。

顺从型的人随和、谦虚，易与人合作，但独立性较差，易受暗示，容易接受别人的意见，在紧急情况下易惊慌失措。

4. 按人的行为方式分为 A－B－C 型

按人的行为方式即人的言行和情感的表现方式，性格可分为 A 型性格、B 型性格和 C 型性格。

A 型性格指性格外向、主动、紧张、快节奏、敏感，主要特征表现为个性强、有过高的抱负、固执、急躁、紧张、好冲动、行为匆忙、好胜心强、时间观念强等。

B 型性格指情绪心理倾向较稳定，社会适应性强，为人处世比较温和，生活有节奏，干事讲究方式，表现为想得开、放得下，与他人的关系协调，能面对现实，不气馁、不妄求，抱负不高等。

C 型性格指那种情绪受压抑的抑郁性格，表现为害怕竞争，逆来顺受，有气往肚子里咽，爱生闷气等。

5. 四种性格类型学说

弗洛伦斯·妮蒂雅（Florence Littauer）发展出了真实实用、轻松易懂的性格分类学说，经过无数人的实践，是现今应用很广泛的性格分类法。她以轻松幽默的故事，教会了人们如何了解自己、理解他人。她在性格、激励、人际关系、夫妻关系和教导人们走出抑郁的情绪方面有极高的造诣。她的演讲和著作教会了人们如何善待自己和他人，如何去赞美和鼓励自己周围的人们。

（1）S 活泼型——乐天型或活泼型。

特点：典型的享乐型。外向、多言、乐观、快乐；情感外露，热情奔放，不记仇，引人注意，积极主动；好赞美，多朋友，善于表达；故事大王，表现欲强；舞台高手，晚会灵魂，极具活力和感染性。

不足之处：自我为中心，不太关注他人；爱插嘴，粗心，缺少条理；健忘，先张嘴后思考；夸张、天真，长不大的孩子；不注重细节，对数字不敏感；办事拖拉，虎头蛇尾；等等。

一句话总结：对别人无所谓，对自己也无所谓。

（2）C 力量型——急躁型或力量型。

特点：属于工作型。自信，坚定，有主见；善组织，好决策，喜欢控制，天生的领导；精力充沛，主动创造，行动力强，生活在目标中，不能容忍有没做完的事情存在，就像一个上足发条的机械人，一天到晚干个不停。对达成目标远比取悦他人更有兴趣。义气，直率，执着，越挫越勇。

不足之处：总是生活在目标中，难以放松；过于自我，坚持己见，控制欲强，好争论，不道歉，性情急躁；态度专横，缺少耐心，不善于处理人际关系。

一句话总结：对别人要求严格，对自己无所谓。

（3）M 完美型——忧郁型或完美型。

特点：属于分析型。善于分析，有思想，有深度，先思考后发言；严肃认真，一丝不苟，目标明确；干净整洁，做事条理，注重细节；习惯计划，善始善终，怕别人不在意，又怕别人太在意；交友慎重，忠诚，难赞美人，有规律，对人对己要求标准高，易成为杰出的专业人士和艺术家。

不足之处：过于理性，敏感多疑；生活在自己的内心感受里，消极忧虑，容易受伤害；爱钻牛角尖，对别人要求不切实际，有意见不愿意表达而习惯于叫别人猜测；标准高，难以行动，遇事不果断，显得犹豫、拖拉。

一句话总结：对别人要求严格，对自己要求也严格。

（4）P 和平型——冷静型或平和型。

特点：是一种最容易与之相处的性格。处事低调，为人谦和；有耐心，轻松，平静，乐天知命；处处为他人考虑，避免冲突，善于聆听；面面俱到，能不开口尽量不开口，极具亲和力和好人缘，通常属于慢性子好脾气的人。

不足之处：缓慢，难以决定，办事拖拉，得过且过，不愿意尝试改变，不愿承担责任；做事马虎、随便、少条理，待人缺少热情；遇事没主见，有时为了避免矛盾而经常妥协。

一句话总结：对别人不要求，对自己不苛求。

第二节　大学生积极人格的培养

积极心理学强调人格心理学必须研究人内心所存在的积极力量，只有人所固有的积极力量得到培育和增长，人性的消极方面才能被消除或抑制。如果人格心理学仅仅只是以帮助人们消除问题人格或人格中所存在的消极方面为中心，那么，即使当人所有的问题都被消除后，人本身所具有的积极力量也不可能得到自然的增长，这样的人也不可能成为一个完善的、自我实现的人。积极人格强调个体在环境、文化等综合因素中起着关键作用，人格的形成是多种因素互相作用的结果。

当然，积极心理学倡导研究积极人格并不意味着人格心理学就是要忽视或放弃对人格问题的研究，它只不过是强调人格心理学要成为一种平衡的人格心理学，要在既研究消除各种人格问题的同时，也要致力于研究助长良好人格的积极方面。

一、积极人格特质

克里斯托弗·彼德逊和马丁·E. P. 塞里格曼通过“VIA 特征优势调查”测量了从许多种人格优点和品德中选出的 24 种人格优势，具体如下：

积极人格特质

1. 智慧	（1）创造力；（2）好奇心；（3）批判性思维；（4）好学；（5）洞察力
2. 勇气	（6）勇敢；（7）毅力；（8）诚实；（9）热情
3. 仁爱	（10）爱；（11）善良；（12）社交智慧
4. 公正	（13）团队合作；（14）公平；（15）领导力
5. 节制	（16）宽恕；（17）谦虚；（18）谨慎；（19）自制
6. 卓越	（20）对美的欣赏；（21）感恩；（22）乐观；（23）幽默；（24）灵性

（1）创造力（原创性，独创性）：思索新颖并有价值的方法来产生概念和做事情。

（2）好奇心（兴趣，寻找新事物，开放式体验）：对持续的体验和其内在因缘产生兴趣；进行探索和发现。

（3）批判性思维（判断力，头脑开明）：通过全方位测验来思考事物；公平权衡所有的根据。

（4）好学：掌握新的技能、话题以及知识本体，不管是出于自愿还是形势要求。

（5）洞察力（智慧）：能对他人提出明智的建议；能着眼于对己对人有意义的世界。

（6）勇敢（勇气）：不畏威胁、挑战、困顿或苦痛；依觉悟而行，不论其是否被普遍认同。

（7）毅力（持久，刻苦发奋）：做事有始有终；坚持行为方向，不论障碍险阻。

（8）诚实（可靠，正直）：自我表现诚恳；对自己的感觉和行为负责。

（9）热情（有活力，积极，有魄力，有精力）：使生活充满激情和能量；感觉活跃、活泼。

（10）爱：珍爱与他人的亲密关系，尤其是那些其中相互分享、相互关照的。

（11）善良（慷慨，关怀，关照，同情，无私的爱，美好的事物）：为他人帮忙、做好事

（12）社交智慧（情绪智商，个人智商）：了解他人以及自己的目的和感觉。

（13）团队合作（社会责任，忠诚，公民权）：作为集体或团队中的一员好好工作；对集体忠诚。

（14）公平：依照公平和正义的观念平等对待所有人；不要让个人感觉误导对他人的判定。

（15）领导力：促进集体，使个人在其中作为成员能完成事情并且同时维持良好的集体关系。

（16）宽恕（仁慈）：宽恕做错事的人接纳他人的短处；给予他人第二次机会不心怀报复。

（17）谦虚：让人的成绩说话，不自大。

（18）谨慎：细心于自己的选择；不要冒不当的风险；不说也不做会事后后悔的事。

（19）自制（自律，自控）：管理自己的感觉和行为；守纪律；控制自己的欲望和情绪。

（20）对美的欣赏（敬畏，赞叹上进）：欣赏美丽、卓越以及在生活的不同领域的娴熟表现。

（21）感恩：知道并感谢发生的好事情；多多表达谢意。

（22）乐观（希望，为未来打算，为未来定向）：对将来有最好的展望，并努力实现它。

（23）幽默（爱玩）：喜欢笑，喜欢逗乐；给他人带来欢笑；看事物的光明面。

（24）灵性（虔诚，守信，有追求）：有对更高追求、生活意义以及宇宙意义的信仰。

作为大学生，在积极人格的建设过程中不仅要关注我们的外在能力，也要关注我们的内在潜力。从以上叙述我们可以看出，积极心理学中的人格心理学已不仅仅是对个体的差异做出描述，或者利用其理论对某些人的人格问题进行纠正，更主要的是要通过对人格的分析来唤起心理学对积极力量的关注，并以这种积极力量来帮助所有人形成积极的人格。

二、积极人格测量工具

积极心理学家（彼得森、塞利格曼，2001）开发出“性格优势”的测量工具，即优势的行为价值问卷（values in action inventory of strength，VIA－IS）。VIA－IS 根据上述“人类优势标准”的行动价值分类体系编制，分为成人版与青少年版。该问卷能区分所有 24 种优势在个体身上的不同体现程度，从而识别被测试者所具有的 5 大显著优势。

24 种人格力量测试（VIA）及计分方法：

（1）我觉得这个世界很有趣。

（2）我总是尽全力参加教育活动。

（3）我总是为自己的行动找出理由。

（4）不断产生新奇和不同的念头是我的一个长处。

（5）我可以充分了解自己周围的环境。

（6）我对正在发生的事情有全面的认识。

（7）面对强烈的反对时，我经常捍卫自己的立场。

（8）我从来不会在任务没有完成前就放弃。

（9）我一向遵守承诺。

（10）我从不会借故太忙，而不去帮助朋友。

（11）我总是乐于和别人建立关系，即使有风险存在。

（12）我从不会错过小组会议或团体活动。

（13）我总能承认自己的错误。

（14）在团体里，我总是尽力确保每一个人都有在团体内的感觉。

（15）对我来说，吃健康食品没有困难。

（16）我从未故意伤害过任何人。

（17）对我来说，生活在充满美的世界中是很重要的。

（18）我总是向关心我的人表达感谢。

（19）我总是对事物抱着乐观的态度。

（20）我注重精神生活。

（21）我以谦逊的态度对待发生在自己身上的好事。

（22）当我的朋友心情不好时，我努力逗他们开心。

（23）我想要全身心投入到生活中，而不是像一个局外人那样旁观。

（24）对我来说，过去的事情就让它过去了。

（25）我从不感到无聊。

（26）我愿意学习新事物。

（27）我总是会从事物的正反两面去考虑问题。

（28）当别人告诉我应该怎么做一件事时，我会主动想出可以取得相同结果的其他方法。

（29）我知道如何在不同的社交场合下扮演适合自己的角色。

（30）不管发生什么，我都清楚地知道什么是最重要的。

（31）我曾经因为能够直面问题，而摆脱了情绪困扰。

（32）我做事从不虎头蛇尾。

（33）我的朋友认为我能够保持事情的真实性。

（34）能为朋友做些小事让我感到很享受。

（35）我身边有人像关心自己一样关心我，在乎我的感受。

（36）我非常喜欢成为团体中的一分子。
（37）能够妥协是我性格里的一个重要部分。
（38）作为一个组织的领导，不管成员有过怎样的经历，我都对他们一视同仁。
（39）就算美食当前，我也不会吃过量。
（40）“小心驶得万年船”是我喜欢的座右铭之一。
（41）我会因为别人的仁慈善良而感动的几乎落泪。
（42）听到一些伟大的善举时，我的心会受到震撼。
（43）当别人看到事物消极的一面时，我总能乐观地发现它积极的一面。
（44）我实践着我的宗教信仰。
（45）我不喜欢在人群中突出自己。
（46）大多数人认为和我在一起很有趣。
（47）我从来没有早上不想起床的感觉。
（48）我很少怀有怨恨。
（49）我总是忙着做一些有趣的事情。
（50）学习新事物让我感到兴奋。
（51）只有掌握了所有信息以后，我才会做出决定。
（52）我喜欢想一些新的方法去解决问题。
（53）无论环境怎样，我都可以适应。
（54）我拥有优秀的世界观。
（55）我会毫不犹豫地公开阐述一个不受欢迎的观点。
（56）我是一个以目标为行动导向的人。
（57）我相信真诚是信任的基础。
（58）我尽力让那些沮丧的人振作起来。
（59）有人能够接受我的缺点。
（60）我是一个极其忠诚的人。
（61）我公平地对待所有人，不管他们是什么身份。
（62）我的优点之一是能够让团体成员很好地协作，哪怕他们之间存在分歧。
（63）我是一个高度自律的人。
（64）我总是思考以后再讲话。
（65）看到美好的事物时，总能触动我内心深处的情愫。
（66）至少每天一次，我会暂停忙碌的生活节奏，细数值得自己感激的人和事。
（67）即使面对挑战，我也总对将来充满希望。
（68）在困难的时刻，我的信仰从来没有离弃过我。
（69）我从不表现的特殊。
（70）我抓住每一个机会，用欢笑点亮别人的生活。
（71）我做事一向全神贯注。

（72）我从不试图报复。
（73）我对世界总是充满了好奇。
（74）每一天我都期盼着学习和成长的机会。
（75）我欣赏自己批判性的思维。
（76）我为自己的原创力而感到骄傲。
（77）我有能力令其他人对一些事物产生兴趣。
（78）我从来没有因为给朋友提供了错误意见而导致他（她）犯错。
（79）我支持自己坚信的事，即使会产生负面的结果。
（80）即使会遇到阻碍，我也要把事情完成。
（81）即使会造成伤害，我也会说出真相。
（82）我喜欢令别人快乐。
（83）对某些人来说，我是他们生命里最重要的人。
（84）在团队中工作可以令我发挥出最佳状态。
（85）对我来说，每个人的权利同样重要。
（86）我非常擅长策划集体活动。
（87）我会控制自己的情绪。
（88）朋友们认为，我能在自己的言行上做出聪明的抉择。
（89）我能看到被别人忽视的美好事物。
（90）如果收到礼物，我总是要让送礼物的人知道我很喜欢。
（91）对于自己希望在将来发生的事，我的脑子里有一幅清晰的图画。
（92）我有明确的生活目标。
（93）我从不吹嘘自己的成就。
（94）不论在任何情形下，我都尝试寻找乐趣。
（95）我热爱自己所做的事情。
（96）我一向容许别人把错误留在过去，重新开始。
（97）我对各式各样的活动都感到兴奋。
（98）我是个真正的终生学习者。
（99）我的朋友欣赏我能客观地看待事物。
（100）我总能想出新方法去做事情。
（101）我总能知道别人行事的动机。
（102）别人认为我的智慧超越了我这个年龄应有的程度。
（103）别人还在侃侃而谈时，我已经付诸行动了。
（104）我是个工作勤奋的人。
（105）我的承诺值得信赖。
（106）在过去的一个月里，我主动帮助过我的邻居。
（107）不管我的家人和好友做了什么，都不能阻止我对他们的爱。

（108）我从不对外人说我所处团体的坏话。
（109）我给每个人机会。
（110）作为一个有效能的领导者，我一视同仁。
（111）我从不想要长远来看有害的东西，即使他们在短期内让我感觉不错。
（112）我总是避免参加会对身体造成伤害的活动。
（113）我经常被电影里所描述的美感动的说不出话。
（114）我是一个充满感恩之心的人。
（115）如果得到不好的成绩或评价，我会专注于下次机会，并计划做得更好。
（116）在过去的二十四小时内，我花了约 30 分钟进行祈祷、冥想或深思。
（117）我为自己是一个普通人而骄傲。
（118）我试着在所做的任何事情中添加一点幽默的成分。
（119）我期待新的一天的到来。
（120）我希望人们能学会原谅和遗忘。
（121）我有很多兴趣爱好。
（122）我经常尽量去参观博物馆。
（123）如果需要，我可以成为一个高度理性的思考者。
（124）朋友们认为我有各种各样的新奇想法。
（125）我一向能与刚认识的朋友融洽相处。
（126）我总能看到事物的全部。
（127）我总能捍卫自己的信念。
（128）我不言放弃。
（129）我忠于自己的价值观。
（130）在朋友生病时，我总会致电问候。
（131）我总能感受到自己生命中有爱存在。
（132）维护团体内的和睦对我来说很重要。
（133）我极其坚持正义和公平的原则。
（134）我相信人的本性让我们聚在一起，为了共同的目标而努力。
（135）我可以一直节食。
（136）行动前，我总是先考虑可能出现的结果。
（137）我总能觉察到周围环境里存在的自然美。
（138）我竭尽所能去答谢那些对我好的人。
（139）我对未来五年内想要做的事情有所计划。
（140）我的信仰塑造了现在的我。
（141）我比较喜欢让其他人谈论他们自己。
（142）我从不让沮丧的境遇带走我的幽默感。
（143）我精力充沛。

（144）我总是愿意给他人改正错误的机会。
（145）在任何情形下，我都能找到乐趣。
（146）我常常阅读。
（147）深思熟虑是我的特点之一。
（148）我经常有原创性的思维。
（149）我善于体会别人的感受。
（150）我对人生有成熟的看法。
（151）我总能直面自己的恐惧。
（152）我工作时从不被别的事情分散精力。
（153）不曾夸大过自己，我为此而骄傲。
（154）我为他人的好运而兴奋，就像自己获得好运一样。
（155）我能够表达对别人的爱。
（156）我在任何条件下都支持我的队员或组员。
（157）我不会无功受禄。
（158）朋友总认为我是一个强硬但公正的领导。
（159）我总是认为“知足常乐”。
（160）我一向对错分明。
（161）我非常喜欢各种形式的艺术。
（162）我对生命中所得到的一切充满感激。
（163）我知道，有一天我会成功实现自己所设定的目标。
（164）我相信每个人都有一个生存目的。
（165）我很少刻意引人注目。
（166）我很有幽默感。
（167）我会迫不及待地开始一项新的计划。
（168）我很少试图报复别人。
（169）我很会自娱自乐。
（170）如果想了解什么，我会立刻到图书馆或互联网查询。
（171）我总会权衡利弊。
（172）我的想象力超过朋友。
（173）我清楚自己的感觉和动机。
（174）别人喜欢来征询我的建议。
（175）我曾经战胜过痛苦与失望。
（176）一旦决定做什么事情，我就会坚持下去。
（177）我非常讨厌装腔作势。
（178）我享受善待他人的感觉。
（179）我能够接受别人的爱。

（180）即使不同意团体领袖的观点，我还是会尊重他。
（181）即使不喜欢一个人，我也会公平地对待他（她）。
（182）作为一个团体领导，我尽量让每一个成员快乐。
（183）无论在办公室、学校或家中，我总是在限期之前完成各种任务。
（184）我是个非常小心的人。
（185）他人认为生命中理所当然存在着的简单事物，我却会对它们心存敬畏。
（186）当审视自己的生活时，我发现有很多地方值得感恩。
（187）我确信自己的做事方法会得到最佳的效果。
（188）我相信一种全宇宙的力量，比如神。
（189）别人告诉我，谦虚是我最显著的优点之一。
（190）能使别人微笑或大笑，令我感到满足。
（191）我迫不及待地想要知道自己未来的生活是什么样子。
（192）通常情况下，我愿意给别人第二次机会。
（193）我认为我的生活非常有趣。
（194）我阅读大量各种各样的书籍。
（195）我尝试为自己的重大决定找出好的理由。
（196）上个月，我为自己生命中的难题想出了一个创新性的解决方法。
（197）我总是知道说什么话可以让别人感觉良好。
（198）或许不会跟别人说起，但我认为自己是个智者。
（199）听到有人说卑鄙的事情，我总会大声提出抗议。
（200）做计划时，我有把握付诸实行。
（201）朋友总说我是一个实际的人。
（202）能让别人一起分享成功所带来的公众瞩目，这让我感到高兴。
（203）在我的邻居、同事或同学中，有我真正关心的人。
（204）尊重团体的决定对我来说很重要。
（205）我认为每个人都应该有发言权。
（206）作为团体领导者，我认为每个成员都有对团体所做的事发表意见的权利。
（207）对我来说，练习与表演一样重要。
（208）我总是谨慎地做出决定。
（209）我经常渴望能感受伟大的艺术，比如音乐、戏剧或绘画。
（210）每天我都心怀深刻的感激之情。
（211）情绪低落时，我总是回想生活中美好的事情。
（212）信仰使我的生命变得重要。
（213）没有人认为我是一个自大的人。
（214）我更相信人生是游乐场而不是战场。
（215）早晨醒来，我会为了新一天中存在的无限可能性而兴奋。

(216) 我不想看到任何人受苦，哪怕是我最大的敌人。
(217) 我非常喜欢听别人讲述其他国家和文化。
(218) 我喜欢阅读非小说类的书籍作为消遣。
(219) 朋友欣赏我的判断力。
(220) 我强烈希望在来年做一些创新的事。
(221) 很少有人能利用我。
(222) 别人认为我是一个聪明的人。
(223) 我是一个勇敢的人。
(224) 能得到自己想要的，是因为我付出了努力。
(225) 别人相信我能帮他们保守秘密。
(226) 我总是倾听别人讲述他们的问题。
(227) 和他人分享我的感受是一件容易的事。
(228) 为了集体的利益，我愿意牺牲个人利益。
(229) 我相信聆听每个人的意见是值得的。
(230) 大权在握的时候，我不会因小事随便责怪他人。
(231) 我定时锻炼身体。
(232) 我想象不到说谎和骗人是怎么一回事。
(233) 在过去的一年中，我创造了一些美好的东西。
(234) 在生命中，我一直拥有别人给予的深厚的祝福。
(235) 我期待会发生最好的事情。
(236) 我的生命有一个使命。
(237) 别人都因我的谦逊而走近我。
(238) 我因富于幽默而被众人所知。
(239) 人们形容我为一个热情洋溢的人。
(240) 当人家待我不好时，我尝试以谅解来回应。

24 种人格力量测试（VIA）计分方法：

• 该测试共有 240 条陈述性的句子，请根据与自己相符合的程度选择赋予一个分值；答案无好坏之分，答题时间 35 分钟。

非常似我 =5 分
有点似我 =4 分
中立（不置可否）=3 分
有点不似我 =2 分
非常不似我 =1 分

请将相应的分值填在题号后的空白处。

第 1 题：	第 25 题：	第 49 题：	第 73 题：	第 97 题：	第 121 题：	第 145 题：	第 169 题：	第 193 题：	第 217 题：	合计：
第 2 题：	第 26 题：	第 50 题：	第 74 题：	第 98 题：	第 122 题：	第 146 题：	第 170 题：	第 194 题：	第 218 题：	合计：
第 3 题：	第 27 题：	第 51 题：	第 75 题：	第 99 题：	第 123 题：	第 147 题：	第 171 题：	第 195 题：	第 219 题：	合计：
第 4 题：	第 28 题：	第 52 题：	第 76 题：	第 100 题：	第 124 题：	第 148 题：	第 172 题：	第 196 题：	第 220 题：	合计：
第 5 题：	第 29 题：	第 53 题：	第 77 题：	第 101 题：	第 125 题：	第 149 题：	第 173 题：	第 197 题：	第 221 题：	合计：
第 6 题：	第 30 题：	第 54 题：	第 78 题：	第 102 题：	第 126 题：	第 150 题：	第 174 题：	第 198 题：	第 222 题：	合计：
第 7 题：	第 31 题：	第 55 题：	第 79 题：	第 103 题：	第 127 题：	第 151 题：	第 175 题：	第 199 题：	第 223 题：	合计：
第 8 题：	第 32 题：	第 56 题：	第 80 题：	第 104 题：	第 128 题：	第 152 题：	第 176 题：	第 200 题：	第 224 题：	合计：
第 9 题：	第 33 题：	第 57 题：	第 81 题：	第 105 题：	第 129 题：	第 153 题：	第 177 题：	第 201 题：	第 225 题：	合计：
第 10 题：	第 34 题：	第 58 题：	第 82 题：	第 106 题：	第 130 题：	第 154 题：	第 178 题：	第 202 题：	第 226 题：	合计：
第 11 题：	第 35 题：	第 59 题：	第 83 题：	第 107 题：	第 131 题：	第 155 题：	第 179 题：	第 203 题：	第 227 题：	合计：
第 12 题：	第 36 题：	第 60 题：	第 84 题：	第 108 题：	第 132 题：	第 156 题：	第 180 题：	第 204 题：	第 228 题：	合计：
第 13 题：	第 37 题：	第 61 题：	第 85 题：	第 109 题：	第 133 题：	第 157 题：	第 181 题：	第 205 题：	第 229 题：	合计：
第 14 题：	第 38 题：	第 62 题：	第 86 题：	第 110 题：	第 134 题：	第 158 题：	第 182 题：	第 206 题：	第 230 题：	合计：
第 15 题：	第 39 题：	第 63 题：	第 87 题：	第 111 题：	第 135 题：	第 159 题：	第 183 题：	第 207 题：	第 231 题：	合计：
第 16 题：	第 40 题：	第 64 题：	第 88 题：	第 112 题：	第 136 题：	第 160 题：	第 184 题：	第 208 题：	第 232 题：	合计：
第 17 题：	第 41 题：	第 65 题：	第 89 题：	第 113 题：	第 137 题：	第 161 题：	第 185 题：	第 209 题：	第 233 题：	合计：
第 18 题：	第 42 题：	第 66 题：	第 90 题：	第 114 题：	第 138 题：	第 162 题：	第 186 题：	第 210 题：	第 234 题：	合计：
第 19 题：	第 43 题：	第 67 题：	第 91 题：	第 115 题：	第 139 题：	第 163 题：	第 187 题：	第 211 题：	第 235 题：	合计：
第 20 题：	第 44 题：	第 68 题：	第 92 题：	第 116 题：	第 140 题：	第 164 题：	第 188 题：	第 212 题：	第 236 题：	合计：
第 21 题：	第 45 题：	第 69 题：	第 93 题：	第 117 题：	第 141 题：	第 165 题：	第 189 题：	第 213 题：	第 237 题：	合计：
第 22 题：	第 46 题：	第 70 题：	第 94 题：	第 118 题：	第 142 题：	第 166 题：	第 190 题：	第 214 题：	第 238 题：	合计：
第 23 题：	第 47 题：	第 71 题：	第 95 题：	第 119 题：	第 143 题：	第 167 题：	第 191 题：	第 215 题：	第 239 题：	合计：
第 24 题：	第 48 题：	第 72 题：	第 96 题：	第 120 题：	第 144 题：	第 168 题：	第 192 题：	第 216 题：	第 240 题：	合计：

请先答题，后阅读以下内容。

测试计分方法：答题卡共 24 行，分别代表 24 种人格力量。也就是说答题卡横向的 10 题相加即是该 10 题所代表的人格力量分值。答题前不要事先知道每题所代表的人格力量。

分值前 5 位的人格即是你的人格力量。建议在生活中更加有意识地运用他们。

我们根据人的积极人格具有 6 个大的类型和 24 种不同的人格品质，总结出大学生积极人格塑造的主要内容，并探讨了相关的途径。

三、大学生积极人格塑造的主要内容

1. 在卓越特质方面，大学生要培养心怀天下、热爱祖国、服务社会的理想

心怀天下一直是我们国家对传统知识分子的基本要求。21 世纪的大学生要心怀天下，主要是指大学生要培养自己具备全球化的视野和“地球村村民”的思维。一方面，我们要提倡与全人类相联系的积极力量，同时也要具备与大自然和谐共处的意识和科学发展的观念。只有这样，大学生才不会因为缺乏目标而碌碌无为，也不会因为生活中暂时的挫折而轻言放弃。热爱祖国是每一个公民的基本要求，也是大学生心怀天下的具体体现之一。热爱祖国的大学生会辩证地看待我们国家在发展和前进中遇到的困难以及存在的问题，在肯定国家不断强盛的同时，不回避需要解决的问题。不仅如此，他们还会将自己的人生目标自觉地与国家的发展和社会的进步联系在一起，积极寻求实现“个人”与“大家”的双赢。

2. 在智慧特质方面，大学生要培养自我规划、勤奋好学、兴趣广泛的智慧

积极人格的核心特质之一是自我决定性，而在形成自我决定性的各种因素中，个体先天的学习、创造、好奇等本性是基础。规划自我是大学生积极为将来做好准备的重要步骤和关键环节。具有积极人格的大学生在规划自我方面会借助社会、家庭和学校老师的帮助，参照自己的人生理想，结合自己的兴趣爱好，立足于社会现实，对自己做出有层次、分阶段的规划。勤奋好学的品质是大学生将自己的理想目标内化之后的一种自觉状态。具备勤奋好学品质的大学生在学习和生活中总会保持积极上进的状态，会合理地管理好自己的时间，平衡好生活、学习和个人兴趣爱好之间的关系。他们不再是“两耳不闻窗外事，一心只读圣贤书”，而是兴趣广泛，博闻强识。他们对自己的兴趣、爱好有较清晰的了解，并且会通过勤奋好学将自己的兴趣、爱好发展成特长。他们还具有开拓创新的意识和能力，不仅会学习，而且还能创造，会将自己的好奇与好学充分融合，不断探索未知的世界和领域。

3. 在勇气特质方面，大学生要培养乐观自信、英勇坚毅、开拓创新的品质

乐观自信的大学生敢于在正确认识自己的基础上面对生活中的一切，既不骄傲自满，也不妄自菲薄，既不会因一时的成功而得意忘形，也不会因暂时的失败而一蹶不振，他们总会在挑战中寻找机遇，在成功时注视危机。乐观自信的大学生还会拒绝平庸，为了实现自己的人生理想和长远目标不断挑战自我，迈向人生的一个又一个高峰，并且有一种不达目的誓不罢休的坚毅品质。同时，他们还有“己欲立而立人，己欲达而达人”的君子风范，具备正直和诚实的品质，在与他人的交往中能对照内心的道德律令和法律准绳，对自己的言行负责，做到“言必信，行必果”。大学生可以通过学习革命先辈和时代精英的优良品质以及身边的先进典型和好人好事中体现出来的正直诚实的品质（如中国的航天英雄、奥运冠军、感动中国年度人物的先进事迹等）来增强自身对这些品质的体悟。在此基础上，还应鼓励大学生在现实生活中积极参与，勇于尝试，开拓创新。

4. 在仁爱特质方面，大学生要培养正直诚实、乐于交往、团结协作的能力

乐于交往的大学生不是将人际交往庸俗地理解为请客送礼，而是在交往的过程中充分关心他人的情感需求和情绪需要；不是只顾自己的表达，而是恰当地运用耳朵倾听；不仅能在熟人面前滔滔不绝，还可以在应聘时言简意赅地展示自己。善于与人交往的大学生绝不崇尚个人英雄主义，而是会在团队中扮演好自己的角色，处理好小我与“大家”的关系，通过与团队其他成员的通力配合确保大家共同目标的达成。更为重要的是，他们的规划、交往和协作能力不是纸上谈兵，而是要在大学生活中充分利用一切可以利用的机会身体力行并不断精进。以上三种能力的培养也是有层次和分阶段的，对于能力提升过程中遇到的挫折要妥善处理，必要时要进行个案辅导和心理咨询。

5. 在节制特质方面，大学生要培养趋时守中、谦虚谨慎、积极热忱的态度

在具体的实践中，大学生既要学会及早准备，把握时机，又要在发展的过程中恪守中庸原则，尽力而为而不敷衍了事，恰到好处而不求全责备。与此同时，具有谦虚谨慎态度的大学生还应是善学会学之人，不仅能“见贤思齐”，向比自己优秀的人学习，而且能秉持“三人行必有我师”的态度，做到不耻下问。在处事方面，大学生应做到“三思而后行”，不感情用事，以免导致“一失足成千古恨”的追悔。但是在考虑成熟之后，大学生也不应裹足不前，瞻前顾后，而应义无反顾，勇往直前，用英勇和坚毅的品质追求自己的目标。积极热忱的态度是指具有积极人格的大学生对于自己的规划和选择抱有极大的热情，会用青年人特有的朝气与活力以及自己充沛的精力促成事情，展现自己的形象。

6. 在正义特质方面，大学生要培养博爱担当、感恩宽容、公平正义的原则

博爱担当是指大学生要珍惜自己的亲情、友情等个人情感并在此基础上将个人情感升华为对他人的关爱，对社会的关心，甚至对全人类生存状态（世界和平、环境保护等）的关注，并积极采取行动，勇于承担自己的责任。感恩之心要求大学生在生活中不能仅仅将自己的幸福生活当成理所当然，而应该在珍惜今天美好生活的同时不忘纪念和缅怀革命先烈，对祖国的培养和学校的教育以及父母的养育和教诲心存感激，对朋友的帮助和同学的关怀铭记在心，并在与他们交往的过程中不斤斤计较，而是宽以待人。具有这种积极品质的大学生能满足和谐社会的构建要求，自觉维护社会的公平与正义，并在实际行动中推动社会的发展。

四、拓展积极人格培养的有效途径

大学生想要实现积极人格的培养，这只是思想上的进步。而具体到行动上，还需要通过多种途径来落实。

1. 接受老师的人格感召

好的教师才能保证良好的教育，而良师的根本在其人格。叶圣陶说：“教育工作者的全部工作是为人师表，教师应以自己的人格影响学生的人格。”我国“一日为师，终身为父”的古训一方面体现了尊重教师的传统，另一方面也说明教师的言传和身教对学生的影响至深。从来就不存在单纯传授知识、不涉及人格影响的教育。一方面，教师要关爱学生，严谨笃学，淡泊名利，自尊自律，以人格魅力和学识魅力教育感染学生，做学生健康成长的指导者和引路人。与此同时，大学生也要主动向身边的教师学习，不仅学习他们渊博的知识，还要积极接受他们人格魅力的熏陶，甚至将其视为生命中的贵人，为自己人格魅力的形成指点迷津。

2. 积极向社会精英学习

中国社会的发展迅猛而飞速，虽然不可避免地会存在这样或那样的问题，但是社会精英的中坚力量不容忽视。大学生可以积极地向社会精英学习，尤其是要对精英们的积极人格在促进其成功方面的作用做深入的了解，帮助自己进一步升华和提高。除此之外，在塑造积极人格的过程中，大学生可以通过学习社会精英了解自己，熟悉环境，从而在选择自身的发展路径时更加顺畅。与此同时，现代社会的大学生借助互联网，早就是地球村的村民，早已不受地域的阻隔，可以自由地在不同国界的虚拟世界里寻找自己的标杆，各种社会精英的成功经验很容易成为大学生的榜样，帮助他们形成属于自己的积极人格。

3. 发挥自身的主动性

积极人格的形成离不开外在的教育引导，也离不开内在的自我完善，是外在强化和自身内化双重作用的结果，并且内在的自我完善尤为重要，离开高度的自我完善意识和自觉性，再好的外部教育也无济于事。所以，人格塑造是一种终生的自我教育和自我完善。首先，要求大学生要重视开发自己的潜能，加强自我教育和管理，更好地认识自我，明确积极人格培养的目标、内容、途径和方法。其次，大学生要增强自我完善的意识。大学阶段是一个人自我完善意识发展最快的时期，这一时期的独立性、自主性日益增强。大学生要充分发挥主观能动性，成为自身人格塑造的主人，不断增强自我完善的意识。再次，大学生要提高自我反省的能力，做到“见贤思齐，见不贤思己过”，并注意“慎独”。最后，大学生还要加强积极的自我体验。自我体验是在自我认识、自我评价的基础上产生的情感上和道德上的一种内心的体验。通过积极的自我体验，可以将对自我的积极评价内化为内心的人格品质，最后做到接受自我、悦纳自我。

4. 通过社会实践不断完善

社会实践是大学生人格形成的重要环节，是大学生积极人格培育的一条必由之路。一方面，大学生可以通过参加志愿服务、勤工助学等社会实践活动，在熟悉社会、了解职业、增长才干的基础上对自己制定的生涯规划进行修正。另一方面，大学生学习到的理论知识和接受的人格教育等也会遵循“纸上得来终觉浅，绝知此事要躬行”的古训，经过社会实践活动，方可将外在的理论和知识内化到自己的人格当中，通过可以锻炼意志品质和心理承受能力的社会实践，促进大学生积极人格的形成和全面发展目标的实现。目前，高校开展的实践锻炼已经成为课堂教学的有效补充，深受学生的喜爱。大学生要格外珍惜这种真实的社会环境，锻炼人格，完善人格，增强自身的魅力。

第三节　心理辅导和训练方案

一、大树与松鼠——热身阶段

操作：

所有小组成员自由组合分成三人一组。两人扮大树，面向对方，伸出双手搭成一个圆圈：一人扮松鼠，蹲在圆圈中间；没成对的学员或者助理人员担任一个特殊的角色——自由人。自由人可以对大家进行发号施令，自由人的口令有三个：

第一个口令：自由人喊“松鼠”，大树不动，扮演“松鼠”的人就必须离开原来的大树，重新选择其他的大树；自由人就扮演松鼠并插到大树当中，落单的人就变成了新的自由人。

第二个口令：自由人喊“大树”，松鼠不动，扮演“大树”的人就必须离开原先的同伴重新组合成大树，并圈住松鼠，自由人同时快速扮演大树，落单的人就变成了新的自由人。

第三个口令：自由人喊“暴风骤雨”，扮演大树和松鼠的人全部打散并重新组合，扮演大树的人可以做松鼠，松鼠也可以做大树，自由人也快速插入队伍当中，落单的人就变成了新的自由人。

讨论：

（1）在这个活动过程当中，大家感受最深的是什么？

（2）在转换角色时，你有什么感受？

（3）如何主动适应环境的变换？

（4）请做自由人的同学谈谈感受。

二、感知——感受阶段

活动：了解你的气质

气质类型测试量表

测试说明导语：下面总共有60道题，大致可确定你的气质类型。每个题没有对错之分，无须再三考虑，把你脑海里想到的第一答案写下来。若与你的情况“很符合”记2分，“较符合”记1分，“一般”记0分，“较不符合”记－1分，“很不符合”记－2分。请记好题号与相应的分数，以便于计算。

1. 做事力求稳妥，不做无把握的事。
2. 遇到可气的事就怒不可遏，想把心里的话全说出来才痛快。
3. 宁肯一个人干事，不愿很多人在一起。
4. 到一个新环境里很快能适应。
5. 厌恶那些强烈的刺激，如尖叫、噪声、危险的情景等。
6. 和人争吵时，总是先发制人，喜欢挑衅。
7. 喜欢安静的环境。
8. 善于和人交往。
9. 羡慕那些善于克制自己情感的人。
10. 生活有规律，及少违反作息制度。
11. 在多数情况下情绪是乐观的。
12. 碰到陌生人觉得很拘束。
13. 遇到令人气愤的事，能很好地自我克制。
14. 做事总是有旺盛的精力。
15. 遇到问题常常举棋不定，优柔寡断。
16. 在人群中从不觉得过分拘束。
17. 情绪高昂时，觉得干什么事都有趣，情绪低落时，又觉得什么都没意思。
18. 当注意力集中于一事物时，别的事很难使我分心。
19. 理解问题总比别人快。
20. 碰到危险情景，常有一种极度恐惧感。
21. 对学习、工作、事业怀有很高的热情。
22. 能够长时间做枯燥、单调的工作。
23. 符合兴趣的事情，干起来劲头十足，否则就不想干。
24. 一点小事就能引起情绪波动。
25. 讨厌做那种需要耐心、细致的工作。
26. 与人交往不亢不卑。
27. 喜欢参加剧烈的活动。
28. 爱看感情细腻、描写人物内心活动的文学作品。
29. 工作学习时间长了，常感到厌倦。
30. 不喜欢长时间谈论一个问题，愿意实际动手干。
31. 宁愿侃侃而谈，不愿窃窃私语。
32. 别人说我总是闷闷不乐。
33. 理解问题常比别人慢些。
34. 疲倦时只要短暂的休息就能精神抖擞，重新投入工作。
35. 心里有话宁愿自己想，不愿说出来。

36. 认准一个目标就希望尽快实现，不达目的，誓不罢休。
37. 学习、工作同样长时间后，常比别人更疲倦。
38. 做事有些莽撞，常常不考虑后果。
39. 老师讲授新知识时，总希望他讲得慢些，多重复几遍。
40. 能够很快忘记那些不愉快的事情。
41. 做作业或做一件事情，总比别人花的时间多。
42. 喜欢运动量大的剧烈的体育活动，或参加各种文艺活动。
43. 不能很快将注意力从一件事转移到另一件事上去。
44. 接受一个任务后就希望尽快把它解决。
45. 认为墨守成规比冒风险强些。
46. 能够同时注意几件事物。
47. 当我烦闷的时候，别人很难使我高兴。
48. 爱看情节起伏跌宕、激动人心的小说。
49. 对工作持有认真严谨、始终一贯的态度。
50. 和周围人们的关系总是相处不好。
51. 喜欢复习学过的知识，重复做已经掌握的工作。
52. 希望做变化大，花样多的工作。
53. 小时候会背的诗歌，我似乎比别人记得清楚。
54. 别人说我“出语伤人”，可我并不觉得这样。
55. 在体育活动中常因反应慢而落后。
56. 反应敏捷、头脑机智。
57. 喜欢有条理而不甚麻烦的工作。
58. 兴奋的事常使我失眠。
59. 老师讲的新概念，常常听不懂，但是弄懂后就难以忘记。
60. 假若工作枯燥无味，马上就会情绪低落。

四种气质类型测试结果的评分与解释

（一）把每题得分按下表题号相加，并计算各栏的总分。

胆汁质（A）2 6 9 14 17 21 27 31 36 38 42 48 50 54 58 合计

多血质（B）4 8 11 16 19 23 25 29 34 40 44 46 52 56 60 合计

黏液质（C）1 7 10 13 18 22 26 30 33 39 43 45 49 55 57 合计

抑郁质（D）3 5 12 15 20 24 28 32 35 37 41 47 51 53 59 合计

汇总：A（　　）；B（　　）；C（　　）；D（　　）

如 A 栏得分超出 40 分，并明显高于其他 3 栏（>8 分），则为典型胆汁质，其余类推；

如 A 栏得分在 1 ~40 分之间，并高于其他 3 栏，则为一般胆汁质，其余类推；

如果出现两栏得分接近（ <6 分），并明显高于其他 2 栏（ >8 分），则为混合型气质，如胆汁质—多血质混合型，黏液质—抑郁质混合型等；

如 4 栏分数皆不高且相近（ <6 分），则为 4 种气质的混合型。

多数人的气质类型是一般型气质或两种气质的混合型，典型气质和 3、4 种气质混合型的人较少。

三、理解——感想阶段

活动一：名字的故事

操作：

（1）将所有成员分为几个小组，每组 10 人左右（人数尽量是偶数）。

（2）将小组内成员两两分组形成搭档，每对搭档之间有三分钟时间相互交流，交流内容包括四个要点：自己的名字、名字的由来、最希望别人叫自己什么昵称、昵称的由来。

（3）小组内的所有搭档全部交流完毕后，小组围成一个圆圈。首先由一对搭档（如小 A 和小 B）出列站在圆圈中央，小 A 先向小组内其他成员介绍刚才小 B 交流到的四个要点，介绍完毕后向组内其他成员提议：所有人大声齐呼小 B 最希望得到的昵称。组内其他成员一起向小 B 连呼三遍昵称。结束后，小 B 再向其他人介绍小 A 所说的四个要点，并提议齐呼小 A 最希望得到的昵称。依此类推。

讨论：

（1）之前有没有考虑过自己名字的由来以及最想得到的昵称？

（2）在介绍自己搭档的四个要点时，你是否准确表达出了对方的意思？对方是否误解了你的表达？

（3）当所有人大声齐呼三遍你最希望得到的昵称时，有什么感觉？

活动二：优势大转盘

操作：

请同学们根据自己的实际情况，填写“我的优势卡片”（见下表）。每个人都有自己的优点和长处，那么请同学们在“你的优势卡片”上写出三种“我认为我最大的优势”。写出来之后，请小组交流。

我的优势卡片

我认为我最大的优势是	我们认为你还有的优势
1.	1.
2.	2.
3.	3.

活动三：个人盾牌

操作：

根据下列问题的答案，每个人做一个自己的“盾牌”（如图）。或在上面书写文字，或在上面绘制图案，在“盾牌”上可以按自己的喜好安排位置与顺序。

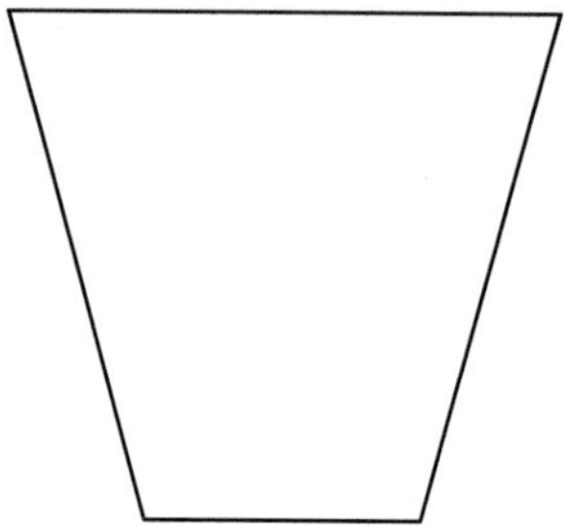

（1）画出出生到现在最重要的一件事；

（2）画出你以前最成功的事项；

（3）画出你过去最快乐的时刻；

（4）画出你的一项专长；

（5）画出你想要加强的技能；

（6）你希望将来是什么样子？

（7）如果你一向无往不胜，但目前生命只剩下一年，你将会做什么？

（8）如果你现在八十岁了，你喜欢别人用哪三个字来形容你？

四、整合——感悟阶段

活动一：独特的我

操作：

（1）成员按小组坐好，每人发一个小橘子，让成员花 3 分钟时间认真观察自己的橘子，尽量调动一切感觉通道，如视觉、听觉、嗅觉、触觉等，可以先用眼睛观察，然后闭上眼睛，感觉橘子的触觉特征。

（2）5 分钟后，将小组内的橘子混在一起，看看每个人是否能找到自己的橘子。然后成员在小组内分享自己的橘子有哪些特点，是怎样找到的，找到后的感觉如何？找橘子的练习有哪些启发？然后每个小组推选一名同学在团体中分享自己小组的交流和自己的收获。

活动小结：引导成员认识人和事物的独特性，并学习比较的方法。

活动二：未来的我

操作：

播放轻音乐，用引导语让同学思考未来，你想过怎样的生活，你将成为什么样子。

引导语：我们来想象一下未来3年、5年、10年后的自己将变成怎样的一个人。那时的你在哪里？做什么呢？等一下我们要通过时空旅行的活动，带你们到我们的目的地，5年后的某一天，感受一下那时的生活……准备好了吗？让我们一起进入未来生涯。

好，现在请你尽可能放松。在你的位子躺下或调整到你觉得最舒服的姿势，注意我的引导语，幻游过程中不要交谈或发出任何声音，按照我的指示，尽可能将注意的焦点集中在你心中想象的图像。

现在，闭上眼睛，尽可能放松自己，调整你的呼吸，呼气、吸气、呼气、吸气……

时间回到了12年前，那时你刚上小学，你回忆起哪些让你最快乐、最有成就感的事情？

时间回到了6年前，你上了初中，你又记起哪些让你最快乐、最有成就感的事情？

时间回到了3年前，你上了高中，你又想起哪些让你最快乐、最有成就感的事情？

从现在起，15年后，你达到了完美的人生状态。你是否能更具体地想象自己十五年后的模样？未来的生涯会是什么光景？现在就让我们一起乘坐未来世界最先进的时光隧道机，到未来世界去旅行！

现在，我们一起坐在时光隧道机里，来到15年后的世界。算一算，这时你几岁了？容貌有变化吗？请你尽量想象15年后的情形，越仔细越好。好，现在你正躺在家里卧室的床铺上。这时候是清晨，和往常一样，你慢慢地睁开眼睛，首先看到的是卧室里的天花板。你看到了吗？它是什么颜色？

接着，你准备下床。尝试去感觉脚指头接触到地面那一刹那的温度，凉凉的？还是暖暖的？经过一番梳洗之后，你来到衣柜前面，准备换衣服上班。今天你要穿什么样的衣服上班？穿好衣服，你看一看镜子。然后你来到了餐厅，早餐吃的是什么？一起用餐的有谁？你跟他们说了什么话？

接下来，你关上家里的大门，准备前往工作的地点。你回头看一下你家，它是一栋什么样的房子？然后，你将搭乘什么样的交通工具上班？

你即将到达工作的地方，首先注意一下，这个地方看起来如何？好，你进入工作的地方，你跟同事打了招呼，他们怎么称呼你？你还注意到哪些人出现在这里？他们正在做什么？

你在你的办公桌前坐下，安排一下今天的行程，然后开始上午的工作。早上的工作内容是什么？跟哪些人一起工作？工作时用到哪些东西？

很快的，上午的工作结束了。中餐如何解决？吃的是什么？跟谁一起吃？中餐还愉快吗？

接下来是下午的工作，跟上午的工作内容有什么不同吗？还是一样的忙碌？

快到下班的时间了，或者你没有固定的下班时间，但你即将结束一天的工作。下班后，你直接回家吗？或者要先办点什么样的事？或者要做些什么样其他的活动？

到家了。家里有哪些人呢？回家后你都做些什么事？晚餐时间到了，你会在哪里用餐？跟谁一起用餐？吃的是什么？

晚餐后，你做了些什么？跟谁在一起？

该是就寝的时间了。你躺在早上起床的那张床铺上。你回忆一下今天的工作与生活，今天过得愉快吗？是不是要许一个愿？许什么样的愿望呢？

渐渐地，你很满足地进入梦乡。安心地睡吧！

在梦里，你来到你的垂暮之年。你过完了理想无悔的一生，已经与世长辞。三个人来参加你的葬礼，并在葬礼上对你大为赞许。这三个人一个是你的家人，一个是你的同事，一个是你的朋友。他们会是谁？他们会对你的一生如何评价？请你想一想……

刚才我们一起进行了三段幻游：

第一段：那些从小到现在让你最快乐、最有成就感的事情，就是你的优势所在。从事能发挥你优势的工作，将会让你感到快乐，从而激励你不断实现你的人生目标；

第二段：我们到了 15 年后，那是你的成功图像，也是你事业的顶峰。记住你的成功图像吧，它将激励你实现你的人生目标；

第三段：来到了你暮年的葬礼。他们对你的评价，是你这一生想成为什么样的人，也是你的人生使命宣言、你的终极人生目标。

如果你没有想清楚，那就找一个安静的环境，认真想一想，把你想到的情景记录下来，分享给身边的亲人或朋友，让他们帮你来实现你的目标。

我们慢慢地回到这里，还记得吗？你现在的位置不是在床上，而是在这里。现在，我从 10 开始倒数，当我数到 0 的时候，你就可以睁开眼睛了。好，10、9、8、7、6、5、4、3、2、1、0。请睁开眼睛。你慢慢地醒过来，静静地坐着。

推荐阅读：马丁·塞利格曼《活出最乐观的自己》

作者马丁·塞利格曼，从“抑郁专家”到“积极心理学之父”，塞利格曼博士从“习得性无助”中走来，不再只关注人性黑暗、脆弱与痛苦的一面。他发出了“积极心理学”的召唤——帮助普通人增加幸福感。从这本书中可以清楚地知道自己哪些方面是可以改变的，而哪些方面却无法改变，是自己必须接受的。塞利格曼博士从改变的可能性和生物局限性出发，帮助你把有限的时间和精力集中在那些能够改变的特性上，并在此基础上找到一条自我提升的最有效途径。

推荐电影：《黑天鹅》

影片由达伦·阿伦诺夫斯基执导，娜塔丽·波曼、薇诺娜·瑞德、文森特·卡索等主演。电影《黑天鹅》讲述了一位年轻的芭蕾舞演员因为不堪精神的重负走向毁灭的故事。故事起因于剧团的新旧更迭，旧领舞贝丝即将离去，舞台需要一位能够分饰两角——白天鹅与黑天鹅的新领舞来演绎芭蕾舞《天鹅湖》。妮娜在同样曾是芭蕾舞者却因意外怀孕放弃舞蹈生涯的单亲母亲严格的管教下舞艺精湛却生性拘谨柔弱，虽希望能够争取到梦寐以求的领舞角色，却在选拔时被总监托马斯认为没有黑天鹅般的魅惑。为了角色妮娜不得不挖掘自己恶的一面，这种被动的双重人格，就像两个镜面人生一样，相互补充、相互影响。作为一部心里探索类型的影片，该片向我们展示了人类心灵世界的多姿多彩与多灾多难。在排练过程中，妮娜一再被要求应在表演中释放自己，才能在黑天鹅表演的部分征服观众。与此同时她也深深感受到担心自己被周遭他人取代的强烈胁迫感，她试着不断地调试自己的心境来让演出完美，却愈发不能控制那只其实压抑在她心底许久黑天鹅坚硬的羽翼刺破皮肤，隐现锋芒。

第四章　开启智慧学习

本章导语

同学们，当你兴奋地地得知自己考上大学后，是否告诉自己学习上该放松一下，喘口气了?

当大学生活的画卷在你面前展开后，你是否感受到了大学与中学学习方法的不同?

当期末考试要来临时，你是否感觉到手忙脚乱、不知所措?

当面对纷繁复杂的社团活动和学业学习时，你是否感到无法抉择?

如果遭遇这些问题，可能就会使我们原本美好的大学生活变得紧张、焦虑，甚至更糟。

在大学阶段，学习仍是大学生的主要任务。与中学阶段不同，大学学习有着很强的目的性、自主性与选择性，它不单纯是为了学习而学习，而是为了兴趣而学习，是为了未来而学习，为了成长而学习。更为重要的是，大学时期是每位学子们记忆力、动作反应速度最佳的黄金时期。学习，是大学生未来事业的基础，更是其成长历程的关键。

[**本章问题**]

(1) 你认为大学生应该学什么?

(2) 你觉得有哪些因素影响着自己的学习?

(3) 怎样成为学习上真正的“高手”?

第一节　理论导读

关于人类学习的研究，一直是心理学家热衷和关注的问题。学习心理旨在探讨个体在与环境的交互作用中经验获得或行为改变的规律。在校大学生的首要任务始终是学习。学习并非盲目，而有其内在规律可循，遵循这些规律，学习效率就会提高，否则就会事倍功半。

一、解读学习的内涵

长期以来，许多心理学家、教育学家都试图从不同的角度提出学习的定义。教育心理学体系的创始人桑代克说，人类的学习就是人类本性和行为的改变，本性的改变只有在行为的变化上表现出来。心理学家加涅给学习下的定义是，学习是人类倾向或才能的一种变化，这种变化要持续一段时间，而且不能把这种变化简单地归之为成长过程。心理学家希尔加德说，学习是指一个主体在某个现实情境中的重复经验引起的，对那个情景的行为或行为潜能变化。不过，这种行为的变化不能根据主体的先天反应倾向、成熟或暂时状态（如疲劳、醉酒、内趋力）来解释的。

或许我们每天都在经历学习的过程，但是自己没有察觉。或许我们坐在教室里，但是什么都没有听进去。表面看来是学习的行为，未必真的产生学习的实质。关于学习的实质，各家理论各有见地。要真正把握学习的实质，应从以下几个方面进行确定：

（1）学习是一个获得指导和积累经验的过程。通过主客观的相互作用，个体在头脑中产生对客观现实的能动的主观反映，这种主观反映即经验。随着经验的不断获得和积累，心理结构也就逐步地形成与发展起来。

（2）学习可以通过行为的变化表现出来。但并非所有的行为变化都是由学习产生的，比如自然成熟、药物刺激等引起的变化就不是学习产生的行为变化。

（3）学习实质上是一种适应活动。个体要生存，必须适应环境的变化，与环境保持平衡。学习是一种以心理变化适应复杂多变的环境的过程，是通过一系列的反应动作在个体内部构建调节行为的心理结构的过程。

综上所述，可以将学习的定义概括为，学习是指有机体通过经验的积累而引起自身心理和行为发生持久变化的过程。学习的实质在于个体心理和行为发生了持久的变化。

心理小贴士：

“臭名昭著”的小阿尔伯特实验

华生与雷纳在80多年前第一次用实验演示了人类对恐惧的“学习”，但是他们所做的实验在今天被认为是不道德的。在实验中，华生和雷纳利用联结学习让一个名叫阿尔伯特的婴儿对实验室的小鼠产生恐惧。他们先让小鼠出现，随后马上用棒槌敲击钢条来制造吵闹的声音，仅仅重复了7次，小鼠单独出现时，小阿尔伯特就会恐惧。不仅如此，当小阿尔伯特这一反应比较牢固后，华生和雷纳又通过实验，让小阿尔伯特开始害怕所有其他有毛的物体。

小阿尔伯特原先并不害怕小鼠，但在华生严格的实验下，他很快“学会”了恐惧小鼠，这一过程在心理学中被称为习得。然而，习得形成有一个非常关键的问题，就是时机，好比你讲笑话一样。在华生的实验中，小鼠与吵闹声音出现的时间间隔一般在1秒或更短时间内，联结的可能性才会更大。而且当这种反应稳定之后，当碰到与刺激物类似的其他刺激时，可能也会引起新的恐惧，小阿尔伯特开始害怕有毛的物体就是一个很好的说明，这一现象被称作泛化。例如，曾经被一条狗咬过的人可能会害怕所有的狗，而不是只害怕攻击过他的那条狗。

（资料来源：笔者自编）

二、学习与心理健康的关系

（一）学习对心理健康的影响

学习对大学生的心理健康有重要影响。从生物进化的观点看，学习是有机体适应环境的过程。学习是个体与环境相互作用，个体获得经验及行为产生持久变化的过程。而学校的学习是指学生在教育情境中和教师指导下，凭借掌握间接经验而产生比较持久的能力或倾向的变化过程，从而使个体能够适应社会。学习是现代人赖以生存的必要条件，学习能促进人的全面发展。因此，学习对人的心理健康发展是有益的。

1. 学习能发展智力，开发潜能

人生来就有各方面的潜能，但这些潜能必须通过学习才能发挥出来。一个人的智力也是在学习过程中不断发展的。一定的智力水平是心理健康的基础，而潜能的开发程度则反映了心理健康的水平。

2. 学习能带来满足，使人愉快

献身于学习、工作，是实现心理健康的基本条件。乐于学习的学生常常能从学习中找到乐趣，每当学习、工作中取得成绩时，就会发现自己的价值和尊严，就会有一份喜悦和满足。而当遇到不如意的事情时，若能埋头学习，把消极情绪升华为学习的动力，就能忘掉苦恼，并能从获得的成绩中得到安慰。因此，大学生积极主动地学习，有利于维护心理健康。

就学习本身而言，学习是人类实践活动的一个重要方面。通过学习这一实践活动去认识世界，就必须遵循学习的心理活动规律。大学生的学习是复杂的、高智能的心理活动过程，也是一项艰苦的脑力劳动。如果不遵循学习心理活动规律，则学习会给心理健康带来消极负面影响。例如，在学习活动中，如果期望值太高，负荷过重，将会导致心理压力过大而引起身体和心理的不适应；如果学习方法不当，则会事倍功半，使学习积极性受挫；如果学习内容不健康，则会严重污染大学生的心灵；如果劳逸结合不当，忽视了必要的休息和娱乐，则会导致过度疲劳。这些情况会直接或间接地影响大学生的心理健康。

（二）心理健康对学习的影响

学生的心理健康状况是影响大学生学习的重要因素之一，在某些大学生身上甚至是主要的或首要的因素。大量事实表明，心理健康的学生学习成绩优于心理不健康者。

许多研究发现，大学生的学习成绩与智商之间并非一一对应的关系。有些大学生虽然智商不太高，但学习成绩突出；有的大学生虽然智商很高，但学习成绩平平，甚至较差。对于具备一定智商基础的大学生来说，学习动机、兴趣、情绪、态度、意志、个性等心理因素对学习更具影响力。因此，良好的心理健康状况，即正常的智力、积极的情绪、顽强的意志、良好的个性品质、正确的自我意识、和谐的人际关系、较强的适应能力等对大学生的学习有很大的促进作用。反之，不良的心理健康状况会不同程度地影响和妨碍学习，抑制潜能的发挥，严重者甚至无法学习以至于被迫休学、退学。因此，在大学生的学习活动中，重视学习与心理健康的互动关系，是促进大学生健康成长的需要。

三、大学生的学习特点

大学阶段的学习较中学阶段的学习有很大的差异性，主要表现在以下几个方面：

（一）广博性

大学阶段的学习与中学阶段的学习不完全相同。在大学里，更强调知识的广博性和专业性。高等学校肩负着为现代社会培养全面发展的高素质人才的历史使命，这就要求高校教学内容的广博性，相应的教学手段也呈现出多样性。目前，大学生需要掌握的知识结构主要有四大类：本体性知识、条件性知识、实践性知识和文化知识。本体性知识是特定学科的基本知识，即专业知识；条件性知识是指个体在什么时候、为什么以及在何种条件下才能更好地运用陈述性知识和程序性知识的一种知识类型，即如何做好某种专业活动的条件；实践性知识是一种直接的经验积累与总结，主要通过参加一系列的实践活动来实现；文化知识即一般的其他学科的大众性知识。每一种知识的传授方式和侧重点都有所不同，本体性知识的传授主要通过大学主修课程来完成，条件性知识的传授主要通过选修课和专题讲座来实现，实践性知识的传授主要通过实践活动和实训课程来实现，文化知识的传授则主要通过辅修、选修或课外实践来实现。

（二）专业性

大学阶段的学习专业性要求更加明显，不仅学科划分清楚，而且同一学科内部也要详细分出很多专业，每个专业都设有核心专业课程。高等学校教学要求大学生在校期间要掌握一定学科领域的核心知识和技能。由于专业选择的缘故，大学生在完成大学阶段学习的同时，在一定程度上也确定了自己的职业方向。专业学习与未来的职业活动联系密切，很可能直接为职业活动做准备，即便有的大学生在毕业后从事的职业活动与所学专业不一致，也常常具有相关性。

（三）自主性

大学阶段的学习同样有明确的要求，如在课程安排、作息时间、考试分数要求上都会有明确规定。这些规定是大学正常运行的保障。但是，大学与之前的教育阶段相比，对学生自主学习的要求更多，是否具有自主学习能力对于大学生能否在学习期间取得丰硕的学习成果至关重要。因为在大学里有了更多课余时间供学生自行支配，有了更多的活动、更大的平台促进学生全面发展。因此，学生要规划好自己大学四年的学习生涯，自主设定学习计划，合理安排学习时间。学什么，怎么学，什么时候学，学到什么程度，都应该成为学生根据自己的需要自主设定的计划内容。在计划实施的过程中，要求学生具有很好的自我控制能力和自我调节能力，并能根据客观条件的变化自主地修正计划。在大学里，老师不会再在学习上进行严格的督促和管理，这就更加要求大学生更自觉、更主动地学习专业知识和相关知识，独立地制订学习计划，自我检查计划进度和学习效果。

（四）探索性

任何学习都是在一定理论基础上的学习，如果学生连基本的常识都不知道，根本无法进行实践和操作。大学阶段的学习也是这样，但是大学学习不是像中学一样将全部学习放在对基本理论和基本知识的理解与识记上。大学生除了学习基本理论之外，还涉及本学科最新的研究成果、最前沿或者仍然在讨论中的话题，这就要求大学生在课堂学习的同时，还要查阅相关资料验证，充实课堂和书本的内容，发现学科新领域。有的课程需要学生动手实践或者实验，进行深入的探索性学习和研究。停留于书本理论的学习并不能真正进入学科大门。实践证明，在探索性研究的学习过程中，部分大学生完成了创新型产品的开发或者产生了新的想法，在很大程度上丰富了学科研究领域。

四、大学学习的步骤

（一）大一试探期

首先要初步了解自己的专业以及对口的职业，特别是自己未来所想从事的职业或与所学专业对口的职业。具体做法包括多和师哥师姐们进行交流，尤其是大四的毕业生，多向他们询问就业情况。对本专业的发展有一定的掌握，并且对将来职业所需要的各种技能和素质有所了解，可以在以后的学习生活中创造机会锻炼和提高。

（二）大二定向期

这个阶段应该以提高自身的基本素质为主要任务，通过参加学生会或社团等组织，锻炼自己的各种能力，同时检验自己的知识技能。可以开始尝试兼职、社会实践活动，最好能在课余时间从事与自己未来职业或本专业有关的工作。另外，还要增强英语口语能力、计算机应用能力，通过英语和计算机的相关证书考试，并开始有选择地辅修其他专业。

（三）大三冲刺期

因为临近毕业，所以目标应锁定在提高求职技能、搜集公司信息、并确定自己是否要考研上。想参加工作的同学，应该尝试和专业有关的暑期工作，和同学交流求职工作心得体会，学习写简历、求职信。了解搜集工作信息的渠道，并加入校友网络，和已经毕业的校友、师兄师姐谈话了解求职的情况。而希望出国留学的学生，可多接触留学顾问，参与留学系列活动，准备 TOEFL、GRE，注意留学考试资讯，向相关教育部门索取简章以供参考。

（四）大四分化期

找工作的找工作、考研的考研、出国的出国，不能再犹豫不决。这时，可先对前 3 年的准备做一个总结：首先检验自己确立的目标是否明确，前 3 年的准备是否已充分；然后开始为自己的目标做积累和准备；最后再次面对自己的又一个人生分支点。

心理实验室：

没有绝望的事，只有绝望的人——习得性无助

1975 年，美国著名心理学家塞利格曼做了这样一个实验：塞利格曼将狗关进一个装有电击装置的笼子里，当狗受到电击时，虽然不会毙命，但却会觉得非常痛苦。一开始，被电击的狗会拼命地挣扎，企图逃离这个笼子，但几次之后，它发现无法逃脱就放弃了挣扎。然后，塞利格曼将这只狗关进另一个笼子。这个笼子中间有一个挡板，其高度是狗完全可以轻易地跳过去的，当狗受到电击的时候，只要它跳过挡板，来到笼子的另一边就可以逃离被电击的痛苦。然而，让塞利格曼出乎意料的是，这只饱受电击折磨的狗完全不尝试逃脱，它就一直静静地卧倒在那里，绝望地忍受着电击的痛苦。

为了对比，塞利格曼又将一只没有遭受过不能逃脱的电击的狗放进了有挡板的笼子里。结果，一被电击，狗就迅速地跃过了挡板，从而逃脱了电击的痛苦。

塞利格曼认为，那条饱受电击折磨的狗之所以不能逃脱电击，是因为它在实验的初期所遭受的无法逃脱的痛苦，让它形成了一种心理上的无助感。一次次的挣扎后却依然未能摆脱痛苦，让它意识到，电击是由外界所掌控的，无论自己做什么都无法阻止电击的到来，于是便绝望了，当能够逃脱的机会来临时它也不再去尝试了。

塞利格曼将实验中狗的绝望心理称之为“习得性无助”，这是一种会阻碍人们发展的消极心理。现实生活中，当一个人屡次受到打击或遭遇挫败就容易绝望，其精神支柱瓦解，斗志也随之丧失，最终在“习得性无助”心理的影响下放弃努力，陷入绝望，与成功再也无缘。其实，在成功来临之前，我们经历的往往都是失败、苦难等各种各样的考验。在这个过程中，如果我们不能保持希望，任由自己先去绝望，陷入“习得性无助”之中，我们便会彻底地失去成功的机会。

（资料来源：笔者自编）

第二节　探索高效学习方法

大学对学生学习的自主性要求较高，因此，激发其内在的心理动力和潜能，选择恰当的学习方法，势必会提高学习效率，缩短学习过程。

一、激发学习动力

动力是推动个体活动的内在力量，一个学生是否具有学习动力不是与生俱来的。动力的形成需要有意识地采取一定方法去培养和加强。从大学生的角度考虑，学习动力的形成和激发可以从以下几个方面入手：

1. 学习目标明确

学习目标是个体学习的方向标。没有方向的学习会让学习行为经不住时间的考验。当遇到困难的时候，学习者很可能会产生动摇的念头。学习目标是大学生对自己未来的设计和规划，这个设计要根据自己的实际情况，避免过高或者过低。同时，目标的设定要远近结合，既有长期的学习目标，又有近期的具体目标。在明确的目标指引下，大学生可以将学习生活设计得井然有序，精神生活充实而且丰富多彩。

2. 学习内容难易得当

高校学习对大学生的自主性要求较高，在进行专业学习和自主学习的过程中，学习内容难易程度要符合大学生本人的接受能力。选择学习的内容要遵循量力而行原则，坚持由浅入深，循序渐进，切勿贪多贪快。研究表明，学习内容过多或者难度过大，会导致学习者产生疲劳情绪，进而逐渐失去兴趣。

3. 参加相关学习竞赛

在竞赛过程中，学习者的好胜心理和成就欲望会凸显出来，参加者会积极主动地搜集各种相关资料，会非常热情地关注相关知识信息。通过积极参加学校社团组织的各种竞赛活动，大学生可以培养竞争意识，或者在内心里为自己设计一个竞争对手，想象该对手具有哪些自己不具有的优点，从而在赶超过程中不断提高自己的学习动力。

4. 端正归因方式

一切活动结果对自己的影响如何，最终都要从个人的归因方式中找到答案。因为，同样的结果会因为个体不同的归因方式而产生不同的效果。习惯于消极归因的人把不利事件总是理解为自己的能力差，把成功归为偶然，长期如此，归因必然导致个体成就感缺失，进而否定自己的能力。正确的归因方式应该是将成功归为内部的、稳定的、可控的因素，如动机、能力、努力等。这样的归因会让个体对学习产生信心，并不断取得学习进步和学习动力。

二、提高学习兴趣

兴趣是人们力求认识某种事物和从事某项活动的心理倾向。它主要表现为人们对某件事物、某项活动的积极的情绪反应。兴趣对人们的认知起着积极的作用，它可以使人集中注意力，产生愉快紧张的心理状态。在学生学习的过程中，兴趣起着关键的作用。提高大学生的学习兴趣可以通过以下几个方面：

1. 积极的自我心理暗示

积极的心理暗示就是学习者改变自己对学习的态度，从自己不喜欢的科目中找到学习的乐趣，并坚信学好这门科目是有意义的、有趣的，自己一定会学好这门科目。通过想象中的“喜欢”，在一定程度上会推动我们更加注意这门科目，并努力发现学习这门科目的有用之处，从而逐渐对该科目产生兴趣。

2. 将学习的大目标分解

对于某些科目，在学习开始之前，有的学生会怀有恐惧的心态，对学好这门科目没有信心。当然，学好一门科目不是一蹴而就的事情，达到愿意学并且学好它的目标是一个渐进过程。因此，在开始时要将大目标分解成若干个小目标，每一个小目标的实现都会使人感到兴奋愉悦、信心倍增，每完成一个小目标就会激励着人们朝着下一个小目标努力，这样不断地进步就会提高学习的信心。制定目标不要奢求在短期内马上就能将成绩提高，如果目标设得太高，以至于在一段时间内无法实现，就会导致个体产生厌烦的情绪。

3. 带着问题去学

保持兴趣最容易的方法是不断发现和解决问题。当学习者为了解答一个问题而去钻研书本时，就是有目的的阅读、有兴趣的阅读。每门科目都有一定的问题，不论这个问题是谁提出的。为了回答这些问题，一个人往往在开始的时候会强迫自己读书。但是，随着问题的不断解决，你就会渐渐地被阅读内容吸引，一直往下深入。用这样的方法，学生就会认真学习每门功课，从而对各科的学习产生浓厚的兴趣。

4. 及时进行自我强化

行为主义认为，当有机体做出某种反应时，如果得到正强化物，那么这一反应在今后发生的概率就会增加。通过强化物的控制，有机体不仅学会做什么、什么时候做，还能学会不做什么、什么时候不做。学习过程同样需要正强化。当学习过程中经过努力取得一定的成绩时，不妨给自己一个小小的奖励，比如吃点平时喜欢吃的东西，买个小礼物给自己等等。当遇到学习上的困难时，不妨为自己设定一个奖励计划，如果自己完成这个学习任务，就实现这个奖励；如果没有完成，就取消奖励。

三、调动内在潜能

潜能，即潜在的能力。任何人都有一定的潜能有待开发，一个人的全部能力很难被自己或别人充分认识。一旦潜力被开发，他就会做出意想不到的成就。大学生的学习能力有待被开发，这需要包括大学生自己在内的主观方面和一切可以利用的客观条件的作用。

1. 增加学生学习的自主性

在学习的整个过程中，虽然大学生的学习行为受到很多外界因素的影响，但是他自身的主观能动性始终起主导作用。因此，调动大学生学习的自主性是大学人才培养的关键。激发大学生学习的自主性，首先，要消除学习的依赖心理。大学生在一定程度上延续了高中时期的依赖性，缺少发现问题和独立解决问题的能力。而大学时期学习的最大特点是要求学生具有一定的独立学习的能力，独立学习是大学教育的核心。因此，大学教师必须充分尊重学生的自主性和独立性，鼓励学生自主学习，创造各种机会培养大学生的独立意识和独立能力，同时还要鼓励大学生独立开展学习和各种活动。其次，激发大学生学习的自主性还要强化学习内化的效果。大学教育绝不是单纯的理论灌输，因此大学教师在传授知识的同时，更要注重理论联系实际，让大学生在实践中验证所学的知识，加深对知识的理解。通过实践教学，可以激发大学生学习的热情和思维能力，这个过程也是不断将理论内化为学生内在知识体系的过程。

2. 帮助学生认识自我

根据爱利克·埃里克森（Enik H. Erikson）人格发展阶段任务论，大学生正处于寻找自我同一性、防止自我迷失的关键阶段，所以认识自我就成了大学生首要的心理任务。要正确地认识自我，必须将主观的我和客观的我综合起来进行认识，正是因为受到主观和客观多种因素的限制，才使大学生不能充分地认识自我。在学习中，只有正确地认识自我，才能明确自己的优势和不足，有针对性地制订学习计划，展开学习，不断提升自我。正确认识自我的方法有很多，主要是以人为镜，通过观察别人对自己的反应和对自己的评价，可以帮助大学生全面认识自我。因为人的能力是随着人自身的发展而变化的，所以大学生要以发展的眼光看待自己和客观条件，积极地把握机会不断提升和完善自我。

3. 掌握科学的学习方法

有效的学习方法是提高学习效率、达到学习目的的关键。著名的科学家、教育家钱伟长院士曾对大学生说过，一个青年人不但要用功学习，而且要有科学的学习方法。要勤于思考，多想问题，不要靠死记硬背。学习方法对头，往往能收到很好的成效。在大学学习中要把握住预习、听课、复习、总结、记笔记、做作业、考试等主要环节，以便为进一步获取知识打下良好的基础。针对大学生的学习特点，具体的学习方法有以下几种：

（1）确立有针对性的学习目标和计划。大学阶段对学习的自主性要求很高，可以自由支配的时间很多，这就决定了不同个体学习收效的差异。但是，大学阶段的学习也不是仅仅凭借勤奋和刻苦精神就可以获得好成绩、取得很好的效果。只有在掌握学习规律的基础上，制订出适合自己特点的详细的学习计划和规划，并能将计划付诸实施，才能逐渐完成预定的学习目标。制定学习目标要依据学校的教学大纲，根据总目标的要求，从个人的实际出发，对大学阶段的学习有一个基本规划。比如，经过对就业市场的调研后，大学生可以了解本专业的就业前景和用人单位对该专业毕业生的能力要求，继而在此基础上设定自己要达到的职业目标、知识结构。大学新生对大学生活有个逐渐适应和了解的过程，所以计划制订时要着眼于当下的近期目标，然后根据自己对大学学习认知的不断加深，经过一年的摸索后，再完善四年的整体规划。计划的制订要具体到一周、一个月、一年、四年每个阶段分别要完成的任务。制订计划的时候要考虑到自己的专业、课程安排和自己的时间情况，要坚持符合实际、具体可行、阶段总结、适时调整的原则。

（2）学习过程注重优化认知结构。课堂上，每门课的学习都是学生在原有认知结构基础上接纳概念和新知识、将新知识纳入已有认知结构、从而不断完善旧知识结构的过程。为此，大学生要理解和接受新知识，并在听课过程中结合自己原有的知识经验，发现衔接新旧知识的连接点。通过不断引申、概括，在头脑中形成新的概念。如此这般，不仅新知识得以接纳，旧知识也会不断地完善和更新。盲目地接受新知识，单纯地背诵，不仅不利于新知识的吸收，更不利于个体认知结构的改善和提高。

（3）科学地组织复习。遗忘是人正常的心理现象，当识记过的内容回忆不起来，或者回忆错误，就是遗忘。人的遗忘与时间的关系很大，而且遗忘的发展不均衡，最初会遗忘得比较快，以后逐渐缓慢。

大学生在学习的过程中，需要将识记的内容保存在长时记忆里，这就离不开复习。复习是巩固知识必不可少的环节，通过复习，可以将课堂笔记进行有条理的、全面的整理。复习不是简单地阅读已学过的材料，而是要达到深入理解课堂疑难点、拓宽思维的目的。根据遗忘规律，复习时应注意以下技巧：首先，要及时进行复习。遗忘进程先快后慢的规律告诉我们，刚刚记住材料的开始就是遗忘的开始，如果不及时进行复习，一天后将只剩下20%多。因此，要想提高学习的效果，必须在遗忘发生之前及时复习，趁热打铁，而不是等到都忘记得差不多了再开始复习。一般记住后，分别在5分钟后、30分钟后、1小时后、12小时后、1天后、2天后、5天后、8天后、14天后再重复记忆一遍，这样，识记材料就几乎牢牢印在头脑里了。其次，要合理分配复习时间。复习时间的分配可以有两种形式：一种是集中复习，一种是分散复习。集中复习每次时间长，而分散复习每次时间短，但是复习次数多。由于分散复习可以降低疲劳感，防止产生厌倦，所以较集中复习的效果要好。学生应主要采取分散复习的方法，不要非等到考试之前才集中进行复习。再次，应不断变换记忆的起始位置。心理学家发现，回忆效果与背诵材料的呈现顺序有关，开始部分和末尾部分的材料比中间部分的材料更容易回忆，而开始呈现的材料记忆效果优于中间部分的现象称作首因效应；末尾部分的材料比中间部分的更易于回忆的现象称作近因效应。由于人们对材料的记忆的效果会受到近因效应和首因效应的影响，因而大学生复习所学知识和背诵的时候就需要不断变换背诵的起始点。这样，个体就会对材料的各个部分都记忆深刻。最后，应加强练习。练习有助于更好地理解知识，巩固和扩大所学知识，也能加深记忆，同时还能培养技能。练习的方式很多，可以采用社会调查、实验参观、社会实践等途径进行练习。

（4）培养适合自己的学习方法。学习方法因人而异，适合别人的学习方法不一定适合自己。每个人的知识结构不同，认知方式不同，个性特点也不同。有的人倾向于深入地领会，善于发现新问题，探索性地学习，而有的人则习惯于用简洁的文字理解学习内容；有的人善于掌握概括性的知识，而有的人则适合深入细致地理解；有的人学得快，而有的人则学得慢。因此，大学生要针对个人的特点和学习任务的不同要求，探索最适合自己的学习方法。因为大学的学习不同于中学的学习，在大学里发挥主观自觉性非常重要，所以要逐渐摸索出有效的习方法才能起到事半功倍的效果。

心理实验室：

如何让学习快乐起来

心理学家曾做过一个试验，证明了学习的积极态度，能促进学生在学习中积极思维，并从中培养学习兴趣。试验中，同学们根据自己的学习情况选择一门不太感兴趣的课程，在每天开始上这门课或学习这门课的内容之前，完成以下两个活动：先是面带微笑、搓着双手，还可哼唱喜欢的歌曲——总之，是做出摩拳擦掌、跃跃欲试的样子，而且让自己感觉到这一点；同时，脑子里不断地想：下面的学习内容将是我能够理解的，它的主要内容是什么？将从几方面来讲呢？……结果，这个小小的实验有效地改变了同学们以前的态度，消除了原来的苦恼，从探索知识中体会到乐趣。

这个实验十分简单，而且一般只需持续10天至两周便可奏效。你为什么不来试试呢？开始学习时，让自己乐滋滋地进入，也许并不太难，而一旦遇到困难，尤其是百思不得其解时，积极的状态就很容易被打破。这时，是绕道而行、放弃，还是凭借自己的力量继续努力呢？以积极的思维来克服困难，这是我们的建议。只有在学习的困境中，才能更充分体现积极思考的价值，才能更充分体味到艰苦获得成功的乐趣。这时的乐趣早已非同一般，你会逐渐达到乐而忘忧、乐而无苦的境界。就像无畏的登山人，他不断攀登乐而忘返的动力在于他清楚地知道“无限风光在险峰”。

学习兴趣最低级的水平是知道学习，高一级是爱学习，最高阶段是以学习为快乐，醉心于其中。一个人要想成就大事业，有大作为，就要有乐学的精神。爱因斯坦说："兴趣和爱好是最好的老师。"它是学习的动力，往往使人废寝忘食。相反，如对学习没兴趣，把学习看作是一种负担，一件苦差事，就不会有好的效果。

怎样才能使自己对学习产生兴趣呢？

（1）树立崇高的理想和远大的奋斗目标，培养求知欲。

（2）丰富自己的生活，培养好奇心。

（3）通过尝试而激发兴趣。首先，动手操作能启迪我们积极思考。其次，要积极主动地参加丰富多彩的课外活动。

（4）培养兴趣的稳定性，兴趣稳定往往能使人发现别人未能发现的东西，掌握别人难以掌握的知识和技能。

（5）要感兴趣地去学好每一门课。你对某一门课不感兴趣，那就请你坐下来，充满信心地想象这门课是非常有趣的，现在开始就要好好学这门课，并设想在这门课中一定能获得无穷的乐趣。

（资料来源：亚当·喀什著，夏文玲译．身边的心理学［J］．北京：机械工业出版社，2008）

四、学会管理时间

（一）时间管理

1. 什么是时间管理

时间管理就是指在同样的时间消耗情况下，为提高时间的利用率和有效性而进行的一系列的控制工作，是由每个人在社会生产中所处的地位不同而赋予自己的一种内向管理素质。所谓时间浪费，是指对实现目标毫无贡献或较少贡献的时间消耗。所以，时间管理就是克服时间浪费，为时间的消耗而设计的一种系统程序，并选择一切可能利用的科学方法及手段，加以灵活地运用，以达到趋近于预期的目标。

2. 时间"四象限"法

时间"四象限"法是美国的管理学家科维提出的一个时间管理的理论，把工作按照重要和紧急两个不同的程度进行了划分，基本上可以分为四个"象限"：既紧急又重要、重要但不紧急、紧急但不重要、既不紧急也不重要。

请看下面的行事次序，看看你自己平时喜好用哪种方式？

（1）先做喜欢做的事，然后再做不喜欢做的事；

（2）先做熟悉的事，然后再做不熟悉的事；

（3）先做容易的事，然后再做难做的事；

（4）先做只需花费少量时间即可做好的事，然后再做需要花费大量时间才能做好的事；

（5）先做别人的事，然后再做自己的事；

（6）先做紧迫的事，然后再做不紧要的事；

（7）先做有趣的事，再做枯燥的事。

以上的各种行事准则，从一定程度上说大致上都不符合有效的时间管理的要求。我们既然是以目标的实现为导向，那么在一系列以实现目标为依据的待办事项中，到底哪些应该先着手处理，哪些可以拖后处理，哪些甚至不予处理？

人们总是根据事情的紧迫感，而不是事情的优先程度来安排先后顺序，这样的做法是被动而非主动的，成功人士不能这样工作。时间管理的精髓即在于：分清轻重缓急，设定优先顺序。

按处理顺序划分：先是既紧急又重要的，接着是重要但不紧急的，再到紧急但不重要的，最后才是既不紧急也不重要的。“四象限”法的关键在于第二类和第三类的顺序问题，必须非常小心区分。另外，也要注意划分好第一类和第三类事，都是紧急的，分别就在于前者能带来价值，实现某种重要目标，而后者不能。

我们以下面的时间管理的方法来探讨“急事”与“要事”的关系，请看四象限图：

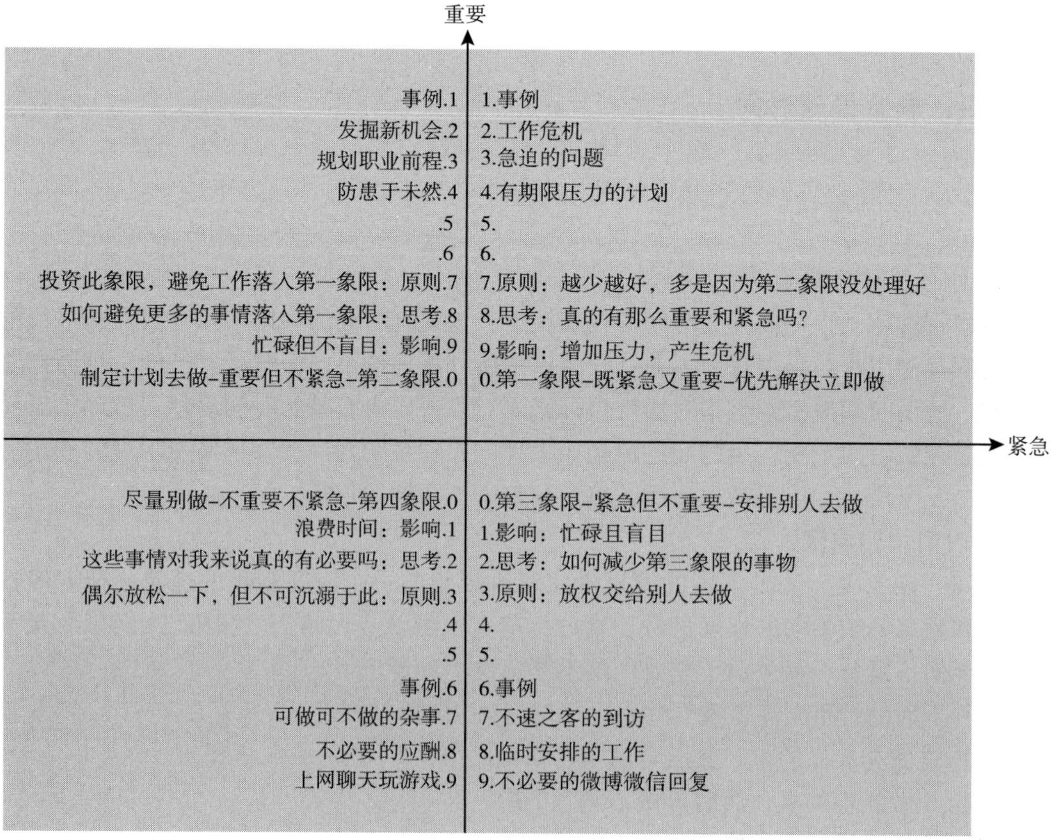

第一象限是重要又急迫的事。如学生会里你负责组织的各项活动、准时完成作业，等等。这是考验我们的经验、判断力的时刻，也是可以用心耕耘的。如果荒废了，我们很可能变成行尸走肉。但我们也不能忘记，很多重要的事都是因为一拖再拖或事前准备不足，而变成迫在眉睫。

第二象限是重要但不紧急的事。主要是与生活品质有关，包括长期的规划、问题的发掘与预防、竞选下学期的班长，等等。荒废这个领域将使第一象限日益扩大，使我们陷入更大的压力，在危机中疲于应付。反之，多投入一些时间在这个领域有利于提高实践能力，缩小第一象限的范围。做好事先的规划、准备与预防措施，很多急事将无从产生。这个领域的事情不会对我们造成催促力量，所以必须主动去做，这是发挥个人领导力的领域。

第三象限是紧急但不重要的事。表面看似第一象限，因为迫切的呼声会让我们产生“这件事很重要”的错觉——实际上就算重要也是对别人而言。电话、会议、突来访客都属于这一类。我们花很多时间在这个里面打转，自以为是在第一象限，其实不过是在满足别人的期望与标准。

第四象限属于不紧急也不重要的事。简而言之就是浪费生命，所以根本不值得花半点时间在这个象限。但我们往往在第一、第三象限来回奔走，忙得焦头烂额，不得不到第四象限去疗养一番再出发。这部分范围倒不见得都是休闲活动，因为真正有创造意义的休闲活动是很有价值的。然而向阅读令人上瘾的无聊小说、毫无内容的电视节目、聊天等。这样的休息不但不是为了走更长的路，反而是对身心的毁损，刚开始时也许有滋有味，到后来你就会发现其实是很空虚的。

现在你不妨回顾一下上周的生活与工作，你在哪个象限花的时间最多？请注意，在划分第一和第三象限时要特别小心，急迫的事很容易被误认为重要的事。其实二者的区别就在于这件事是否有助于完成某种重要的目标，如果答案是否定的，便应归入第三象限。

（二）大学生的时间管理

1. 明确目标，制定学习计划

目标刺激我们奋勇前进在人生的旅途上，没有目标就好像走在黑漆漆的路上，不知往何处去。一个目标应该具备以下几个特征才可以说是完整的：

（1）具体的。有人说：“我将来要做一个伟大的人。”这就是一个不具体的目标。目标一定要是具体的，比如你想把英文学好，那么你就订一个目标：每天一定要背十个单词、一篇文章。

有人曾经做过一个试验，他把人分成两组，让他们去跳高。两组人的个子差不多，先是一起跳过了 1 米。他对第一组说：“你们能够跳过 1.2 米。”他对第二组说：“你们能够跳得更高。”经过练习后，让他们分别去跳，由于第一组有具体的目标，结果第一组每个人都跳过 1.2 米，而第二组的人因为没有具体目标，所以他们中大多数人只跳过了1米，少数人跳过了1.2米。这就是有和没有具体目标的差别所在。

（2）可衡量的。任何一个目标都应有可以用来衡量目标完成情况的标准，你的目标愈明确，就能提供给你愈多的指引。比如你要盖一栋房子，先要在心里有个底。房子要多大，是几层楼？需要多少卧室？要木头砌还是钢筋水泥的？要多少平方米？坐落地点呢？你的预算呢？有了这些明确的标准，你才有可能顺利地盖好你的房子。

（3）可达到的。不能达到的目标只能说是幻想、白日做梦，太轻易达到的目标又没有挑战性。多年前在美国进行了一项成就动机的试验。15个人被邀请参加一项套圈的游戏。在房间的一边钉上一根木棒，给每个人几个绳圈套到木棒上，离木棒的距离可以自己选择。站得太近的人很容易就把绳圈套在木棒上，而且很快地就泄气了；有的人站得太远，老是套不进去，于是很快就泄气了；但有少数人站的距离恰到好处，不但使游戏具有挑战性，而且他们也还有成就感。实验者解释这些人有高度的成就动机，他们通常不断地设定具挑战性但做得到的目标。

（4）相关的。目标的制定应考虑和自己的学习、生活有一定的相关性，比如一个大学生，整天考虑的不是怎样才能学好专业知识，却一心做着明星梦，又不肯努力奋斗，在一天一天消耗中丧失学习、工作的能力，不思进取，不努力提高学习成绩，最终会被社会遗弃。

2. 制订学习计划的策略

对于学生来讲，周一到周五每天用于自己支配进行课外学习的时间主要是早上和晚上。周六和周日则全部由自己进行安排。因此，学生应该根据上课日和休息日分别制订出自己的课外学习计划。要有效地制订自己的学习计划，关键是解决以下两个问题：

（1）找出自己所能运用的时间——计划的第一步，是看自己到底有多少可用的时间？一天24个小时，扣掉吃饭睡觉，上学及往返交通和必要的休闲活动之外，几乎是屈指可数。如果制订的是日常学习计划，一个晚上能有三四个小时似乎足矣，如果到了复习迎考的阶段，时间就得算得精确一些。找出可用的时间，说起来是很容易的。但有人就是怎么想都想不出来自己的时间是怎么用掉的？解决的办法是，先准备一本小小的笔记本和一支笔，将其随身带着，以一周为期，视自己勤快的程度每隔半小时或一小时记录一次自己在这一段时间内做了什么事情，然后将其写在一张表格上，你必然会有重大的发现。

（2）优先处理大事、重要的事，剩下的小事见缝插针补进来，填满剩下的时间。相信不少人曾经听过这个故事：一个瓶子，一些大石头，一些沙子，一些水，如何装才能最大限度地利用瓶子的容积？答案是先装大石头，等装不进后再装沙子，最后灌水。换个顺序往瓶子里放东西，水、沙子、石头，结果呢？再也不能全部放下了！设想，如果先装沙子的话，那大石头就没法装进去，因为大石头占空间大，没法挤进去。如果先处理小事的话，那大事则很难得到足够的时间来处理。一个人的高效与否，很大程度上取决于对“大石头”的处理上。这就是时间管理的优先次序法。

对于大学生来说，什么是“大石头”？又是如何处理“大石头”的？那些大石头就是我们最大的事情或者是那个最终的目标，沙子则是除了终极目标以外的目标，而那些水或许就是零星的事情吧！至于瓶子，就是漫漫的人生路了。把大石头、沙子、水有次序地放下，那么人生就会饱满。

（三）时间管理的七条“魔法”①

1. 魔法一：改变你的想法

美国心理学之父威廉．詹姆士对时间行为学的研究发现这样两种对待时间的态度：“这件工作必须完成，但它实在讨厌，所以我能拖便尽量拖”和“这不是件令人愉快的工作，但它必须完成，所以我得马上动手，好让自己能早些摆脱它。”当你有了动机，迅速踏出第一步是很重要的。不要想立刻推翻自己的整个习惯，只需强迫自己现在就去做你所拖延的某件事。然后，从明早开始，每天都从你的 to do list 中选出最不想做的事情先做。

2. 魔法二：学会列清单

把自己要做的每一件事情都写下来，这样做首先能让你随时都明确自己手头上的任务。不要轻信自己可以用脑子把每件事情都记住，而当你看到自己长长的 list 时，也会产生紧迫感。

3. 魔法三：遵循 20 比 80 定律

生活中肯定会有一些突发困扰和迫不及待要解决的问题，如果你发现自己天天都在处理这些事情，那表示你的时间管理并不理想。成功者花最多时间在做最重要，而不是最紧急的事情上，然而一般人都是做紧急但不重要的事。

4. 魔法四：安排“不被干扰”时间

每天至少要有半小时到一小时的“不被干扰”时间。假如你能有一个小时完全不受任何人干扰，自己关在自己的空间里面思考或者工作。这一个小时可以抵过你一天的工作效率，甚至有时候这一小时比你三天工作的效率还要好。

5. 魔法五：严格规定完成期限

巴金森（C. Noarthcote Parkinson）在其所著的《巴金森法则》中，写下这段话：“你有多少时间完成工作，工作就会自动变成需要那么多时间。”如果你有一整天的时间可以做某项工作，你就会花一天的时间去做它。而如果你只有一小时的时间可以做这项工作，你就会更迅速有效地在一小时内做完它。

6. 魔法六：做好时间日志

你花了多少时间在做哪些事情，把它详细地记录下来，早上出门（包括洗漱、换衣、早餐等）花了多少时间，搭车花了多少时间，出去拜访客户花了多少时间……把每天花的时间一一记录下来，你会清晰地发现浪费了哪些时间。这和记账是一个道理。当你找到浪费时间的根源，你才有办法改变。

---

① 资料来源：钱金．《时间管理的七条魔法》，载于《青春岁月》2010 年第 3 期。

7. 魔法七：理解时间大于金钱

用你的金钱去换取别人的成功经验，一定要抓住一切机会向顶尖人士学习。仔细选择你接触的对象，因为这会节省你很多时间。假设与一个成功者在一起，他花了40年时间成功，你跟10个这样的人交往，你不是就浓缩了400年的经验？

第三节　心理辅导与训练方案

一、哼小调——热身阶段

操作：

（1）准备3～5首风格不一但能为大多数同学所哼唱的歌曲（如儿歌、当下最流行的歌曲等），另外准备与参加人数等量的纸条，分成3～5组，各组纸条数量可以一样，也可以不一样，纸条上写上所准备的歌中某一首歌歌名或一段歌词，然后把纸条混合备用。

（2）让每一位同学抽一张纸条，自己看清歌名或歌词，不要让其他同学知道。

（3）让同学们随意走动，同时哼自己的歌曲（注意：强调小声哼唱），寻找其他所有哼唱同一首歌的成员，然后聚在一起，全班因而分成相应的多组。

（4）各小组人齐了以后，一起唱一遍小组的歌。

（5）小组成员围坐在一圈，由某一同学开始，顺时针向左边的一位同学说“你好，我喜欢你的……”左边的同学回答“谢谢，你说得对，我认为你很有洞察力，我喜欢和你交朋友”。

（6）所有小组重新合并成大团体，彼此分享自己的感受。

二、感知——感受阶段

活动一：身边的故事

目标丢失

大学生张某，虽然考上了大学，但是认为学校不理想、专业不喜欢，于是一进大学，他就暗下决心，一定要努力学习、全面发展，成为一个高素质的人。然而没有多久他看到周围的同学都不怎么用功，他的思想也开始动摇了：“以前努力是为了考上大学，现在努力为了什么？自己该向哪个方向发展，该树立一个怎么的目标呢？”

心理点评：在大学这个全新的环境面前，目标的确立困扰着大学生们，大学一年级是最迷茫的。上大学目标实现了，那么下一个目标是什么？绝大多数同学回答不上来。“增长知识”太笼统，“成功就业”太遥远，难以激发人的热情和干劲，多数同学虽有学习愿望但是缺乏学习动机。日本著名思想家池田大作说："对于人类来说，没有比为使命活着更可贵的了，同时，也没有比不知道为何生存更空虚的了。"

认真思考并回答下面的问题，同学们的感悟是什么？真正体会到来自父母、社会的挚爱真情了吗？打算怎么样升华这种情感动力？

思考：

你到大学来干什么？

学习对你究竟意味着什么？

四年的大学学习你要投入多少经费？

你平均每天花在学习上的费用是多少？

你每天是怎么对待学习的？

你在大学期间的花费占家庭总收入的多少？

大约几年才能收回这笔投入？

活动二：学习动力自测

操作：这个自测量表主要帮助你了解自己在学习动机、学习目标上是否存在困扰。共20个题目，请你实事求是地在与自己情况相符的题目上打个"√"号，不相符的题目后面打个"×"号。

（1）如果别人不督促你，你极少主动去学习。（　　）

（2）你一读书就觉得疲劳与厌烦，直想睡觉。（　　）

（3）当你读书时，需要很长时间才能提起精神。（　　）

（4）除了老师指定的作业外，你不想再多读书。（　　）

（5）如有不懂的地方，你根本不想方设法弄懂它。（　　）

（6）你常想自己不用花太多时间成绩也会超过别人。（　　）

（7）你迫切希望自己在短时间内就能大幅度提高自己学习的成绩。（　　）

（8）你常为短时间内成绩没能提高而烦恼不已。（　　）

（9）为了及时完成某项作业你宁愿废寝忘食、通宵达旦。（　　）

（10）为了及时完成作业，你放弃了许多你感兴趣的活动，如体育锻炼、看电影与郊游等。（　　）

（11）你觉得读书没意思，想去找个工作做。（　　）

（12）你常认为课本上的基础知识没啥好学的，只有看高深的理论，读大部头作品才带劲。（　　）

（13）你只在你喜欢的科目上狠下功夫，而对不喜欢的科目放任自流。（　　）

（14）你花在课外读物上的时间比花在教科书上的时间要多得多。（　　）

（15）你把自己的时间平均分配在各科上。（　　）

（16）你给自己定下的学习目标，多数因做不到而不得不放弃。（　　）

（17）你几乎毫不费劲就实现了你的学习目标。（　　）

（18）你总是同时为实现几个学习目标忙得焦头烂额。（　　）

（19）为了对付每天的学习任务，你已经感到力不从心。（　　）

（20）为了实现一个大目标，你不再给自己制定循序渐进的小目标。（　　）

说明：上述20个题目可分成四组，它们分别测查你在四个方面的困扰程度：1~5题测查你的学习动机是否太弱；6~10题测查你的学习动机是否太强；11~15题测查你的学习兴趣是否存在困扰；16~20题测查你在学习目标上是否存在困扰。假若你对某组（每组5题）中的大多数题目持认同的态度，即打√号，则一般说明你在相应的学习欲望上存在一些不够正确的认识，或存在一定程度的困扰。

活动三：学习习惯自测

操作：

阅读方面：

（1）阅读时你一般先确定目标，认清自己要学什么。

（2）在详细阅读课文之前，你会先将该文粗略地看一遍。

（3）你会用不同的阅读方法及速度来配合不同的读物与阅读目的。

（4）你会留意课文里的标题、分题和课文前后的问题。

（5）你会留意课文中的图标、地图和相片等。

（6）阅读使你能分辨出哪些内容最重要，哪些不重要。

（7）对所阅读的读物，你会努力尝试对它发生兴趣。

记忆方面：

（1）对于必须牢记的内容，你会尝试先行了解、明白。

（2）你会将需要学习的东西组织起来，如写下大纲、分成类别等。

（3）对于刚学到的东西，你会尽快复习。

（4）你会将复习时间分成若干段落，并适当安排休息。

（5）在学习时，你能分辨出哪些资料最重要，哪些不重要，并将注意力集中在重要的资料上。

（6）你会尽量将重要的东西牢牢记住。

（7）你会将学过的知识融会贯通。

（8）你会将学过的内容经常复习。

（9）你会将学到的东西或知识加以应用。

笔记方面：

（1）你会应用简写的方式如符号、图表等，使笔记看起来更精简明白。

（2）你的笔记有很大的灵活性，以便随时加插、修改或重修编排。

（3）你的笔记选用不同的组织方法，如列序式、大纲式、分类等，以配合不同形式的内容。

（4）你的笔记内容是经过自己的思考、过滤重组后，用自己的语言写出来的。

（5）上课时，你能同时听老师讲课及用笔记摘录内容。

（6）你会拣出内容的精华而避免原文照抄，也避免将老师所讲的一字不漏地写下来。

[计分与解释]：如果回答“是”的次数较多，则表示你有较佳的学习习惯；反之，你可能需要尽可能改善学习方法了。

三、理解——感想阶段

活动一：放松冥想

操作：

（1）进行一次身心放松之旅，请每位同学端正地坐在自己的座位上，闭上眼睛。跟着老师的引导语和轻松的背景音乐想象。

（2）播放节奏轻快的轻音乐，由教师念一段引导语，带领学生进入冥想活动。

引导语：准备好了吗？好，现在深深地吸气，慢慢地呼气，好！春天来了，一片鸟语花香的美丽景色，你静静地躺在草地上，心情舒适、愉快地享受春天带给你的欢乐与愉悦。

一束温暖的阳光暖暖地照在你身上，你觉得浑身都放松了，特别舒服，你紧锁的眉头舒展开了。请你仔细体会一下眉头舒展之后放松的感觉，你觉得好舒服好轻松，你觉得额头凉丝丝的，脸上每一块肌肉都特别放松，你觉得舒服极了。

这时，你想到了你的学习……（引导学生回顾自己最擅长的10个学习方法。）

现在你觉得浑身放松，心情舒畅，就像躺在湖面上随风飘荡的小船上一样，暖风徐徐吹过你的身躯，还有一丝淡淡的水草的香味，你闭上眼睛，深深地陶醉在这水波荡漾的美丽风景中，心情特别的愉快！

现在你觉得浑身特别放松，全身都充满了力量，心情特别愉快，你的头脑清醒，思维敏捷，反应灵活，眼睛也非常有神气。准备好了吗？请你慢慢地睁开眼睛。

活动二：学习优势探索

操作：

（1）请同学们将刚才在放松练习中联想到的自己最擅长的10个学习方法写下来。

（2）请同学们分享自己的学习诀窍。

活动三：时光切割

操作：每人一张长条纸，代表自己生命的100年。

（1）今天你多少岁，以前的日子已经一去不复返，撕掉；

（2）退休以后，我们就不再为社会创造明显的价值了，你决定从什么时候开始养老，根据比例，撕掉；

（3）睡觉的时间大约每天8小时，占1/3，撕掉；

（4）每天你有多少时间用在吃饭、上厕所、处理个人卫生等事情上，撕掉；

（5）还有无聊、无所事事的时间，自己大体算一下比例，也撕掉。

活动四：时间馅饼

操作：

（1）馅饼制作：按小组坐好，请小组成员画“时间馅饼”图。大圆代表24小时，请小组成员根据自己一天生活的平均活动状况，将各类活动所花费的时间按比例在左图圆内画出。圆内每格表示 1 小时。然后再想一想你个人期望的时间安排，请画在右图。成员以圆心为基点，划分出平时睡眠、学习、运动、吃饭、上网、校园活动、社会参与等所占据的时间。

（2）分享馅饼：请同学们对比反思：撕到这里，我们看看自己手中的馅饼剩下多少，也可以看看周围同学的，能说说这剩下的时间你还用来做些什么？在刚才绘制馅饼的过程中你有什么发现、想法，与组内的同学一起交流。

（3）请大家从“时间馅饼”里找出每天无谓浪费掉，又可以找回来的时间，说说自己打算怎样有效地利用这些“找回来”的时间。核算一下“找回来”的时间所占的比例，然后，把“时光纸条”拿出来，从撕掉的纸条里，捡回一些，粘贴回去。

四、整合——感悟阶段

活动一：留住我的心

操作：练习注意力集中术（即视觉和听觉配合训练）。

（1）首先在空中描绘出一个点，此时让心中唯存有此点，并凝想此点。

（2）慢慢将此点延伸为一直线，继续凝想此直线，并将凝想的时间拉长。

（3）之后描绘出较复杂的星形或涡形，并凝想该图形一段时间，继续将图形复杂化，并保持凝想，同时拉长凝想的时间。

备注：

（1）此套“视觉和听觉配合训练”是由瑞士洛山权精神医院设计出来的，是一种十分有效的注意力集中术。

（2）另一种“视觉、听觉结合法”对于拉回分散的注意力也很有效。利用此方式听时钟的嘀嗒声，第 1 天 10 次、第 2 天 15 次、第 3 天 20 次，逐渐增多次数，每次都十分专心地聆听。半个月至一个月后，便可养成专心注意的习惯。

活动二：举手礼

操作：

（1）学生按体操队形站立，每个人举起右手臂，伸直向胸前平举，身体不准晃动，坚持若干分钟，看谁能坚持到最后，谁能够坚持更长的时间。

（2）初时间可以短一些，当有学生表示困难，难以坚持的时候，教师要有意激励团体的力量，比如说：“就这么短时间是吗？大家同意结束吗？现在只过了 3 分钟。”“还要不要继续”等。

（3）进行过程中，小组教师可以在队列中巡视，看到艰难的学生，小声给予鼓励。随着时间的延长，小组教师要对自己的小组学生进行激励，可以喊口号，朗诵诗句，甚至可以领着大家一起唱歌。

（4）活动可以循序渐进地进行，鼓励学生不断突破极限。从最初的 3 分钟到最后的

30 分钟。既是个人战胜自己的胜利，也是团体同心协力、相互激励的胜利。

活动小结：很多学生发出不屑的声音，觉得举起手臂真是太容易了。可没有几分钟，大家的表情就不那么轻松了。很多事情我们做一次两次容易，要坚持下来就难了，而坚持下来的人变成了胜利者。虽然，并不是我们每个人都能成为丘吉尔，但是，如果你想实现自己的梦想，想有一番作为，必须要坚持不懈。其实在举手过程中，大家承受了同样的酸痛，就好比我们在人生路上会遇到同样的艰难险阻，有的同学坚持了 3 分钟就退下阵来，而有的学生能坚持 30 分钟成为最后的胜利者。人贵有恒，如果在困难面前却步，往往只会拥抱失败；如果在困难时坚持，常常会获得意想不到的成功。

超越自己，挖掘潜能。每个人的潜能都是无穷的，如果大家平时不注意开发，很多潜能都像地下的宝藏一样深深埋在下面，一旦遇到危机或困难，只要勇于探索，就能够激发出自己前所未有的能力。在遇到困难时，不要放弃，不怕困难，否则是不会知道自己的身上有多大的能力的。

推荐阅读：《幸福的真意》

在大量粗制滥造的成功学、心理自助书籍充斥市场的今天，《幸福的真意》从书名看确实太平淡了，但这本书的品质超出你的想象。人生只有一次，没有人希望自己活得浑浑噩噩。但是，若想活出生命的真谛，享受神采飞扬、意气风发的生活，就必须依靠自己把握方向，不为外力所控，充分利用时间与潜能，发挥个人特质，并与宇宙万物相契合。作者契克森米哈赖是积极心理学的发起人之一，1934 年生，曾任芝加哥大学心理系主任。远在积极心理学的概念提出之前，他就对一个问题颇有兴趣："为什么人们会专心致志，浑然忘我?"那时，他还是位年轻的心理学博士，通过对艺术家等创意人士的研究，提出了一个创新的概念：人类的最优化经验（optimal experience）。之后，他用了 20 多年的时间，完善自己的理论体系，这就是：心流。当积极心理学诞生之后，心流非常自然地成为积极心理学的核心概念之一。如果说积极心理学致力于从科学的角度揭示人类幸福的秘密，那么心流理论漂亮地回答了这一个问题：你"当下"的快乐是什么样的？对于心理学专业人士来说，我们可以毫不夸张地这么评价：没有心流与自我决定论，积极心理学只是一个空架子。对于普通读者来说，《幸福的真意》这本书更值得阅读。因为它是作者特意提炼与总结自己的科研成果，面向大众撰写的，系统阐述了心流的来源以及不同层级的快乐来源与增进之道。

推荐电影：《三傻大闹宝莱坞》

影片改编自印度畅销书作家奇坦·巴哈特的小说《五点人：在印度理工学院不要做的事情》，讲述了三位主人公法罕、拉加与兰彻的故事，他们是皇家工程学院的学生，三人共居一室并结为好友。在以严格著称的学院里，兰彻是个非常与众不同的学生，他不死记硬背，喜欢拆掉电器，当别人用时才发现已经烂了。甚至还公然顶撞校长"病毒"，质疑他的教学方法，并以其开放的思维和乐观的精神而影响着身边的人。

该片反映了许多印度的社会问题：教育制度、贫富差距、高校自杀率、医疗状况等。当然，重点是教育制度。与此对应，通过主人公兰彻之口提出了"追求卓越，成功就会出其不意地找上门"的人生哲学和求学态度，反击了功利的教育动机和机械的教育制度，以及励志性的口号"Aal izz well"。"Aal izz well"来自英文的"All is well"，意为"一切都会顺利""一切都会好"的意思。这种印式英语也为口号本身增加了喜剧和乐观的色彩。

该影片含有对"一切为了高分、一切为了工作"现象的抨击，这也无形中道出无数中国内地大学生的心声。在我们的大学校园当中，不少同学都抱着当好孩子，上好大学，找好工作，娶好老婆，达成理想的人生状态的美好"愿景"开始大学生涯，为此，有些人为了争取高分而选择了"死记硬背式"的学习；有的同学迫于父母压力，勉强就读自己根本不喜欢的专业，学会了在"伪装"中痛苦学习；有的同学虽然喜欢所学专业，但每天害怕自己因成绩差而没法毕业导致无法改变拮据的家庭生活，慢慢以逃避敷衍的方式应付各种考试。而真正喜欢学习的同学往往能够从中获得乐趣，思考如何才能更好地学习，并能朝着人生的目标奋发前进，成功的人生也就随之而来，就如影片所说：“追求卓越，成功就会出其不意找上门。”

第五章　培育积极情绪

本章导语

心理学上有个著名的“踢猫效应”，描绘的是一种典型的坏情绪的传染。

某公司的老总一大早因和老婆吵架，负气上班，坐到办公室里还余怒未消。恰好有位业务主管要汇报工作，老总极不耐烦地说：“这点事自己都解决不了。我要你们干吗?”

这位主管碰了一鼻子灰，悻悻地回到了办公室。这时，主管手下的一位办公室主任有事要请示他，主管极不耐烦地说：“这种事情还来找我解决? 你们自己怎么不多动动脑子? 自己想辙去!”

这位办公室主任碰了钉子，感觉很沮丧。下班回到家刚坐下，儿子想问他数学题，他气呼呼地说：“就你事儿多，一边儿去！叫我清静会儿!”

儿子被爸爸的无名火搞得很郁闷，正要灰溜溜地走开，却被自己一向很宠爱的小猫绊了一下。儿子正窝着火气没处发，冲着小猫就是一脚，“讨厌，没见我心烦吗? 叫什么叫? 一边去!”

父亲在公司受到了老板的批评，到家后会把沙发上跳来跳去的孩子臭骂一顿。孩子心里窝火，狠狠去踹身边打滚的猫。猫逃到街上正好一辆卡车开过来，司机赶紧避让，却把路边的孩子撞伤了。

这就是心理学上著名的“踢猫效应”描绘的是一种典型的坏情绪的传染。

古人云：克己、复礼。克己，就是遇事从容，能理智控制好自己的情绪；与人为善，给周边疲倦的心灵以慰藉与鼓励。心灵需要滋养，情绪需要抚慰。月有阴晴圆缺，人有悲欢离合。成功时，手舞足蹈；失败时，垂头丧气；分离时，依依不舍；害羞时，扭扭捏捏；奋斗时，无怨无悔；落魄时，忍辱负重。在一次次的自我感动中，人性慢慢升华；在一次次的体验与领悟中，个体渐渐成长。凡此种种均是情绪与情感的展示，都是人们心理的重要组成。

如果我们不能了解自己和他人的情绪状态，就不能有效地引导情绪、合适地表达情绪，思维、行为就会发生偏差，工作效率和身心健康就会受到严重的影响。一如生命的日记本该充满欢乐，却会有人失去笑容，郁郁寡观，甚至在最美丽的青春季节，生命之花会猝然凋落。我们只有情绪稳定、心理健康，才能从容地面对人的生风雨历程。情绪是可以管理的，情绪也是必须管理的。

［本章问题］

（1）人为什么会有“七情六欲”？

（2）内心的焦虑要怎样排解？

（3）怎样才能成为一个“高情商”者？

第一节 理论导读

在每个人的生活和学习中，情绪随处可见。人们所有的心理活动都伴随着一定的情绪状态，有时平静，有时起伏，有时放松，有时紧张，有时烦恼，有时快乐……直接影响着我们的生活质量和身心健康。因此，优化自己的情绪，是通向成功的保证，也是大学生健康发展的必修内容。

一、情绪的内涵

所谓情绪，是个体受到某种刺激所产生的一种身心激动状态。它是人们对客观外界事物的态度体验，是人的需要是否得到满足的一种心理感受，反映了客观外界事物与主体需要之间的关系。情绪的特点主要体现在以下几个方面：

1. 情绪是由刺激引起的

人们在面对外界刺激时常会产生内心的体验和感受，例如，徜徉于山水之间，微风徐徐，会让人感到心旷神怡；置身在喧闹的街道、拥挤的人群，会让人感到心烦意乱；参加一场比赛，会让人感到兴奋和紧张；失去亲人，会令人感到痛苦和悲伤；完成一项工作或任务，会让人感到兴奋和紧张，等等。

2. 情绪与需要密切相关

当客观事物满足了人的需要时，人就会产生积极的肯定性（正向）情绪，如高兴、快乐、幸福、愉悦、热情、活力、感恩、乐观、信心等；当客观事物不能满足人的需要时，人就会产生消极的否定性（负向）情绪，如悲伤、失望、愤怒、嫉妒、厌恶、抑郁、紧张、狂躁、怀疑、自卑、恐惧、仇恨等。

3. 情绪与认知活动密切相关

对同样一件事，不同的人会有不同的情绪体验。例如，同样受到老师批评，有的学生会认为这是老师对我的关心和帮助，因而倍加努力，有的同学却认为这是老师故意刁难我、看不起我，因而痛苦难过、丧失信心。

4. 情绪状态不易自我控制

在不同的情绪状态下，人的心律、血压、呼吸、内分泌、消化系统等都会发生相应的变化。如人在兴奋状态下，会感到呼吸急促、心跳加快；人在恐惧状态下，会出现身体战栗、瞳孔放大；人在愤怒状态下，会出现汗腺分泌增加、面红耳赤。这些变化受人的自主神经支配，是不由人的意识控制的。

情绪不仅体现在人生理上的反应和内心的体验，而且会直接通过行为活动表露出来。人主要通过面部表情、体态表情和言语表情等方面表达情绪。面部表情是指人们通过面部的眼、眉、口、鼻等各个器官的活动表达情绪和对现实事物的态度。如眼睛是心灵的窗户，能够最直接、最完整、最深刻、最丰富地表现人的精神状态和内心活动。透过眼睛可以看出一个人是欢乐还是忧伤，是烦恼还是悠闲，是厌恶还是喜欢。体态表情是指通过身体各部位（肩、腰、手、足、腿）的动作反映出来的个体内在的心理活动。

言语表情是指通过声调、音色、音量、节奏的变化来反映人们的心理活动。如人在悲伤时，语调低沉、语速缓慢、说话断断续续；人在兴奋时，语调高昂、语速加快、声音抑扬顿挫且清晰有力。

二、情绪的功能

情绪对大学生的身心健康具有重要的协调作用。大量研究表明，适当的情绪、情感对人的认知活动具有积极的组织功能，而不当的情绪、情感对人的认知活动具有消极的瓦解功能。

（一）自我保护功能

在现实生活中，当个体遭遇某种应激事件时，情绪能够帮助个体做出迅速的反应，促使人在行为上更快地脱离险境，这种情绪表现出非常明显的自我保护倾向。即使像愤怒、生气、痛苦等负面的情绪也有其重要作用，如当人面对侵害时，愤怒的情绪会促使人奋起反抗、自我保护。

（二）人际适应功能

从根本上来说，情绪的人际适应功能就是服务于改善人的生存和生活的条件。情绪可以通过表情反映出来。人类的表情包括面部表情、体态表情和言语表情，人际交往就是通过情绪及表情相互影响、相互交流和传达信息起作用的。在人际交往过程中，人们用微笑表示友好，点头表示默认，摇头表示反对。人们可以通过察言观色来关注对方的情绪状态，促进相互了解，从而增进感情，维护良好的人际关系。

（三）信息传递功能

情绪具有传递信息、沟通思想的功能。情绪是人类社会交往中的一种心理表现形式。情绪的外部表现是表情，情绪的信息传递功能是通过表情实现的，如微笑表示友好，点头表示同意。此外，表情既是思想的信号，又是言语交流的补充手段，在信息交流中起着重要的作用。

（四）组织协调功能

情绪对其他心理活动具有组织的作用，可以有效地将各种心理能量聚合并组织起来，这主要表现为积极的情绪对活动起着协调和促进的作用。例如，学生在学习中对所学的知识感兴趣时，注意力会高度集中，记忆力特别好。这种作用的大小和情绪的强度有关，情绪的组织协调作用一旦产生，就会影响个体的身心状态，并对随后的活动或起积极、协调的作用，或起瓦解、破坏的消极作用。

（五）动机调节功能

情绪和情感构成一个基本的动机系统，它可以驱动有机体从事活动，提高人的活动效率。一般说来，内驱力是激活有机体行动的动力，但是，情绪可以对内驱力提供的信号产生放大和增强的作用，从而能更有力地激发有机体的行动。大量研究表明，当出现紧急情况时，愤怒和恐惧等消极情绪能够唤起大脑的警觉；而高兴等积极情绪能使人的感觉变得敏锐、记忆获得增强、思维更加灵活，有助于一个人内在潜能的充分发挥。

三、情绪健康的标准

健康的情绪是健全人格的必要条件之一。一般而言，目的性恰当、反应适度、理性强、符合社会规范的要求，是健康的情绪。

（一）情绪健康的标准

心理学家瑞尼斯等人提出了情绪健康的 6 项指标：

（1）发展出某些技巧以应付挫折情境。

（2）能重新解释并接纳自己与情绪的关系，不会一直自我防卫，能避免挫折并安排替代的目标。

（3）知觉某些情境会引起挫折，可以避开并找寻替代目标，以获得情绪满足。

（4）能找出方法，缓解生活中的不愉快。

（5）能认清各种防卫机制的功能，包括幻想、退化、反抗、投射、合理化、补偿，避免形成错误的习惯，导致防卫过度，造成情绪困扰。

（6）能寻求专家的帮助。

心理学家索尔·库格尔马斯（Sol Kugelmass）也指出了情绪健康的 8 个特点：

（1）独立，不依赖父母。

（2）能增强责任感及工作能力，并减少被外界接纳的渴望。

（3）能去除自卑情结、个人主义及竞争心理。

（4）具备适度的社会化与教化，能与人合作，并符合个人良心。

（5）具有成熟的性态度，能组织幸福家庭。

（6）能培养适应性，避免敌意与攻击。

（7）对现实有正确的了解。

（8）具有弹性以及适应力。

（二）大学生情绪健康的基本特征

1. 能够积极适应环境

情绪获得健康发展的大学生，不仅能够积极适应熟悉的环境，而且勇于开辟新环境，乐于接受新环境，并且能很快适应陌生的环境。他们有探究新环境的兴趣，有认识、理解和正确把握新环境的能力，他们不仅善于调动自己已有的知识经验和能力，而且能够不断增加新的知识经验和能力，以对新环境做出积极反应；他们在陌生环境中，也可能发生适应的困难，也可能遇到种种挫折，也可能做出这样或那样不符合环境要求、甚至脱离社会规范的行为，但是他们不回避困难，不屈服于挫折所造成的压力，能够及时调整自己的行为，达到环境的要求；同时，他们并不满足和依赖于环境的既定条件，努力使自己由现代环境的承受者转变为一定环境的能动的改造者，不断创造条件，建立新的环境。

相反，情绪得不到健康发展的大学生，虽然能适应熟悉的环境，但往往依赖环境，满足于既定的客观条件，是环境的被动的承受者，而不是能动的参与者、改造者。他们不主动开拓自己的活动天地，喜欢把自己困于狭小的圈子，在突然变化的环境、条件和情况面前，紧张不安、疑虑重重、畏怯不前；他们既缺乏认识新环境的经验和能力，也不善于调动已经拥有的知识和掌握新知识，而是习惯于接受现成的结论，拘泥于别人认识的结果；他们在困难、挫折和逆境面前，很容易丧失自信心，显得过分忧虑、懊丧，甚至退缩、逃避、一蹶不振，使自己陷入更恶劣的处境而不能自拔。

2. 能够有效地进行学习和工作

情绪获得健康发展的大学生，总是乐于从事学习、工作和其他实践活动，能够胜任一定的角色，完成一定的任务，并逐步提高效率。他们能够从实际条件出发，确定切实可行的活动目的，选择相应的活动方式，达到活动目标；他们能够在活动中充分发挥出自己的身心潜能，表现出不可抑制的主动性和积极性，并以此自我满足；他们不仅不觉得学习和工作是一种负担，反而能从中获得乐趣。假若剥夺了他们的学习和工作机会，他们会体验到不安和忧虑。

相反，情绪得不到健康发展的大学生，虽然也会参加一定的活动，但是，经常缺乏目的性、主动性和积极性，因而也不能充分发挥自己身心的潜能。他们的学习和工作效率低，往往容易半途而废；他们缺乏学习和工作兴趣，不能从中获得满足感，反而经常表现出对学习和工作的厌倦情绪，甚至害怕、逃避学习和工作；他们在学习和工作中极容易疲劳，而且难以恢复良好的身心状态。

3. 能够正确评价自我

情绪获得健康发展的大学生，自我意识也会得到较好的发展。他们不仅形成和确立了自我形象，而且对自我评价已经具有了一定的客观性和稳定性；他们对自己的认识比较符合自己的历史和现实，因而与别人对自己的评价比较接近。同时，他们的自我形象又是可塑的，会随着别人的评价、自我认识的深化而及时调整和改变，从而使它更适应环境的要求。

相反，情绪未获得健康发展的大学生，自我意识往往缺乏客观性，容易高估自己，产生所谓自我扩张、自我膨胀的倾向，也容易低估自己，产生所谓自我贬低、自我萎缩的倾向。他们或者具有过分盲目的自信和自尊心，或者具有令人不可理解的自卑自贱心理；他们对自己的认识也很不稳定，容易失掉前后的连贯性和一致性，往往今天一个看法，明天一个看法。但是又具有某种固执的倾向，认为自己对自我有新发现和新体验。因此，这种人在人际关系中，对人、对己都表现得既迟钝又过敏。

4. 能够保持良好、稳定的情绪状态

情绪获得健康发展的大学生，有良好的心境和积极的情绪状态，总是以积极、欢愉、乐观向上的情绪为基调，而少有消极、苦恼、抑郁、暴怒的情绪表现。他们能战胜恶劣的心境，摆脱过度紧张的情绪和消极情绪的困扰，能控制情绪性质、情绪强度和表现方式，能适应客观情绪的要求，因而他们不是自己情绪的奴仆，而是自己情绪的主人。

相反，情绪未获得健康发展的大学生，情绪极不稳定，喜怒哀乐反复无常，而且总是以消极情绪体验为基本格调，经常表现为惊恐、忧虑、烦恼、急躁和暴怒等。他们缺乏自制力，不能控制情绪，因而经常表现得十分幼稚，情绪状态不适应一定社会情境的要求。

5. 能够建立良好的人际关系

情绪获得健康发展的大学生，与父母、教师、同学、朋友容易建立并发展亲密融洽的关系。他们喜欢与别人交往，能够正确地理解别人的思想感情，容易接受别人、学习别人的优点和长处；他们能同情、关心、帮助别人，与朋友同甘共苦，因而能够被别人所喜欢、所接受，并具有较强的吸引力。

相反，情绪未获得健康发展的大学生，不容易处理好与亲人、师长、同学及朋友关系，很容易同别人疏远、隔阂，把人际关系搞僵，甚至搞得很对立；他们不接受别人，也不被别人接受，因而显得很孤立。

（三）不良情绪及表现

不良情绪是指不良的情绪反应对自己及他人带来不良影响甚至伤害的消极情绪状态。负性情绪是指那些不愉快甚至是引发人痛苦、愤怒的情绪体验，负性情绪能够使人及时感受到自己的心理不适，促使人们主动调整自己的积极功能，所以，负性情绪不等于消极的不良情绪。不良情绪具有如下表现：

其一，负性情绪持续时间过长。例如，当一个人长期处于悲观、失落的情绪状态，而自己又无法调整时，就会形成一种抑郁的心境，导致身心的伤害，严重的还可表现为抑郁症等严重心理疾病。

其二，负性情绪超过了自己所承受的强度，自己却不能控制，致使自己行为失常或感到被伤害。例如，一些学生在考试中过度焦虑，无法正常思考，使考试发挥失常。

其三，负性情绪出现了恶性循环不能自拔的状态。例如，某大学生面对学习上的压力，感到焦虑不安，影响了自己的学习效率，对此自己不能接受，又无法解脱，于是又引发了更加的焦虑，导致失眠、食欲下降，焦虑越来越强烈，不能自控。

其四，情绪状态已经构成了对自己及他人的影响或伤害。例如，对自己所爱慕的人与其他异性交往而产生的嫉妒情绪，一般来讲，它并非是不良情绪，而只是一种爱情专一性和排他性的正常心理反应。但是当这种嫉妒情绪已经导致猜疑甚至限制对方的行为，使自己或对方感到被伤害时，就已经成为一种不良的情绪反映了。

其五，由于情绪适应不良导致严重的情感障碍、人格障碍等心理疾患。如表现出退缩、孤独、怀疑、抑郁等，都是情绪适应不良的表现行为。

第二节　探索调整情绪的方法

心灵故事：

渔夫和商人

一个渔夫躺在河畔，懒洋洋地将鱼饵投入水中，悠然地钓起鱼来，借此打发这漫长而充满阳光的时光。通常，一条银色蛙鱼加上一点啤酒和自己做的三明治，就可以过上舒心的一天了。正当他将一条鱼拖上岸时，身边走来一位衣着讲究的商人，“你难道不知道，”他问渔夫，“要是一次多放几条线，不就可以多钓很多的鱼?”

“要这么多干吗?”渔夫问。

“瞧，要是鱼很多，就能拿去卖，赚很多钱。”商人答道，“有了钱，就能买一艘大渔船，然后开家鱼店，有了一个店，还可以有第二个、第三个。最后还可以雇用很多人，将鲜鱼运往四面八方。”水面上的点点金光渐渐隐没了，商人继续编织着成功之梦。“你可以成为富豪。”他以胜利的姿态做了总结。

渔夫喝了一口啤酒，脸上露出了不解的神色。

“然后怎么样呢?”他问商人。

“咳，那时候，你就拥有了一切，想干什么就干什么。你可以躺着，无忧无虑，也可以去钓鱼!”

渔夫抬头望着他，笑着说：“可我现在就在这么干了!”

这是一个关于快乐的故事，让渔夫去过商人的生活或是让商人过渔夫的生活都不会令他们快乐。不同的人有不同的快乐概念，也有不同的获得快乐的方式。对常人而言，真正的快乐，并不在于其外在标准，而在于内心对它的定义，在于日常生活中对快乐的感受。发自内心的快乐感受，不会受到名利的制约。

（资料来源：马前锋．心灵驿站——情绪调控［M］．上海科技教育出版社，2000）

良好的情绪对于大学生的身心健康是非常重要的。学习的难易、生活的顺逆、人际关系的好坏等，都会影响到情绪，这就需要我们管理自己的情绪，通过学习给自己充电，用对自己、对生活、对世界的健康信念来改变自己的不良情绪。

一、情绪与大学生身心健康

（一）正确认识情绪

情绪时刻都会发生变化。要管理情绪，首先要学会体察情绪，不论是对自己还是对他人的情绪，都需要感知和判断，这是情绪管理的基础。

1. 了解自己的个性特征

一个人的情绪特点，往往与其气质和性格的特征密切相关。因此，了解自己的气质与个性，对于认识和把握自己的情绪特点有着重要的意义。例如，每个人的情绪表现都不尽相同，有的人脾气急，有的人则是慢性子，有的人风风火火，有的人多愁善感，这些都与一个人的个性心理特征有直接的关系。

2. 了解自己的情绪年龄

人的情绪表现与其情绪年龄相关。所谓情绪年龄，是一个人情绪发展水平的一种衡量标志。心理学研究表明，不同年龄的人在其情绪的各个方面具有不同的发展水平和特点。当一个人的情绪与其应有的情绪表现相符合时，即具有相应的情绪年龄。以下两点反映了人的情绪年龄水平：一是其情绪反应是否符合该年龄段的认知逻辑水平；二是其表现和调节情绪的方式。例如，一些独生子女大学生，由于长期受父母的过度照顾，因而在情绪的自我控制能力方面滞后于他们的生理年龄。

3. 自身成长经历及早期经验

人的情绪特点往往与他们的成长经历和早期经验有关。心理学研究表明，在人的婴儿期乃至幼年期，失去家庭关爱和父母照顾的儿童，会带来情绪上的伤害，并在以后的成长中产生不良的影响。一般而言，幼年时期或在以后的成长经历中，有比较平和、乐观的生活环境和经历的学生要比经历过挫折、创伤的学生在情绪上更趋于稳定和积极。

4. 测试自己的情绪状态

除上述情绪的自我认识外，进行一定的心理测验也是了解自己情绪状态的重要方式，如心理“气氛圈”测试、自评抑郁量表（SAS）等。

（二）完全接纳情绪

每个人或多或少都有一定的不良情绪，如嫉妒、恐惧、紧张、生气、愤怒。产生这些不良情绪时，不要去压抑、否认或掩饰它，更不要责备自己、苛求自己，而要先坦然地承认并且接纳自己的不良情绪，然后对情绪背后的原因进行分析。一个聪明、成熟的人会迅速地意识到这些不良情绪的真正原因，从而调节自我情绪，从困境中走出来。

（三）恰当表达情绪

正确的情绪认知和表达可以抒发自己内心的感受，让别人更了解你，增进彼此的关系；错误的情绪表达方式往往会出现许多防御性不良互动，让彼此的关系变得紧张。情绪管理要求我们在学会识别自己和他人情绪的基础上恰当地表达情绪，发展良好的人际关系。

（四）合理宣泄情绪

情绪在学习和生活中直接影响个人的工作绩效和人际沟通。解开心结，就需要将情绪适时地表达出来。这样一方面有助于缓解压力，另一方面可以在倾诉过程中获得情感支持和理解，增加克服困难的勇气。合理宣泄情绪的方式很多，如倾诉、痛哭、听音乐、做运动等。

心理小贴士：

为什么痛哭过后，心里会觉得舒畅

哭泣是人类特有的情绪表达方式。婴儿出生时，用哭喊的方式宣告自己的到来，也表达出自己离开母亲子宫来到陌生环境的不适应。人类越进化，就越远离自然，连情绪也一样。

哭泣是人类高度进化的行为，和语言一样，只有人类才有真正意义上的哭泣。尽管悲和哀是最强大的“催泪弹”，但除此之外，喜、怒、惧都能让人落泪，太害怕了会哭、太高兴了会哭、太感动了还是会哭，当然．还有幸福的哭泣。应该说，所有这些都是人类正常的行为反应。

眼泪可以发送自我保护的信号，它会模糊人们的视线，防止自己对别人做出攻击性行为；同时，又能显示自己的脆弱，让对方降低戒心和敌意，不会随便做出伤害行为。

哭泣是进行情感沟通的一种重要手段。你当着别人的面肆无忌惮地流泪时，就等于在发出这样的信号：“我正在与你一同分享我最脆弱的情感，你看到了我最真切的一面。”对方看到这一切，则会认为你信任他，双方可以成为朋友。

眼泪并不都代表脆弱，它可以帮助人体释放压力，对于维持身体健康和精神平衡大有裨益。比如婴儿用哭泣来促进肺的成长，女人爱哭泣而比男人更长寿。

有实验证明，由情绪引发的泪水中含有儿茶酚胺的成分。儿茶酚胺是一种大脑在情绪压力下会释放出的化学物质，过多的儿茶酚胺会引发心脑血管疾病，严重时，甚至还会导致心肌梗死。所以当我们痛苦时，伴随泪水涌出的不仅仅是坏心情，还有足以危害到我们心脏健康的“毒素”。

“哭泣”是情感的宣泄，想哭的时候，不必忍耐，此时将“眼泪”及时排除不仅可以让你的身心放松，更能给你的身体和心理“排毒”。所以，莫要“强颜欢笑，把泪吞！”适时的“哭泣”也是勇敢的表现。

（资料来源：原田玲仁．每天懂一点好玩心理学［M］．陕西师范大学出版社，2009）

（五）有效调控情绪

由于不良情绪会妨碍人的身心健康，因此，心理学家积极主张对大学生的情绪进行科学指导，并提倡大学生进行自我调节。不同情境中的负面情绪可以采取不同方法进行自我调节和控制。以下原则对大多数人会有一定的指导和帮助。

一是培养乐观向上、积极进取的人生观；

二是培养广泛的兴趣爱好和主观幸福感，热爱生活；

三是注重沟通的艺术，学会与人合作，建立宽厚的人际关系；

四是悦纳自己，用赞赏的目光对待自己；

五是宽容别人，不苛求别人；

六是学会忘记过去的失败对自己的伤害；

七是避免过分自责；

八是善于控制自己的情绪，并学会消化负面情绪；

九是不要随意扩大某事的严重性，尽可能做到“大事化小，小事化了”；

十是学会忽略对自己不利的事情，以避免因此引起负面情绪体验。

从操作层面看，不良情绪的自我调节方法很多，人们经常使用的有如下几种：

1. 理性情绪疗法

美国临床心理学家阿尔伯特·艾利斯（Albert Ellis）在20世纪50年代创立了理性情绪疗法（rotional-emotive therapy，RET），其核心是去掉非理性、不合理的信念，建立正确的信念。非理性信念的特点是绝对化、过分概括化、糟糕透顶。艾利斯认为，非理性信念主要包括10条：

（1）每个人都应该得到在自己生活环境中对自己重要的人的喜爱与赞许。

（2）每个人都必须能力十足，在各方面有所成就，这样的人才是有价值的。

（3）有些人是坏的、卑劣的、恶性的；为了他们的恶行，他们应该受到严厉的责备与惩罚。

（4）假如发生的事情是自己不喜欢或期待的，那么它是糟糕的、可怕的，事情应该是自己喜欢与期待的那样。

（5）人的不快乐是由外在因素引起的，一个人很少有或根本没有能力控制自己的忧伤和烦闷。

（6）一个人应该担心危险或可怕的事物，而且应该随时考虑到它可能发生。

（7）逃避困难、挑战与责任要比面对它们容易。

（8）一个人应该依靠别人，而且需要有一个比自己强的人作为依靠。

（9）一个人过去的历史对他目前的行为是极重要的决定因素，因为某事曾影响一个人，它会继续甚至永远具有同样的影响效果。

（10）一个人碰到问题时应该有一个正确、妥当及完善的解决途径，如果无法找到解决方法，那将是糟糕的事。

艾利斯认为，情绪并不是由某一事件本身直接引起的，而是由经历这一事件的个体对这一事件的解释和评价所引起的。艾利斯认为，在人们情绪产生的过程中有三个重要的因素，这就是诱发情绪发生事件 A，人们对诱发事件所持的相应的信念 B、态度和解释以及由此引发的人们的情绪和行为的结果 C。情绪并非是由导致情绪发生的诱发事件直接引起的，而是通过人们对这一诱发事件的解释和评价所引起的。这一理论也称为情绪困扰的 ABC 理论。

理性情绪疗法的应用步骤有：

（1）将引发不良情绪的事件和认识一一列出。

（2）找出引发不良情绪的非理性观念。非理性观念有以下几种主要特征：①绝对化。即对任何事物都怀有认为必须发生或不会发生的信念，这种特征常常表现在日常生活中“应该”“必须”“一定”“绝对”等用语上。②过分概括化，即以偏概全的思维方式。在这种非理性特征中，世界上的事物只有两类，要么正确，要么错误。③灾难化。常会表现为，一旦出现了某某事，天就要塌了，再没有比这更可怕的了，等等。

（3）通过对非理性观念的认识和纠正，找出合理的观念。

（4）通过建立合理的信念，最后达到情绪感受的改变。例如，一名大学生会因考试成绩平平（A）而焦虑，甚至产生抑郁（C）。这是因为他有这样的信念（B），即大学生在各方面都应当是优秀的、出类拔萃的，否则情况就非常糟糕。合理的解释是：大学生未必各方面都优秀，做最好的自己是最重要的。人的思想、情感和行动三者都是同时发生的，即当人思想时，也在感受和行动；同样，当人在感受时，也在思想与行动。情绪问题正是不断地用非理性的话对自己言语、暗示或指示的结果。

心理小贴士：

大学生群体中常见的不合理信念

1. 我应该得到周围所有人的认同、赞许和喜爱。

2. 凡事都要成功，成就感应该伴随每时每刻。

3. 面对困难和问题，最好的方法就是逃避。

4. 一个人应该关心他人的问题，并为他人的问题而悲伤难过。

5. 个人以往的不幸经历会持续地影响自己的不良情绪。

6. 对人生的每个问题都应找到一个唯一正确的答案。

（资料来源：笔者自编）

2. 积极的自我暗示

心理暗示，从心理学角度讲，就是个人通过语言、形象、想象等方式对自身施加影响的心理过程。这个概念最初由法国医师库埃（Emile Coue）于 1920 年提出，他的名言是：“我每天在各方面都变得越来越好。”积极的自我暗示令我们保持好的心情、乐观的情绪和自信心，从而调动人的内在因素，发挥主观能动性。心理学上所讲的“皮格马利翁效应”，也称期望效应，讲的就是积极的自我暗示。而消极的自我暗示会强化我们个性中的弱点，唤醒醒我们潜在心灵深处的自卑、怯懦、嫉妒等，从而影响情绪。

3. 转移注意力

注意力转移法就是把注意力从引起不良情绪反应的刺激情境转移到其他事物上去或从事其他活动的自我调节方法。当出现情绪不佳的情况时，要把注意力转移到使自己感兴趣的事情上去，如外出散步、看电影、看电视、读书、打球、下棋、找朋友聊天等，这些活动有助于使情绪平静下来，并在活动中寻找到新的快乐。这种方法一方面中止了不良刺激源的作用，防止了不良情绪的泛化和蔓延，另一方面，通过参与新的活动，特别是自己感兴趣的活动，达到了增进积极的情绪体验的目的。

4. 适度宣泄

过分压抑只会使情绪困扰加重，而适度宣泄则可以将不良情绪释放出来，从而使紧张情绪得以缓解、放松。因此，遇有不良情绪时，最简单的办法就是“宣泄”。宣泄一般是在背地里、在知心朋友中进行的。采取的形式或是用过激的言辞抨击、谩骂、抱怨恼怒的对象；或是尽情地向至亲好友倾诉自己认为的不平和委屈等，一旦发泄完毕，心情也就随之平静下来；或是通过体育运动、劳动等方式来尽情发泄；或是到空旷的山林原野，拟订一个假目标大声叫骂，发泄胸中怨气。必须指出，在采取宣泄法来调节自己的不良情绪时，必须增强自制力，不要随便发泄不满或者不愉快的情绪，要采取正确的方式，选择适当的场合和对象，以免引起意想不到的不良后果。

5. 自我安慰法

当一个人遇有不幸或挫折时，为了避免精神上的痛苦或不安，可以找出一种合乎内心需要的理由来说明或辩解。比如，可以为失败找一个冠冕堂皇的理由，用以安慰自己，或是告诉自己所有的东西都是美好的，以此冲淡内心的不安与痛苦。这种方法对于帮助人们在大的挫折面前接受现实、保护自己、避免精神崩溃是很有益处的。比如，对于失恋者来说，想到“失恋总比结婚后再离婚要好得多”，便可减轻因失恋带来的痛苦。因此，当人们遇到情绪问题时，经常用“胜败乃兵家常事”，“塞翁失马，焉知非福”“坏事变好事”等词语来进行自我安慰，就可以摆脱烦恼，缓解矛盾冲突，消除焦虑、抑郁和失望，达到自我激励、总结经验、吸取教训之目的，从而保持情绪的安宁和稳定。

6. 交往调节法

某些不良情绪常常是由人际关系矛盾和人际交往障碍引起的。因此，当我们遇到不顺心、不如意的事，有了烦恼时，能主动地找亲朋好友交往、谈心。比一个人独处胡思乱想、自怨自艾要好得多。在情绪不稳定的时候，找人谈一谈，具有缓和、抚慰、稳定情绪的作用。同时，人际交往还有助于交流思想、沟通情感，增强自己战胜不良情绪的信心和勇气，使自己能更理智地去对待不良情绪。

7. 情绪升华法

升华是改变不为社会所接受的动机、欲望，使之符合社会规范和时代要求，是对消极情绪的一种高水平的宣泄，是将消极情感引导到对人、对己、对社会都有利的方向去。例如，一位同学因失恋而痛苦万分，但他没有因此而消沉，而是把注意力转移到学习中，立志做生活的强者，证明自己的能力。

在上述方法都失效的情况下，我们仍不要灰心。在有条件的情况下，可以找心理医生进行咨询、倾诉，在心理医生的指导、帮助下克服不良情绪。

二、大学生健康情绪的培养

情绪管理，首先，要了解自己的情绪，而了解自己的情绪首先要愿意观察自己的情绪。其次，要愿意诚实地面对自己的情绪。最后，要给自己时间和空间，观察自己，问自己四个问题：现在是什么情绪状态？假如是不良的情绪，原因是什么？这种情绪有什么消极后果？应该如何控制？

心灵故事：

换个角度看人生

有一少妇投河自尽，被正在河中划船的船夫救起。船夫问：“你年纪轻轻，为何自寻短见？”“我结婚才两年，丈夫就抛弃了我，接着孩子又病死了。您说我活着还有什么意思？”船夫听了，想了一会儿，说：“两年前，你是怎样过日子的？”少妇说：“那时的我自由自在，没有任何烦恼……”“那时你有丈夫和孩子吗？”“没有。”“那么你不过是被命运之船送回到两年前去了。现在你又自由自在，没有任何烦恼了，你还有什么想不开的？请上岸去吧……”话音刚落，少妇恍如做了一个梦，她揉了揉眼睛，想了想，心中豁然开朗便上岸走了。从此，她没有再寻短见。她从另一个角度看到了希望的曙光。记得有位哲人曾说："我们的痛苦不是问题本身带来的，而是我们对这些问题的看法而产生的。"这句话很经典，它引导我们学会解脱，而解脱的最好方式是面对不同的情况，用不同的思路去多角度地分析问题。因为事物都是多面性的，视角不同，所得的结果就不同。换个视角看人生，你就会从容坦然地面对生活。当痛苦向你袭来的时候，不要悲观气馁，要寻找痛苦的原因、教训及战胜痛苦的方法，勇敢地面对这多舛的人生。换个视角看人生，你就不会为战场失败、商场失手、情场失意而颓废，也不会为名利加身、赞誉四起而得意忘形。换个视角看人生，是一种突破、一种解脱、一种超越、一种高层次的淡泊宁静，从而获得自由自在的乐趣。换一个视角看待世界，世界无限宽大；换一种立场对待人事，人事无不畅通。当你生活中失意的时候，请换个角度看生活，你的心境就会坦荡一些。当你人生中受到挫折的时候，请换个角度看人生，你的前面就会闪现希望的光芒。当你事业中取得成就的时候，请换个角度看成功，你就不会因为成绩而迷失了前进的方向。经常变换角度，人生会更加丰富多彩。

（资料来源：曹金洪．生命需要赞美［M］．北方妇女儿童出版社，2010）

（一）迅速调整情绪的心理学

1. 韦奇定律——不要让闲话动摇了你的意志

即使你已经有了自己的看法，但如果有十位朋友的看法和你相反，你就很难不动摇。这种现象被称为"韦奇定律"。它是由美国洛杉矶加州大学经济学家伊渥·韦奇提出的。

韦奇定律有以下观点：（1）一个人能够拥有自己的主见是一件极其重要的事情；（2）确认你的主见是正确的并且不是固执的；（3）未听之时不应有成见，既听之后不可无主见；（4）不怕众说纷纭，只怕莫衷一是。

不要让闲话动摇了你的信念。一旦确立了自己的目标，就要一直走下去，如果自己觉得那就是自己想要的，就不要在乎别人的看法，努力达成自己的人生目标。

2. 巴纳姆效应

认识自己，心理学上叫自我知觉，是个人了解自己的过程。在这个过程中，人更容易受到来自外界信息的暗示，从而出现自我知觉的偏差，即所谓"从众"。

要避免巴纳姆效应，客观真实地认识自己，有以下几种途径：（1）勇敢地面对自己。学会正确看待自己的优缺点，不掩耳盗铃，也不自欺欺人，切莫以己之短比人之长，或以己之长比人之短。认识了解自己，从容面对自己的一切。不要觉得自己有"缺陷"就要把"缺陷"用某种方式掩盖起来，这样做只是自己骗了自己。（2）培养一种收集信息的能力和敏锐的判断力。判断力是一种在收集信息的基础上进行决策的能力，信息对于判断的支持作用不容忽视，没有收集相当数量的信息，很难做出明智的决断。没有人天生就拥有明智和审慎的判断力，所以需要我们主动去培养自己这种能力。（3）以人为镜，通过与自己身边的人在各方面的比较来认识自己。在比较的时候，对象的选择至关重要。要根据自己的实际情况，选择条件相当的人来进行比较，找出自己在群体中的合适位置，这样认识自己才会相对客观。（4）要善于总结。通过对重大事件，特别是重大的成功和失败认识自己。重大事件中获得的经验和教训可以提供了解自己的个性、能力的信息，从中发现自己的长处和不足。越是在成功的巅峰和失败的低谷，越容易暴露自己的真实性格。

3. 杜根定律——自信比什么都重要

D. 杜根是美国橄榄球联合会前主席，他曾经提出这样一个说法：强者未必是胜利者，而胜利迟早都属于有信心的人。换句话说，你若仅仅接受最好的，你最后得到的常常也就是最好的，只要你有自信。这就是心理学上的“杜根定律”。

在体育竞技中，自古希腊以来，人们一直试图达到4分钟跑完1英里的目标。人们为了达到这个目标，曾让狮子追赶奔跑者，也曾喝过真正的虎奶，但是没人能实现这一目标，于是，许多医生、教练员和运动员断言：使人在4分钟内跑完1英里的路程，那是绝不可能的。因为，我们的骨骼结构不对头，肺活量不够，风的阻力又太大。理由实在很多很多，然而，有一个人首先开创了用4分钟跑完1英里的纪录，这个人就是罗杰·班尼斯特。更令人惊叹的是，在此之后的一年，又有300名运动员在4分钟内跑完了1英里。他们相信自己，因为他们知道，既然罗杰能做到，他们也能做得到。如果没有自信他们不可能创造奇迹。

美国哈佛大学进行了一次调查，一个人胜任一件事，有85%取决于他的态度，15%取决于他的智力。如果他自信，事情肯定会办好。所以一个人的成败取决于他是否自信，假如这个人是自卑的，那么自卑就会扼杀他的聪明才智，消磨他的意志。

（二）正确看待人生和社会，保持达观态度

首先要学会合情合理地提出自己的需要和愿望，要不断提高对自己需要的合理性的认识，懂得自己的愿望和需要必须符合社会的政治、经济、物质变化发展的要求和道德准则。这样就不会由于个人的希望和愿望得不到满足而产生消极的情绪了。其次要充实自己的精神生活，树立远大的理想，追求崇高的思想、高尚的情操、宽阔的胸怀。这样的人，对细微得失、个人恩怨乃至鸡毛蒜皮的小事不会看得那么重，也不会为生活和工作中的阻力和障碍所压倒。当一个人致力献身于社会、献身于人民的事业的时候，他将为自己能对社会和人民尽到一份责任、贡献一分力量而感到满足和欣慰，这种精神上的满足才是快乐真正不竭的源泉。

（三）学习别人健康的情绪反应

健康的情绪反应是学习的结果。如何控制自己的情绪？怎样表达自己的情绪？这些都是个人在后天生活中经过学习才能掌握的。例如，小孩动辄便号啕大哭，后来他发现这种表现方式不受别人欢迎，于是渐渐从别人那儿学会了克制。

大学生常常把情绪稳定、积极乐观的人作为自己的学习榜样。他们观摩榜样在各种情景下的情绪表现，学习表达情感的方式和情绪自我调节的方法。经验表明，请那些饱经风霜的成年人，向大学生讲述自己同命运搏斗的经历，会使大学生受到感染和启迪。同样，大学生与遭遇跟自己相同，但精神境界比自己高的同龄人交往，会使他们受到激励和鼓舞。先进青年的感人事迹，更给大学生的情绪发展以深刻的影响。他们对人生的积极看法，对困难的乐观主义态度，对自己的信心，是激励青年奋发向上、积极进取、永不懈怠的巨大力量。

（四）让各种情绪获得适当表现的机会

情绪活动是人的精神生活的重要方面，每个正常人都会有喜、怒、忧、惧等情绪，这是十分自然的现象，当人们产生某种情绪时，就不应该人为地加以禁抑，而应该让它有适当的表现。

强行压抑情绪的外露，硬要做到“喜怒不形于色”，把自己弄得表情呆板，情绪漠然，这不是情绪的成熟，而是情绪的退化，也不是正常人所应当有的情绪，而是一种病态表现。另外，强行压抑情绪，还会给人们的生理健康带来很大的危害。人们常说的“控制情绪”，实际上仅仅是一种外部表情的控制。情绪活动给人带来的一系列内在的生理变化，谁也控制不了。那些表面上看来似乎控制住了情绪的人，实际上却使情绪更多地转入体内，任何不良情绪，一旦产生，就一定会寻找发泄的地方，当它在外部受到压制，不能自由地表现出来，便转移到内脏器官去活动，在体内寻找发泄的地方，从而更加危害自己。

（五）广交朋友和参加有益的活动

生活不总是一帆风顺和万事如意的。解决生活矛盾和自身冲突的最好途径，就是有地方去诉说，有人聆听你的倾诉。那种人际交流中的相互感染和同情，是调节自身情绪、导致良好适应的必要支持。来自朋友、亲人的慰藉、劝导和帮助会使人头脑清醒，可以帮助人从自身情绪的困境中走出来。

大学生的校园生活应该是美好的、丰富多彩的，除了日常学习和体育活动外，还应该培养广泛的兴趣和爱好，如音乐、舞蹈、绘画、写作、书法等。大学生在各自的特定的活动领域中更易于相互理解，在各种有益活动的尝试中选择自己科学的人生道路，对生活有所享受、有所作为，思想感情就有所寄托，情绪健康就能有所保证。

第三节　心理辅导与训练方案

一、幸福拍手歌——热身阶段

操作：

全体成员站立围成一圈，伴随音乐，在带领者的带领下共同演唱《幸福拍手歌》，要求：配合歌词，大声歌唱，并做出相应的肢体动作。成员带着快乐、幸福的心情与相邻成员微笑、挥手致意，并作简单自我介绍，以促进成员相互熟悉，活跃团体气氛，构建轻松、愉悦的团体环境。

二、感知——感受阶段

活动一："我演你猜"

操作：

（1）准备六张"情绪卡片"，卡片上分别写上"喜、怒、哀、惧、爱、恶（厌恶）"。

（2）让自愿上台的学生随机抽出一张卡片，用表情、动作等非语言信息表达卡片上所写的情绪，不能用言语表达。让台下的同学猜测台上的同学要表达什么情绪。

（3）请出六位同学表演六张"情绪卡片"上所写的内容。

（4）情绪通常有喜、怒、哀、惧、爱、恶六大种类。

（5）同学讨论："情绪有好坏之分吗？为什么？"

（6）学生交流并请代表发言。

活动二：EQ 知多少

操作：

（1）介绍"软糖实验"，引发学生讨论：这个实验说明了什么？

1960 年，著名心理学家瓦尔特·米歇尔（Walter Mische）进行了这一实验。在斯坦福大学附属幼儿园里选择了一群 4 岁的孩子，这些孩子多数为斯坦福大学教职员工及研究生的子女。让这些孩子走进一个大厅，在每一位孩子面前放着一块软糖。测试老师对孩子们说：老师出去一会儿，如果你能坚持到老师回来还没有把自己面前的软糖吃掉，老师就再奖励你一块。如果你没等到老师回来就把软糖吃掉了，你就只能得到你面前的这一块。

在十几分钟的等待中，有些孩子缺乏控制能力，经不住糖的甜蜜诱惑，把糖吃掉了。而有些孩子领会了老师的要求，尽量使自己坚持下来，以得到两块糖。他们用各自的方式使自己坚持下来。有的把头放在手臂上，闭上眼睛，不去看那诱人的软糖；有的自言自语、唱歌、玩弄自己的手脚；有的努力让自己睡着。最后，这些有控制自己能力的小孩如愿以偿，得到了两块软糖。

研究者对接受这次实验的孩子进行长期跟踪调查。中学毕业时的评估结果是，4 岁时能够耐心等待的人在校表现优异，入学考试成绩普遍较好。而那些控制不住自己，提前吃掉软糖的人，则表现相对较差。而进入社会后，那些只得到一块软糖的孩子普遍不如得到两块软糖的孩子取得的成就大。

这项并不神秘的实验，使人们意识到对智力在人生成就方面所起的作用估价有些偏高，而对原本并不陌生的人类情感，在人生成就和生活幸福方面实际上所起的巨大作用估价太低了。正是这项实验研究引发了人们对情感智力研究和教育的重视。

（2）学生讨论并发言。

活动小结：情绪智力，在一个人成功的要素中，情绪智力占了极大的比重。1990 年，美国耶鲁大学的沙洛维和梅耶尔首先提出情绪智力的概念。他们认为，在一个人成功的要素中，智力因素仅占 20%，而非智力因素，其中主要是情绪智力，则占 80%。他们认为情绪智力是个体准确而有效地加工情绪信息以及控制自身和他人情绪的能力。它具体包括以下五种能力：

（1）清楚地认识自己的情绪。

（2）妥善地管理自己的情绪。

（3）激发自己的正面情绪。

（4）认识他人的情绪。

（5）安抚他人的情绪。

三、理解——感想阶段

活动一：镜子活动

操作：

（1）学生两人一组，甲学生做出各种愉快的表情，乙学生作为镜子模仿甲的各种表情。时间为 2 分钟左右。

（2）双方互换角色。

（3）学生围绕刚才的活动讨论分享。

①看到“镜子”的表情，你有什么感受？

②情绪可传染吗？

③在努力做各种愉快表情时，你的情绪有变化吗？

活动二：发现快乐

操作：

（1）请学生回想最近两周令自己开心的事件，在笔记本上列出自己的“快乐清单”，每人至少列出 10 项。

（2）请部分学生读出自己的快乐清单。

（3）把短文《美国年轻人眼里的开心时刻》发给学生，请学生快速阅读，对照自己的“快乐清单”。

（4）小组脑力激荡法：在同学的“快乐清单”及短文的启发下，大家开动脑筋再尽可能多地寻找快乐，每个小组请一位同学做记录，完成小组的快乐清单。

（5）以小组为单位读出小组的快乐清单。

（6）出示一份“情绪宣言”模板，让同学参考写一份符合自己实际的情绪宣言，每天早上（特别是心情不爽时）大声读出。

情绪宣言模板：今天我要学会控制情绪！弱者任思绪控制行为。强者让行为控制思绪。每天醒来，当我被悲伤失败的情绪包围时，我就这样与之抗争：沮丧时，我引吭高歌；悲伤时，我开怀大笑；病痛时，我继续工作；恐惧时，我勇往直前；不安时，我提高嗓音；力不从心时，我回想过去的成功；自轻自负时，我想想自己的目标。

附：美国年轻人眼里的开心时刻

（1）异性一个特别的眼神。

（2）听收音机里播放自己最喜欢的歌曲。

（3）躺在床上静静地聆听窗外的雨声。

（4）发现自己想买的衣服正在降价出售。

（5）被邀请去参加舞会。

（6）在浴缸的泡沫里舒舒服服地洗个澡。

（7）傻笑。

（8）一次愉快的谈话。

（9）有人体贴地为你盖上被子。

（10）在沙滩上晒太阳。

（11）在去年冬天穿过的衣服里发现20美元。

（12）在细雨中奔跑。

（13）开怀大笑。

（14）开了一个绝妙幽默的玩笑。

（15）有很多朋友。

（16）无意中听到别人正在称赞你。

（17）醒来时发现还有几个小时可以睡觉。

（18）自己是团队的一分子。

（19）交新朋友或和老朋友在一起。

（20）与室友彻夜长谈。

（21）甜美的梦。

（22）见到心上人时心头撞鹿的感觉。

（23）赢得一场精彩的棒球或篮球比赛。

（24）朋友送来家里自制的甜饼和苹果派。

（25）看到朋友的微笑，听到他们的笑声。

（26）第一次登台表演，既紧张又快乐的感觉。

（27）偶尔遇见多年不曾谋面的老友，发现彼此都没有改变。

（28）送给朋友一件他一直想要得到的礼物，看着他打开包装时的惊喜表情。仔细琢磨一下，快乐真的就这么简单。只要你用心活着，用心去感受，很多时刻都是你的开心时刻。

活动三：快乐大本营

操作：

（1）学生回忆、归纳让自己快乐的秘密武器。

（2）小组内交流，小组选出一些能有效使自己快乐的秘密武器，存入“快乐大本营”内。

（3）每个小组请一名代表把本组的“快乐大本营”贴出，并介绍本组的秘密武器。

四、整合——感悟阶段

活动一：情绪 ABC

【活动目标】此活动以理性情绪疗法为理论背景，该理论认为，情绪并不是由某一诱发事件本身（A）直接引起的，而是由经历这一事件的个体对事件的解释和评估（B）引起的。对不良情绪调节的核心在于识别不合理的信念，并用合理信念替代不合理信念。此活动通过对给定素材的讨论，让成员明白影响我们情绪的不是事件本身，而是我们对事件的看法，不同的想法会引发不同的情绪。对同一件事情的多角度讨论为后一阶段替身角色的表演做准备。

【活动准备】漫画三幅（或用小品演示），内容是反映不同的人对同一件事会产生截然不同的情绪。

（1）荒岛上的鞋子推销员：两个鞋子推销员到一个荒岛上，发现荒岛上的人都不穿鞋。一个感到非常失望，因为他认为这个岛上的人都不愿穿鞋，要成功推销是没有希望的；另一个感到非常兴奋，因为他认为这个岛上的人还没有鞋子穿，成功推销的希望极大。

（2）玫瑰花：A 的看法是这世界真是太美好了，在这丑陋、有刺的梗上，竟能长出这么美丽的花朵；B 的看法是这世界太悲惨了，一朵漂亮、美丽的花朵，竟然长在有刺的梗上。

（3）半杯水：两个人都十分口渴，当见到有半杯水时，他们产生了不同的情绪反应。A：还好，还有半杯水——满足。B：怎么只剩半杯水了——不满。

【活动步骤】

（1）成员观看三幅漫画并思考：为何对同一件事，不同的人会产生截然不同的情绪？

（2）成员讨论、发言。

（3）主持人小结：情绪 ABC，A——事件、B——想法、C——情绪，我们通常认为“某某事情使我产生了某某情绪”。其实，影响我们情绪的不是事件本身，而是我们对事情的看法。对同一件事，不同的人会有许多不同的想法。即使同一个人在不同的情景下也会对同一件事有不同的想法。想法受到个体的认知模式、所在情景和当时的心境的影响。

（4）练习：请就以下事件，尽可能多地写出你的想法，并以如下方式注明每一种想法下的情绪。

事件：去商场买东西，遇到一个态度恶劣的售货员。

想法 1：____________　　情绪 1：____________

想法 2：____________　　情绪 2：____________

想法 3：____________　　情绪 3：____________

想法 4：____________　　情绪 4：____________

（5）成员分享交流。

（6）主持人举例分析并做总结，如：

想法 1：消费者是上帝，我要去投诉她！　情绪 1：气愤。

想法 2：这种人活该做一辈子售货员。　情绪 2：轻蔑。

想法 3：我太差了，到哪里都不受待见。　情绪 3：自卑、沮丧。

想法 4：她一定是遇到麻烦事，才会把怒气转移到我身上。　情绪 4：同情。

想法 5：或许我说几句好听的话，会让她态度转好。　情绪 5：友善。

活动二：打开“好情绪”的智慧锦囊

（1）获得快乐。

学会感恩——对生活保持感恩，可以让人发自内心地感到快乐。每天早上洗漱的时候，想想有什么值得感恩的事情，晚上睡前问问自己，今天最快乐的事情是什么？应该感谢谁？感谢什么？是一句温暖的问候？是一个鼓励的眼神？还是饭卡忘带了，同学慷慨解囊地请你吃了一顿？

找寻身边可以让你感到快乐的事情——这是一种不需要做出巨大改变，就能大大提高生活质量的做法。如果你知道做什么事情能让自己感到快乐，就尽可能多地去做。比如：你一进图书馆就感觉心里特别平静，那么没课的时候就多泡泡图书馆；如果骑车在校园里溜达让你感觉很爽，天气好的时候就多出去转转吧。

平等对待每个人——除了尊敬老师、关心同学以外，还要尊重宿舍楼的管理员阿姨、打扫楼道的大妈、保安大哥。主动跟他们打招呼，或有机会帮他们做点事情。当你能真正平等地对待身边的每个人，你会感觉心里充满了温暖与爱。

做志愿者工作——参加学校青年志愿者协会的一些活动，去慰问孤寡老人，陪特殊教育学校的残障孩子做游戏，或者去偏远的小学支教。

（2）化解悲伤。

哈佛大学商学院博士、美国著名的生活设计专家马撒·贝克对克对于化解悲伤有如下建议：

躺下来，用毛毯把自己裹起来，这样会产生一种被拥抱的抚慰感。

写下自己的感受。这样可以把自己的悲伤传递出来，以免自己无法承受。

听抒情而伤感、能让你哭出来的音乐，把悲伤发泄出来。如果歌词写得好，你会感到歌手能充满理解和分享你的感受。

最好能和非常了解你而且有爱心的人交谈，并且流泪哭泣。

处理悲伤需要时间。如果你想让自己尽快恢复过来，不妨每天专门留出一个小时来感受悲伤。当一小时结束后，想象自己把伤感的情绪放入一个密封的瓶子里，拧上盖子，将其放入铁柜，然后锁上柜门。如此几次，也许你会发现，悲伤不知何时已经无影无踪了。

或者，你可以选择痛痛快快地玩，把悲伤扔到一边去，比如跳舞、爬山等。

（3）摆脱郁闷。

彻底地放松自己——拉起床帘，确保不会被室友打搅。盘腿坐在床上，背紧贴着墙（这样既可以彻底放松背部，又能保持身体挺直）。闭上眼睛，深深地吸气，慢慢地呼气，放松身体的每个部位，特别要注意放松肩膀。任自己的思绪放松，不用刻意想什么。大约 15 ~ 20 分钟，你就会感觉好多了。注意：保持均匀的呼吸节奏很重要。

展开积极的想象——闭上眼睛想一想那些曾经带给你美好时光的地方，比如你去过玉龙雪山，那就去细细地回想当时的每个情景，天气如何？山顶上的白雪的颜色那么耀眼，你的身体感觉怎样？用想象把你的美好感觉唤醒，你会不知不觉地从郁闷的状态里脱离出来。

肯定自己——在小纸条上面写上肯定自己的话，比如：“每一天我都会变得越来越好。”“超越自己，我能！”“我喜欢自己，我长得很美，人人都爱我！”把纸条放在钱包里，或夹在书里当书签，经常拿出来看一看。

进行有氧运动——跑步、游泳、骑车等活动可以增强人体心脏功能，而且可以消除情绪低落。专家证明，马拉松长跑者通过 90 分钟的长跑，会体验到一种“跑步者的高度兴奋”，所以才会乐此不疲。试一下，当你慢跑到第 5 圈或第 6 圈（学校 400 米的标准跑道）的时候，会找到一种“跑得停不下来”的感觉。那种感觉好极了，跑步之前你可能情绪糟糕，跑完以后，你会感觉自己像换了一个人。

心情好的时候列一个“平时最想做但一直没空做的 10 件事情”的清单，郁闷的时候时间最多，选一件事去做吧。

最后一点，也是最重要的一点：别老把“郁闷”挂在嘴上！

心理测试一：

抑郁自评量表（SDS）

1. 问卷

指导语：请根据你近一周的感觉来进行评分，数字的顺序依次为“1”代表从来没有、“2”代表有时、“3”代表经常、“4”代表持续。

（1）我感到情绪沮丧，郁闷。	1 2 3 4
（2）我感到早晨心情最好。	1 2 3 4
（3）我要哭或想哭。	1 2 3 4
（4）我夜间睡眠不好。	1 2 3 4
（5）我吃饭像平时一样多。	1 2 3 4
（6）我的性功能正常。	1 2 3 4
（7）我感到体重减轻。	1 2 3 4
（8）我为便秘烦恼。	1 2 3 4
（9）我的心跳比平时快。	1 2 3 4
（10）我无故感到疲劳。	1 2 3 4
（11）我的头脑像往常一样清楚。	1 2 3 4
（12）我做事情像平时一样不感到困难。	1 2 3 4
（13）我坐卧不安，难以保持平静。	1 2 3 4
（14）我对未来感到有希望。	1 2 3 4
（15）我比平时更容易激怒。	1 2 3 4
（16）我觉得决定什么事很容易。	1 2 3 4
（17）我感到自己是有用的和不可缺少的人。	1 2 3 4
（18）我的生活很有意义。	1 2 3 4
（19）假若我死了别人会过得更好。	1 2 3 4
（20）我仍旧喜爱自己平时喜爱的东西。	1 2 3 4

2. 计分方法

将20个项目的各个得分相加，即得粗分。标准分等于粗分乘以1.25后的整数部分。总粗分的正常上限为41分，标准总分为53分。抑郁严重度＝各条目累计分/80。

3. 结果解释

0.5以下者为无抑郁；0.5～0.59为轻微至轻度抑郁；0.6～0.69为中至重度；0.7以上为重度抑郁。仅做参考。此评定量表不仅可以帮助诊断是否有抑郁症状，还可以判定抑郁程度的轻重。因此，一方面可以用来作为辅助诊断的工具，另一方面也可以用来观察在治疗过程中抑郁的病情变化，用来作为疗效的判定指标。但是，此评定量表不能用来判断抑郁的性质，所以不是抑郁症的病因及疾病诊断分类用表。因此，测出有抑郁症之后，应该及时到精神科门诊进行详细的检查、诊断及治疗。

心理测试二：

情绪稳定性自测

1. 问卷

指导语：通过下面这个小测验，你可以认识自己的情绪是稳定的，还是容易波动的；你是否有良好的自我情绪控制技能。如果你的情绪比较稳定，那么说明你面对生活具有良好的心态，你能从容地应付生活中的酸甜苦辣；相反，如果你的情绪易于激动，那么你得给自己的情绪健康敲敲警钟，心情变糟时一定提醒自己：坦然面对生活。试一试吧。

（1）你有能力克服各种困难。

A. 是的　　B. 不一定　　C. 不是的

（2）猛兽即使关在铁笼里，你见了也会惴惴不安。

A. 是的　　B. 不一定　　C. 不是的

（3）如果能到一个新环境，你会

A. 把生活安排得和从前不一样　　B. 不确定　　C. 像从前一样

（4）整个一生中，你一直觉得你能达到所预期的目标。

A. 是的　　B. 不一定　　C. 不是的

（5）在小学时你所敬佩的老师，到现在仍然令你敬佩。

A. 是的　　B. 不一定　　C. 不是的

（6）不知为什么，有些人总是回避你或冷淡你。

A. 是的　　B. 不一定　　C. 不是的

（7）你虽善意待人，却常常得不到好报。

A. 是的　　B. 不一定　　C. 不是的

（8）在大街上，你常常避开你所不愿意打招呼的人。

A. 极少如此　　B. 偶然如此　　C. 有时如此

（9）聚精会神地欣赏音乐时，如果有人在旁高谈阔论。

A. 我仍能专心听音乐　　B. 介于 A、C 之间　　C. 不能专心并感到恼怒

（10）不论到什么地方，都能清楚地辨别方向。

A. 是的　　B. 不一定　　C. 不是的

（11）你热爱所学专业和所从事的工作。

A. 是的　　B. 不一定　　C. 不是的

（12）生动的梦境，常常干扰你的睡眠。

A. 经常如此　　B. 偶然如此　　C. 从不如此

（13）季节气候的变化一般不影响你的情绪。

A. 是的　　B. 介于 A、C 之间　　C. 不是的

2. 计分方法

计分表

选项	题号												
	(1)	(2)	(3)	(4)	(5)	(6)	(7)	(8)	(9)	(10)	(11)	(12)	(13)
A	2	0	0	2	2	0	0	2	2	2	2	0	2
B	1	1	1	1	1	1	1	1	1	1	1	1	1
C	0	2	2	0	0	2	2	0	0	0	0	2	0

根据计分表，查明你每题的得分，并求出总分。

3. 结果解释

根据总分的高低，将你的情绪稳定性分为三个水平。

(1) 情绪稳定 (17~26分)

你的情绪稳定，性格成熟，能面对现实。通常能以沉着的态度应付现实中出现的各种问题，行动充满魅力，能振作勇气，有维护团结的精神。有时，也可能由于不能彻底解决生活的一些难题而强自宽解。

(2) 情绪基本稳定 (13~16分)

你的情绪有变化，但不大，能沉着应付现实中出现的一般性问题。然而在大事面前，有时会急躁不安，不免受环境支配。

(3) 情绪激动 (0~12分)

你情绪激动，容易产生烦恼。通常不容易应付生活中所遇到的各种阻挠和挫折，容易受环境支配而心神动摇，不能面对现实，常常急躁不安、身心疲乏，甚至失眠等。要注意控制和调节自己的心境，使自己的情绪保持稳定。

心理测试三：

情绪调节能力自测

1. 问卷

指导语：当狂风暴雨般的情绪向你席卷来的时候，你是怎样应对的呢？你对自己的情绪驾驭得如何呢？你能合理的调节自己的情绪吗？让我们来测试一下吧。

(1) 如果你因为在家里不顺心而带着不愉快的情绪去上学，你会

A. 继续不愉快，并显露出来

B. 把烦恼丢一边，投入学习

C. 继续不愉快，但很少表露

(2) 在电影电视中看到伤心和悲伤的场面时，你会
A. 经常哭或觉得要哭
B. 有时哭或觉得要哭
C. 从不哭
(3) 你正要去上学时，一个朋友打来电话，向你述说烦恼，你将
A. 耐心地听，宁可迟到
B. 在电话中禁不住埋怨道："喂，你知道我得去上学了！"
C. 向她解释你上学要迟到了，不过答应中午打电话给她
(4) 当你与别人发生冲突时，你会
A. 非常生气，久久不能平静
B. 很快地冷静下来，认为应该体谅他人
C. 主动退让，认为多一事不如少一事
(5) 你辛苦干了一天，自己很满意，不料别人却不满意而指责你，你会
A. 不耐烦地听他埋怨，心中满是委屈，但不作声
B. 拂袖而去，认为自己不该受委屈
C. 耐心地听，并在以后找机会解释
(6) 你在学校食堂吃饭，饭菜做得很不合口味，你会
A. 向同学发牢骚，指责食堂人员的工作
B. 默默地吃下去，然后把碗筷搞得乱七八糟
C. 平静地告诉服务员，希望他们改进工作
(7) 在影剧院，你邻座的人吸烟，你很讨厌烟味，你会
A. 很反感，希望其他人向这个人提意见
B. 大叫吸烟是令人讨厌的习惯，并叫别人来干涉
C. 问此人是否知道影剧院不许吸烟，并指给他看"严禁吸烟"的牌子
(8) 一位售货员向你热情地介绍商品，但你都不满意，你会
A. 买一件你并不想买的东西
B. 说一声谢谢，然后离去
C. 直率地说这些产品不好
(9) 当你敬爱的人去世时，你很悲伤，你会
A. 长时间地想念他，难以自拔，以至于影响学习
B. 虽然想念他，但是一段时间后能恢复平静
C. 能很快从悲伤中解脱出来，投入正常的学习
(10) 当你考试失败时，你会
A. 灰心丧气，长时间打不起精神
B. 冷静地从失败中吸取教训，争取进步

C. 认为失败是常有的事情，不必认真对待
(11) 当你在一个漆黑的夜晚一个人行走时，你会
A. 非常害怕，头脑一片空白
B. 有点害怕，设想如何应付突如其来的变化
C. 想象自己是英雄，一点也不害怕
(12) 一位同学成绩与你差不多，甚至还不如你，却得到了老师的奖励，你会
A. 感到不公平，找别人评理
B. 加倍努力，争取更多的机会
C. 认为这件事情不公平，但很少表露
(13) 当你做出一件能够引以为豪的事情，你会
A. 总想找机会向别人一吐为快
B. 尽管很激动，但不向别人透露
C. 只告诉家人和知心朋友
(14) 每次你遇到讨厌的人时，你会
A. 面带微笑与他打招呼
B. 尽量回避与他打招呼
C. 打招呼，但言语和面部表情很难协调起来
(15) 当你在学习中取得成绩时，你会
A. 心情舒畅，认为自己的努力没有白费
B. 心情非常激动，并显著地表露出来
C. 尽管内心很激动，但不表露
2. 计分方法

计分表

选项	题号														
	(1)	(2)	(3)	(4)	(5)	(6)	(7)	(8)	(9)	(10)	(11)	(12)	(13)	(14)	(15)
A	1	1	2	1	2	1	2	2	1	1	1	1	1	3	3
B	3	2	1	3	1	2	1	3	2	3	3	3	2	2	1
C	2	3	3	2	3	3	3	1	3	2	2	2	3	1	2

把你在每道题上所得的分数相加，就得到了总分。
3. 结果解释
根据总分的高低，可以划分为以下三种类型：
(1) 主动调节型（36～45 分）
能够主动地调节自己的情绪，经常保持一种稳定快乐的心态。这类型的人具有

以下特点：①意志坚强，敢于坚持原则；②喜欢独立思考和工作，一旦确定目标，会义无反顾地向前；③具有承受意外打击的能力。由于能够调节自己的情绪，这种人很少与他人交流感情和思想，容易给人留下冷漠和不爱交际的印象。

（2）放任型（26～35分）

对情绪不加约束，将他们坦率自然地表现出来。这种类型的人一般：①易冲动，经常感情用事；②心直口快，喜欢与人交往，常给人留下直率、开朗、活泼的印象；③敢说，敢想，敢干，容易得罪人；④办事容易受情绪影响，经常忽冷忽热；⑤意志力不强，注意对象容易转移。

（3）压制型（15～25分）

过度调节自己的情绪，压制自己的各种激动情绪，如兴奋、愤怒等，忍受各种低落情绪，如忧虑、悲伤、痛苦等。这种类型的人一般：①性格温和，不惹是生非；②人缘好，易于合作；③缺乏原则性，不愿得罪人；④受到不公正待遇时，容易退缩。

心理测试四：

情绪识别能力自我测验

1. 问卷

指导语：本测验一共15道题，每题有A、B、C三个选项，请你在理解题目意思之后，选择最符合你实际情况的一个选项。

（1）当你烦躁不安时，你知道是什么事情引起的吗？

A. 很少知道　　B. 基本知道　　C. 有时知道

（2）当有人突然出现在你身后时，你的反应是：

A. 感受到强烈的惊吓　　B. 很少感受到惊吓　　C. 有时感受到惊吓

（3）当你完成一项工作或学习任务时，你感到轻松愉快吗？

A. 没什么特别的感觉　　B. 经常有这种体验　　C. 有时有这种体验

（4）当你与他人发生口角或关系紧张时，你是否体验到自己的不快呢？

A. 能够　　B. 不能够　　C. 说不清楚

（5）当你专心致志地从事某项活动时，你知道这是你的兴趣所致吗？

A. 知道　　B. 不知道　　C. 很少知道

（6）在你的生活中，你遇到过令你非常讨厌的人吗？

A. 遇到过　　B. 没遇到过　　C. 说不清楚

（7）当你与家人或亲朋好友在一起的时候，你感到幸福和快乐吗？

A. 感觉不到　　B. 说不清楚　　C. 是的

(8) 如果别人有意为难你，你感觉如何？

A. 没什么感觉　　B. 觉得不舒服　　C. 感到气愤

(9) 假如你排队买东西等了很长时间，有人插到你前面，你感觉如何？

A. 感到很愤怒　　B. 觉得舒服　　C. 没什么感觉

(10) 假如有人用刀子威胁你把所有的钱交出来，你会感到害怕吗？

A. 不害怕　　B. 害怕　　C. 也许害怕

(11) 当别人赞扬你时，你会感到愉快吗？

A. 说不清楚　　B. 愉快　　C. 不愉快

(12) 你遇到过特别令你佩服和尊敬的人吗？

A. 遇到过　　B. 说不清楚　　C. 没有遇到过

(13) 假如你错怪了他人，事后你感到内疚吗？

A. 不知道　　B. 后悔　　C. 不后悔

(14) 假如你认识的一个人低级庸俗，但却好为人师，你是否会瞧不起他？

A. 不知道　　B. 是的　　C. 不会

(15) 假如你不得不与你深爱的朋友分手，你会感到痛苦吗？

A. 说不清楚　　B. 肯定会　　C. 不会

2. 计分方法

计分表

选项	题号														
	(1)	(2)	(3)	(4)	(5)	(6)	(7)	(8)	(9)	(10)	(11)	(12)	(13)	(14)	(15)
A	1	3	1	3	3	3	3	3	3	1	2	3	2	2	2
B	3	1	3	1	1	2	2	1	1	3	3	2	3	3	3
C	2	2	2	2	2	1	1	2	2	2	1	1	1	1	1

根据计分表，查明你每题的得分，并求出总分。

3. 结果解释

根据总分的高低，将人们认识自己情绪的能力分为下面三个水平：

A 敏感型（36～45 分）

这一水平的特征是能够准确、细致地识别自己的情绪，并能认识到情绪发生的原因。这种能力如果运用得当，就能够培养出积极的人生观，有利于发展完善的人格。然而，如果运用不当，也可能会出现以下几种情况：①悲观绝望型：被动地接受各种消极情绪，典型者将发展为抑郁症；②乐天知命型：整天乐呵呵的，对各种情绪采取轻描淡写的态度；③沉溺型：被卷入自己的情绪狂潮中，无力自拔。

B 适中型（26 ~ 35 分）

这一水平的特征是能够识别自己情绪的冲动，能够区分基本的情绪，但不能区分一些性质相似的情绪。例如，不能区分“愤怒”“悲伤”“嫉妒”等不同的情绪，只是体验为“难受”。导致情绪区分模糊的原因主要有三种：一是体验情绪的强度不够；二是不能准确地识别引发情绪的原因；三是掌握情绪词汇的数量太少。

C 麻木型（15 ~ 25 分）

这一水平的特征是很少感受到情绪冲动，对喜、怒、哀、乐等基本情绪缺乏明确的区分。这种类型的人通常表现为冷漠无情，不能与他人进行正常的情感交流，是一种病态的症状。建议去找心理医生咨询一下。

推荐阅读：《破解情绪密码》

约翰·辛德勒（John A. Schindler）是美国著名的心理咨询大师，是“情绪健康”理念的倡导者。《破解情绪密码》是辛德勒博士临床咨询与研究的结晶，书中没有太多枯燥艰涩的术语或图表，却提供了发生在现实中的大量真实案例，是一本具有经典意义的心理自助读本。本书告诉我们，情绪控制方法在改变人们生活中具有神奇作用，只要你具备一种情绪平衡的能力，你就可以获得幸福和快乐。

推荐电影：《头脑特工队》

影片讲述了小女孩莱莉的父亲因为工作原因举家搬迁到旧金山，莱莉只得和熟悉的中西部生活说再见。和所有人一致，莱莉也是被五种情绪共同支配——快乐、恐惧、愤怒、厌恶和悲伤。这五种情绪居住在莱莉脑海里的控制中心，在那里它们可以通过适当调配来指导莱莉的日常生活。然而搬来旧金山，全新的环境与生活都需要莱莉适应，混乱渐渐在控制中心里滋生。虽然快乐是莱莉最主要也最重要的情绪尝试着解决纷争，但如何才能更好地适应新城市、新家与新学校还是让情绪产生了冲突。因为爸爸的工作变动而搬到旧金山，她的生活被这五种情绪所掌控，尽展脑内情绪的缤纷世界。

第六章　建立和谐人际关系

本章导语

有一个人问上帝，他想知道到底天堂和地狱是什么样子，于是上帝就说先带他去看地狱，带他来到一间房间，里面有一个长条形的桌子，桌上摆满了各种很香的食物，桌子上面坐满了人，每个人都面黄肌瘦，非常的饥饿，他们每人有一双很长很长的筷子，他们把夹起的菜尽力想喂到自己的嘴里，可是由于筷子太长，没有一个人能把菜喂到嘴里，所以这个房间所有的人都是非常痛苦的样子，看着好吃的菜，却吃不到！于是这个人就和上帝说："太残忍了吧，那带我去天堂看看吧！"上帝说："好啊，其实天堂就在地狱的隔壁！"于是他们来到隔壁的房间，看到的是同样的长条桌子，同样很好吃的菜，同样的每人拿了一双不可能喂到自己嘴里的筷子，不同的是他们都非常的开心！因为他们都把自己夹起的菜喂到了别人的嘴里，所以大家都吃到了美味，而且人与人之间也非常的开心！

故事并不复杂，但却蕴涵着深刻的哲理。交往是人类社会活动的基本形式之一。人离开了社会是不能独立存在的，生活在一个社会群体之中的个体，总会同社会广泛接触，同他人建立各种各样的联系，发生相互作用，产生人际交往。从心理学角度说，善于交往，人类结出了美丽的思维花朵，闪烁出丰富的情感火花，练就了钢铁般的意志品质，形成了千姿百态、五彩斑斓的性格特征；通过交往，人们实现了身心发展的要求，学习了生活和生产的知识技能，受到了文化的熏陶，逐渐形成了与社会生活相符合的生活方式。尤其在现代社会中，没有交往，简直无异于没有生活。

［**本章问题**］

（1）我们为什么要与人交往？

（2）是什么影响着我们的人际交往？

（3）怎样做一个良好的沟通者？

第一节 理论导读

一、人际交往的概念与意义

人际交往就是指人与人之间的信息沟通。它是一个人超越自身，与他人建立联系，并通过这种联系丰富和扩展自身的主要途径。

人一生的成长、发展、成功、幸福，是与他人的交往密切联系的；人一生的烦恼、悲伤、爱与恨，也同样是同别人的交往分不开的。一个人无论是享受人情的温暖，还是饱经人际冲突的茫然痛苦，他都不会怀疑，人不能没有别人，不能离开交往。人与人之间的交往及由此建立起来的人际关系，是生活的基础。就个体而言，正常的人际交往和良好的人际关系是其心理正常发展、个性保持健康和生活具有幸福感的必要前提。

（一）交往与个体的社会化发展

每个个体坠地之初只是个懵懂的小生物，他们在不断地与周围环境和成人的接触过程中，各种心理功能才得以形成和发展。最初是母婴交往，之后是同家庭成员交往，再后是在幼儿园、小学、中学阶段的数十年中，在同老师、同伴以及其他各种社会成员的交往中积累社会经验，学到了社会生活中所必需的知识、技能、态度、伦理道德规范等，逐步摆脱了以自我为中心的倾向，意识到集体和社会的存在，意识到了自我在社会中的地位和责任，学会了与人平等相处和竞争，养成了遵纪守法的习惯，从而自立于社会，取得社会认可，成为一个成熟的社会化的人。因此，人际交往是个人从自然人向社会人转化的必经之路。

（二）交往与心理健康

交往活动伴随人的一生，是人的基本需要之一。对于正常人来说，每个人都有得到尊敬、信任、认可等需要，人际交往就是个体或群体彼此寻求满足这种需要的状态。心理学研究发现，如果一个人长期缺乏与别人的积极交往，缺乏稳定的良好人际关系，那么这个人往往会有明显的性格缺陷。在对大学生的调查中发现，大学生与宿舍、同班或同伴之间的交往状况，往往对大学生心理有很大的影响。那些生活在没有形成友好、合作、融洽的人际关系氛围的宿舍里的大学生，常常感到压抑、过分敏感、自我防御，并且难以合作，情感满意度低。而生活在同伙关系融洽的团体中的学生们，往往心情愉快，注重学习和成就，彼此互相学习，互相帮助，对大学生活满意度高。

另外，心理学家还从不同的角度做过大量的研究，结果都证明，健康的个性总是与良好的人际交往相伴随的。心理健康水平高的人，往往是那些个性成熟的人，他们往往能较好地理解别人，对别人表示同情，能容忍别人的不足和缺陷，具有给别人以温暖、关怀和爱的能力。可见，交往与心理健康二者是相互作用，互为一体的。

（三）交往与人际关系的协调

人际交往总是在一定的群体中进行的，任何一个社会群体，为了实现群体成员的共同目标，都必须在共同的价值标准和行为规范约束下协调成员之间的行为，这就使得个体成员之间必须建立相互接触，在接触中彼此沟通信息，相互了解，产生相互影响作用，处理好彼此之间的利益关系和矛盾冲突。如果人与人之间没有交往或交往太少，就缺乏彼此之间的理解，就难免因不同的观点、看法、态度、个性或生活琐事等产生分歧摩擦，从而造成烦恼痛苦，影响正常的学习和生活。只有在交往中，人们才能不断地学习，不断地成熟，不断地调整自己，不断地协调与他人的关系，使自己与周围环境融洽，使自己在良好的人际关系状态下，提高生活学习效率。

（四）交往与个体的自我认识

人对自己的认识总是以他人为镜，通过与别人的比较，通过他人对自己的反应和评价，发现自己的优点和缺点，找到自己恰当的社会位置。离开一定的人际交往，就无法搞清楚自己真实的情况。因此，有必要多方位、多层次与更多的人交往，以便恰当认识自己，根据自身的情况，设计、发展、完善自己。

（五）良好交往与事业成功

人类得以生存发展的一个主要条件是人与人之间能够通过交往，建立各种关系，相互分工合作，相互依存，协调一致，实现共同的目标。同样，一个人在事业的奋斗中，绝不会是一帆风顺的，会遇到各种困难，也需要他人的支持与通力合作。卡耐基就认为，一个人的成功，只有15%是由于他的专业技术，而85%则是靠人际关系和做人处世的能力。由此可见，人际交往对一个人事业的发展有重要的影响作用。

（六）交往与幸福

在日常生活中，好多人认为，人的幸福是建立在金钱、成功、名誉和地位基础上的。20世纪80年代心理学通过研究发现一个现象：从20世纪30年代开始，人们的金钱收入一直呈上升趋势，但对生活感到幸福的人们比例并没有增加，而是稳定在原来的水平上。这说明，金钱并不能简单地决定人的幸福。

1977年，心理学家克林格（E. Klinger）做了一个广泛的调查，结果发现，良好的人际关系对于生活的幸福具有非常重要性的意义。当人们被问到“什么使你的生活富有意义”的时候，几乎所有的人都回答，亲密的人际关系是最首要的。这些被调查者认为，如果与别人有良好的深刻的情感联系，生活就有安全感和满足感，反之则会感到生活平淡无味。他们认为，人际关系的重要性远远超过了成功、名誉和地位，甚至超过了西方人最为看重的宗教信仰。

人际交往对一个人如此重要，那么是不是交往越多越好，人际关系越丰富越好？不是的。当人们感到孤独，感到缺乏情感依赖和理解，感到没有足够的人际关系支持时，会为人际交往的缺少而烦恼。而当人们感到交往过多，必须应酬各种关系，而难以把精力集中在自己所要做的事情上时就会为交往的过多和人际关系的复杂而无奈。这是为什么呢？

其实，人身上往往存在着两种截然不同，彼此独立的需要。一方面，人需要获得明确的自我价值感和安全感，需要同社会比较，同别人共处并维持稳定的关系。另一方面，人也需要内省，有无拘无束，自由表现自己的机会，需要独处而远离别人。我们知道，在人际交往中，无论多么亲密的关系，哪怕是夫妻之间，父母与孩子之间，多多少少总会发生些摩擦和矛盾，这些矛盾往往会对个体产生一种评价压力，这种压力就意味着某种限制。社会交往情境越正式，人受到的限制就越大。这是因为社会的伦理和规范等使人们往往对某一角色产生社会期望。因此，我们在与别人相处时，尽可能地塑造一个从他人、从自己和从一般社会评价的角度来说都可以接受的形象。这样，在交往情境中，我们必须将注意力或多或少地投向别人，要顾及别人的面子，留心别人的反应，很难潜心于体味自己的经验和反省自己的内部状态，不能很好地自我评价，缺少应有的自知。

新的社会心理学研究证明，过多或过少的交往都会造成人的焦虑情绪。这是因为，人的机体作为一个信息加工的综合需要体系，不仅需要使自己接受的刺激总量保持最佳水准，也需要保持各种刺激量的匹配和平衡（D. E. Berlyne，1960）。刺激总量的过多或过少，或者某种刺激的过多或过少，都会引起机体的调整反应（M. Patterson，1976）。那么，对于交往性刺激，人也要保持一个平衡。交往过少，机体会促使人去增加交往；而交往过多，则使人逃避。

例如，被困在孤岛或迷失在大森林、沙漠中的人，多月不见人，他们是多么渴望与人相逢啊！相反，过多的与人接触会产生同样的消极反应。社会心理学家奥特曼（I. Altman）曾做过这样的实验，他把自愿参加实验的被试成对地关在一起 8 天，结果发现，在实验的前 4 天，参加实验的被试每天用 50% 的醒着的时间与同伴交流沟通。而在实验的后 4 天，这个比例降为 25%。随着时间的推移，人们对同伴的兴趣越来越下降，注意也越来越退回到自己的心理世界。在另一个实验中，5 名被试在一起生活了 12 个星期，结果随时间的推移，被试越来越不想说话，后来竟视而不见，一言不发，充满了沉闷的气氛。可见，过多的社会接触，常常会导致破坏性后果。

二、人际交往的社会心理基础

我们知道，交往是人的最基本的需要之一，那么通过交往，我们到底要获得什么？根据马斯洛的需要层次理论，人在满足了基本生理的需要之后，所面临的内在需要就是

“安全”“认同”以及为达到“认同”而不断地进行自我超越。归结起来，人们交往就是为了满足安全感的需要、满足确立自我价值的需要，满足超越自我的需要。

（一）安全感的需要

人要获得安全感，必须同时满足两种安全感的需要，即生物安全感和社会安全感。

1. 生物安全感

人作为一个有机体，首先必须是获得基本的生存。因此，人都需要自己所处的情境能够为其提供充分的安全感，而与人交往，是获得安全感的最为有效的途径。当人面临危险困境而感到恐惧时，与别人在一起，可以有效地减少人们的恐惧感。心理学家沙赫特（S. Schachter，1959）做过一个著名实验。他用实验的方法激起人们的恐惧感，然后观察人们的交往倾向。结果发现，与没有作任何实验控制的对照组的被试相比，安全受到威胁的被试，交往的需要倾向明显增加。他们宁可放弃实验提供给他们的独自一人享受的优越条件，也要同别人在一起。

心理学家对各种威胁人类安全感的情况做过广泛研究，结果发现，无论在什么场合，当一个人对自己所处的环境不能把握，从而使安全感得不到确定时，人们需要别人或与别人交往的动机明显增加。有人研究过战场上与部队失散了的士兵的心理，发现最令这些掉队的士兵恐惧的不是战场上的炮火，而是失去同战友联系的那种无助感。一旦一个掉队的士兵遇到自己的战友，哪怕是完全丧失战斗力的战友，只要他还有一口气，这个掉队士兵也会感到极大的安慰，其独自一个人时的高度恐惧会大大减缓或消失。

2. 社会安全感

当人们的生物性安全需要受到威胁时，人会产生恐惧。同样，当一个人置身于一个自己无法把握或控制的社会情境中时，人也同样会缺乏安全感。例如，当一个人到了某一个自己完全陌生的地方或环境时，往往会产生恐惧或焦虑，产生高度的自我防御，说话处事非常小心谨慎，这时人就迫切需要交往，需要同别人建立可靠的人际关系。

（二）自我价值感确立的需要

自我价值感（feeling of self-worth）是指个体在与他所处的环境进行比较、分析、评价、判断过程中而获得一种自我肯定、自我满足、自信、自尊的态度。在生活中，一个人如果没有自我价值感，就会感到自己活的没有意义，会产生自卑、自贬甚至是自暴自弃，严重者会走向自绝的道路。而且人的自我价值感得到确立，就会感到生活富有意义。人们总是不断地追求自我价值感，而在这个追求过程中，必须不断地通过与别人进行交往，获得信息，才能使自己相信自己是有价值的。如果一个人长期不与别人交往，也就是说他的社会比较被剥夺，那他就会因缺乏自我状况的社会反馈信息，从而使自己产生自我价值感危机。这种危机就驱使个体去进行人际交往，对自己及周围的环境去了解，把自己置于别人当中去比较从而明确了解自己，把握自己，并获得自我价值的确立。

（三）自我的超越

从前面的讨论中可以知道，人总是在与他人进行比较中来确立自己的价值，从而使自己适应环境和社会。一旦适应了，人就倾向于关注与维持既有的状态，而较难将自己投注于发展。心理学家德雷耶（A. S. Dreyer）曾在20世纪50年代做过一个手眼协调操作实验研究，研究者先告诉被试并使他相信自己比A优秀，与B同等，比C低劣，然后让被试有机会自由地进行操作练习，并把自己的成绩与他人的成绩进行比较。结果发现，被试在与B进行比较时，最具有挑战热情；与A比较时，继续努力的动力最低；而与C相比时，努力程度处于中间位置。这个实验结果说明，人在相互竞争的状况下最有行动的热情，对于已经出现的差距，人们并不倾注很高的热情，特别是在确信自己已超越别人之后，进取的动机水平更低。

因此，从发展角度来看，一个人要想使自己有更大的成功，有更好的发展，必须与别人进行交往，进行比较，使自身有更广阔的社会比较机会，使自己的潜能有更充分的发挥。

心理实验室：

角色效应——每个人都是演员

在实际生活中，每个人真的都在扮演着自己的角色，日本心理学家长岛真夫等人做了一个实验，他们选择了某学校小学五年级的一个班作为实验对象，这个班一共有47名学生，实验者在这个班里挑选了地位比较低的8个学生为班干部，并适当地指导他们完成工作任务。一个学期之后，实验者发现这8个人在班里的地位有了明显的提升，其中6个人在第二学期班级委员选举中顺利连任。此外，他们也发现这6名新班干部的性格有了显著的变化，比如明显开朗活泼了，自信心和自尊心也比之前强了很多，另外活动能力、组织能力和责任心都有所提高。从对全部47名学生的整体统计来看，那些原本不爱参加集体活动的孤僻学生人数减少了，整个班的风气更加积极向上了。

到底是什么改变了这些学生的性格和精神风貌呢？在班里原本地位比较低的那6名学生因为被赋予了新的角色“班干部”，从而自觉或不自觉地开始用班干部的标准来要求自己，最终通过不断的努力使自己成为一名具有班干部能力的学生。这就是心理学上所说的“角色效应”。

心理学家普遍这样定义角色效应：在现实生活中，人们往往以不同的社会角色工作和生活，而角色改变又会导致人们心理或行为方面的变化。

（资料来源：笔者自编）

三、人际交往的心理效应

人际交往中，对交往对象的认知、态度、情感等会直接影响到交往能否进行以及进行的程度。社会心理学的研究发现，人际知觉中的习惯性错误是经常存在的。对于大学生这一群体来说，这一问题最常见且最突出。这是由青年期交往的特点所决定的。在青年期，自我意识迅速增强，主动交往的积极性增强，但其社会阅历有限，对社会了解接触有限，加之心理上不成熟，因而人际交往中常常带有理想化的主观的特点，由于理想化和主观的成分往往与现实不符，所以常常造成青年学生的人际问题。

（一）首因效应

首因效应即我们日常生活中所说的第一印象，在社会心理学中，首因效应指的是在社会认知过程中，最先的印象对人的认知有极其重要的影响。如某人在初次会面时给人留下良好或不好的印象，这种印象就会在很长一段时间内影响人们对他以后的一系列心理与行为特征的解释。由于首因效应的存在，使人们对他人的社会认知往往表现出这样的倾向，即当人们刚刚获取了有关他人的少量信息，就力图对他人的另外一些特征进行推理、判断，以期形成有关他人的统一、一致的印象。例如，初次看到某人谈吐优雅，待人礼貌，形成一个好印象，在日后的交往中，往往不会想到他在其他场合会有行为粗鲁、蛮横的表现。在首因效应中，人们往往根据第一印象来推断他人的其他特征，而且还力图使后来所得到的信息能与第一印象所吻合，并以此证实自己的判断，这样就往往会使我们的判断屈从于第一印象，偏执一端，造成对人的认识的偏差和错误。因此，在与人交往中，应尽量减少首因效应对自己的影响。同时，也应利用第一印象效应，在与人打交道中，加强自己个性表现力，给人良好印象，为以后交往打下成功的基础。

（二）光环效应

光环效应又称晕轮效应，它是指根据某人身上一种或几种特征来推论概括该人其他一些未曾了解的特征，这就像刮风天气之前晚间月亮周围的大圆环（即月晕或称晕轮）是月亮光的扩大化或泛化一样，故称之为晕轮效应。

晕轮效应实际上就是个人主观推断的泛化、扩张和定型的结果。例如，看到某人热情，便认为此人慷慨、聪明、有同情心，能力强；看到某人话少，就认为此人冷漠、有心计。在对人的认知中，由于光环效应，一个人的优点或缺点特别容易被夸大或遮挡，使人难以看清真相，这是一种明显地从已知推及未知，由片面看全面的认知现象，导致对他人的形象歪曲和不正确评价以及对他人的过高或过低的期望。

（三）刻板印象

刻板印象表现为把交往对象机械地归入某一类群体中，并把对该类群体的习惯化概括强加到交往对象身上。例如，商人过于精明，不可靠；知识分子文质彬彬，等等。这些刻板印象主要是依赖自己过去的经验产生的，它会对人们的社会认识产生积极和消极两方面的影响，从积极方面看，刻板印象本身包含了一定的合理的、真实的成分，或多或少反映了认知对象的若干实际状况。因此，刻板印象有助于简化人们的认识过程。从消极方面来看，由于刻板印象一经形成便具有较高的稳定性，很难随现实的变化而变化，在对人们的认知中，易导致成见或偏见。因此，在与人交往中，应把交往对象看成一个独特的人，对他具体观察，在实际交往中去发现、认识和理解一个人，弱化刻板印象。

（四）投射效应

投射效应是指把自己所具有的某些特质强加到他人身上的心理倾向，如心地善良的人会认为别人也和自己一样善良；一个经常算计别人的人会觉得别人也在算计他。结果往往对他人的情感、意向、观念等做出错误的判断，造成了彼此间的误会、矛盾。

投射效应的表现有各种各样，如情感投射的表现形式，即以为别人与自己的好恶相同。如某同学迷恋足球运动，有另一个同学找他闲聊，他就大谈足球，讲了许多术语，结果别人很扫兴，他自己也觉得索然无味。该同学认为自己喜欢的，别人也一定喜欢，自己懂的，别人也懂，从自己出发来评估别人，忽视了对方与自己的差别。

情感投射表现的另外一种形式是，对自己喜欢的人，越看其优点越多，越觉得喜欢；对自己不喜欢的人，越看其缺点越多，越讨厌对方，因而表现出过度地赞扬和吹捧自己所喜欢者，过分指责甚至伤害自己所不喜欢者，这种美化或丑化对方的倾向，往往使人际认知失去客观性。

还有一种投射称愿望投射，就是把自己主观愿望投射于他人，认为他人也如自己所期望的那样，把希望当成了现实。如某校有一女生，内心爱上一位男生，希望他也爱自己，她把对方在舞场上请她跳舞、平时与她开玩笑等一些言行都看成是对她爱的表现，于是就鼓足勇气向其表白，结果却被婉言拒绝。她非常恼怒，认为对方在戏弄她，实际上，她是把自身的愿望投射于他人。

投射效应造成把主观意向强加于他人，出现对他人的误解，容易造成疑神疑鬼的现象，使自我与非我不分，主观与客观不分，在交往中易出现问题。

应该看到，人际交往中的这类心理现象常常是许多人在不知不觉中产生的，而且多有心理学上的道理，但它们会对人际交往带来不同程度的影响。因此，因势利导，扬长避短，方可使人际交往变得更令人满意。

第二节　提高人际交往能力的方法

提高人际交往能力应首先从交往观念入手，同时注意人际交往的技能和技巧的掌握。

一、培养良好的人际交往观念

（一）良好人际关系的标志

（1）乐于交往，主动交往，具有乐群与喜群的特征；

（2）交往态度积极，能够以尊重、信任、友爱、宽容、理解的态度与他人相处，能够分享、接受、给予别人爱和友谊；

（3）能与大多数人和睦相处，与群体的关系协调，与他人同心协力，合作共事；

（4）有几个知心朋友，彼此能够保持非常亲密、知己的关系；

（5）较少有交往障碍，如交往困难、交往偏差等；

（6）掌握一定的交往技巧。

（二）养成良好交往动机与态度

每个人都希望有一个美好的人际关系，希望能获得更多的朋友。由于人与人之间的关系纷繁复杂，不同的人对别人的要求、期望各不相同，每个人的交往动机与态度也有着巨大的差异，但我们仍然能从最一般的方面总结出一些共性，即正确的态度与动机是真诚喜欢和接纳对方，尊重对方，理解对方，信任对方，既不逢迎对方，也不傲视对方，互相平等相待，乐于相助才是正确的交往态度和动机。

1. 尊重

人都有被人尊重的需要，尊重别人就是要在心理上承认别人的价值、人格和尊严，承认别人的独特性和唯一性，把自己和别人看成是平等的。如果在与他人接触中，试图控制别人、居高临下，在交往中武断，总认为自己是正确的，或者漠视他人的行为，都会造成不尊重对方的局面，使对方的自尊受到伤害，使交往不能顺利进行。人们在价值观、人生观、生活方式、情感特点与行为模式等许多方面往往有很大的差异，所以应该承认这些差异的存在，并视其为合理，这样不但不会随便否定他人的意见或看法，不会把自己的意志观点强加于他人，更易消除一些偏见，这种民主、平等的态度是在和别人相处时要学的很重要的事情。

2. 真诚

真诚的态度有助于交往的有效进行，它和尊重、平等、理解等态度一样，能够给别人提供一个安全和自由的气氛，它之所以非常有效，主要是因为它能使对方无任何戒心地与你交流。不仅如此，人在相互沟通中，总希望所获得的信息是真实、可靠的，说假话的人必定不受人欢迎。人们与虚伪者打交道，难以产生安全感，惯于蒙骗别人的人，一旦给人形成“虚伪者”的印象，自然难与他人发展深入的人际关系。因为，在一种互不诚实的关系中，人们往往把真实的感情埋在心里，与别人交流时缺乏真情，常常是表面应付，这就导致双方关系停滞不前。因此，人们能够分享彼此的真实感情和印象，是有效增进友情的一种重要方式。

3. 理解

真正的理解就是设身处地替别人着想，从别人的角度来看问题，将心比心，真正领会他人的所作所为的原因，知人之所感，感人之所感。虽然我们喜欢那些在人生态度、价值观、个性特征、文化背景等方面和我们相似的人，但我们无法避免，也不可避免要与那些相异者相处或共事。在现实中，人与人之间的关系不和谐，并不完全是因为彼此间的思想分歧，道德水准相差太悬殊造成的，而是由于“不顺眼”“看不惯”“合不来”等小事情造成的。因此，缩短人际距离，疏通沟通渠道，增进相互间有效的沟通和理解是非常必要的。相反，如果一个人遇事只想到自己，只按自己的感情行事，不懂得体恤别人，对别人的喜怒哀乐漠然处之，是难以同他人发展和维护良好关系的。

4. 宽容

“人无完人，金无足赤”，每个人多多少少总会有些大小不等的缺点，如果大家在彼此的相处中总是以自己的主观标准评价事物，评价他人，过多地苛求他人，习惯于挑他人的毛病，抱怨别人，以这种不满的态度与人交往或相处，那会是很不利的，特别容易被人拒绝，遭到别人的非议。现实生活中每个人都会因其遗传、成长环境不同而导致不同的行为习惯，因此大家在相处中应彼此多一些宽容，多一些豁达，多一些气量，能够容得下别人的某些缺陷，尊重别人那些与自己不同的兴趣和生活习惯方式，这样，才会创造一个大家共有的宽松和谐的气氛和融洽的关系。雨果说：“比海洋广阔的是天空，比天空广阔的是人的胸怀”，当然，宽容并不是无原则的忍让，而是一种深厚的同情，深深的理解和包容。

5. 给人以爱

几乎每个人内心深处都渴望爱，因为有了爱就意味着有可以信赖的人在理解、关心、爱护着自己，人才能感到安慰和充实，有了爱才能使人感受到生活的乐趣和意义，因此，爱是人内在的、不可缺少的高级需求。既然爱对于我们每一个人都是如此重要，那么我们为何不去慷慨地爱别人呢？有爱的能力的人，往往对生活充满了希望，对自己充满了信心，他们为人坦诚、虚心、心胸宽广、表里一致，日常生活中常常表现得轻松自如，能坦然地赞赏别人和接受别人，而且观念开放，因此他们内心深处常怀有海洋般深厚的感情，能同情、理解、包容他人。这种爱的力量，不但能给予别人幸福和满足，而且还能唤醒沉睡的自我，激发人们内在的本性，丰富人的感情，净化自己的心地，使人变得美好而善良。爱使人更加相信自己、更加相信别人，爱能使人获得更多的友谊和人间亲情，因此我们提倡每个人都应培养自己爱的能力，多给别人几许温暖，你自己也会在从中获得幸福。

二、提高人际交往的技能

（一）树立自信

自信的人往往容易与人相处，他们往往显得乐观宽容，能客观地评价自己和他人，既顾及他人，也不委屈自己，言谈举止轻松自在，挥洒自如，往往给人的是民主、轻松的感觉，因为自信的人有安全感，所以有力量抵御交往中的挫折。缺乏自信的人往往局促不安、害羞，尤其容易受到感情伤害。他们特别需要得到社会的承认，却又没有这种勇气，因而在社交中表现消极，由于他们需要得到别人的承认，所以对交往中的影响尤为敏感。他们倾向于随大流，极易被说服。他们不敢独自果断地行动，怕这样会有损别人对他们的承认。自信不足的人总是吹毛求疵，贬低别人，从而使自己感觉良好。这种待人接物的态度，往往导致关系紧张，无法与人融洽相处。要树立自信，要充分相信你能控制或改变你的自我形象，虽然别人可能会影响你的自我意识，但你的自我形象完全属于你，不要让别人为你确定标准而使自己陷入不知所措的境地。另外，许多人都有对自己要求过高的习惯，总想做出显然是毫无可能的最佳表现，总想用许多人们的优点来和自己的缺点相比，这种不切实际的比较只能大大地损伤自信，所以，恰当地确立目标，积极的自我暗示，欣赏自己的能力，不断完善自己，将有助于你的自信的增长，尤其是以积极的态度看待别人，从别人的肯定和爱心中增进自信。

（二）主动热情

热情是最能打动人、对人最具有吸引力的特质之一。一个充满热情的人很容易把自己的良性情绪传染给别人。因为人与人之间具有互动性，如果你能主动而热情地去关心别人、理解别人，别人也会以友好来回报你。如果你总是以高度的戒备心与别人相处，或者很少主动了解别人，那么他人也会远离你，这是人际交往中的对等原则。因为人们更容易喜欢那些对自己感兴趣的人。

（三）自我表露

自我表露是指以言语向他人表露自己情况的自愿行为。自我表露在人们生活中起着重要作用，它不仅是增进亲密关系的重要因素，也是发展友谊的主要因素，它还是人们发泄情绪的重要途径。然而，自我表露，一定要掌握正确的方法。有些人在不合适的时间、不合适的人面前表露过多，他们或许向你讲述自己的生活经历，使你感到索然无味；或许将自己的隐私告诉你，使你感到难为情……无论是太多还是太少的自我表露都是不合适的，所谓正确的自我表露，即在适当的时间向合适的人表露适合的内容。

表露什么？人们乐于谈论某些特定的话题，如谈论自己的爱好、兴趣、工作以及政治观点等；还常常爽快地提供自我介绍方面的信息，如居住地点、年龄、所受教育等，而不愿意暴露内心的焦虑；人们容易表露为社会所接受的内容，却不愿表露为社会所不容的内容。

向什么人表露？自我表露中一个关键因素就是接收信息的对象，有的人善于引导别人“开口”，进行自我表露，引导别人自我表露的能力与一个人的社交技巧、自尊和举止大方有关。一般来说，人们易于向女性表露而不容易向男性表露。我们对自己喜欢的人和比较熟悉的人表露较多，对与自己社会地位接近的人很容易进行自我表露。

在什么场合表露？场合对自我表露有重要的影响，例如，你想告诉某人你恋爱了，或告诉某人你要中止与一个人的关系，你应选择适当的时间和地点。一般来说，在进行重要的自我表露时，选择私下的场合最合适。

自我表露具有一个显著的特性，即相互性。当对方向我们表露时，我们就会表露得更多，所以说自我表露导致自我表露。当一个人勇敢地表露了自己心底的秘密时，对方也会表露类似的信息，以示对对方的表露感兴趣并予以接受，因此，这种相互性可能是左右自我表露的最具影响力的决定因素。

什么时间自我表露合适？简单地讲，当对方感兴趣、愿意听的时候，自我表露就是合适的。你如何才能知道对方是感兴趣呢？你应注意观察对方的反应。如果对方面对着你，神态安然，眼神交流良好，说明对方愿意听你表露；如果对方表现为目光接触少，脸上露出困惑、不悦的表情等，说明对方不愿听你表露。

（四）善于倾听

如果一个人主动找来，显然他的最大愿望并非是聆听你的教诲和高谈阔论，而是要向你一诉衷肠，一吐心曲，对于交际的对方，你明智的策略是认真听取他们谈话，做一个忠实的听众，特别是当一个人有话要说的时候，你最好表现出听的耐心，抱着一种开放、信任、诚恳、鼓励的态度，让他将自己的想法充分地表达出来，这样做不但可以使对方的压抑心理得到宣泄，减少因压抑而具有的情绪强度，而你认真倾听本身就是一种“暗示性赞赏”，表示“我很愿意听取您的意见”，从而使对方的自尊得到满足，别人会觉得你在意他、尊重他。交谈中很忌讳心不在焉、烦躁不安、注意力不集中、似听非听、浏览其他东西等。当然，如果对方一味高谈阔论那些你不感兴趣甚至是你反感的话题，你可以找个借口离开。

（五）掌握各种情境下的个人行为反应

在社会交往情境中，由于社会规范和由此产生的社会期望的存在，我们在同别人共处时，无论自己的实际感觉如何，都需要尽可能地表现出一个从他人、从自己和从一般社会评价的角度来说都可以接受的形象。我们需要顾及别人的面子，顾及自己的身份和角色，需要考虑我们的言行对别人有什么样的影响，需要考虑别人对我们的言行会做出什么样的反应。因此，在任何交往情境中，人都不可能完全按照自己的真实感受和真实期望去做，尤其是在一些人多或正式的交往情境中。因此，对别人行为表现的评价和掌握应根据场合而论，特别要掌握好“观众在场”时自己的行为表现。我们应尽可能使自己增强自信，集中注意，有较高自我评价；尽可能争取“观众”的理解，排除“观众”方面的消极影响。另外，要注意人际称呼与行为举止、彼此间的角色关系以及亲密或疏远的程度和深度。交往中举止要适度，言谈要得体，避免傲慢、卑怯、谄媚、虚伪、轻浮等，要表现出真诚、稳健、潇洒、大方、自信、宽容等。

（六）选择交往时机与空间

影响人际交往的因素很多，但不可忽视的是影响交际效果的客观因素，诸如交往的时间、场合等。一般来说，如果你与他人交往的目的是为了解决某个严肃认真的问题，当以对方开始工作的起始阶段为佳，如果是为了联络感情，则最好放在对方学习或工作的结束阶段以后。这是因为，当一个人休息好而开始工作时，往往精力充沛，有利于充分交换意见和专心地思考问题，交往成功率比较高；而在对方工作或学习之余，谈一些轻松愉快的事情，有利于沟通感情。在时间安排方面，要注意事先约定且准时赴约。若邀请别人赴约，应全力以赴。另外，交往时还要注意对方的情绪状态、对方与你的交往意愿，对方在某个时刻内某种场合下的兴趣爱好及谈论话题等。有了共同话题，容易沟通，并使人感到舒适，没有心理压力，从而使交往朝着顺利的方向发展。关于交往空间位置的选择，则要根据具体情况而定，或开放或隐蔽皆可。

（七）避免激烈的争论

生活中发生争论，若是为探讨问题，这是有益的，但试图比个高低，以此改变对方，则往往会适得其反。例如，某高校有一女生因为人际关系问题来求助于心理辅导中心，在咨询中就发现，这位女生特别爱和别人抬杠。无论在什么时候，什么场合，只要别人同她的观点不一致，她就会使出全部本领与别人争辩。她很聪明，知识面很广，口才流利，因此赢得了很多次争论的胜利。但她却说，尽管周围的人都承认她的能力，但她没有要好的朋友，民意测验时，别人对她的评价很差，好多人讨厌她，为什么会有这样的结局呢？因为，每个人都或多或少地把某种观点看成是自我的一部分，当你反驳她的观点时，便或轻或重地对她的自尊造成了威胁。有时激烈的争论，使对方很难单纯地就问题展开争论，其间往往渗入了你的尊严的情感。如果你的胜利，使对方的论点被攻击得千疮百孔，你会觉得洋洋自得，但对方则自尊受到伤害，即使口服，但心里并不服，他会怨恨你的胜利。正如睿智的本杰明·富兰克林所说的："如果你老是抬杠、反驳，也许偶尔能获胜，但那是空洞的胜利，因为你永远得不到对方的好感。"因为，当两个人都大打出手的时候，就没有沟通可言了，有的只是噪声和震动。最好的办法是，遇到争论时要保持平静，控制脾气，先听为上，不要抗拒、争辩，让对方把话说完，努力建立了解的桥梁。同时，要欢迎不同的意见，也许不同的意见是你避免重大错误的好机会。另外，要寻找同意的地方，有助于解除反对者的武装和减少他们的防卫。同时仔细考虑反对者的意见，或许对方是对的。所以，戴尔·卡耐基告诉我们："从争论中获胜的唯一秘诀就是避免争论。"

（八）避免造成敌对

的确，在许多时候，当别人的错误损害了我们自己及周围人时，我们需要使其改变，不论你用什么方式指责别人——你可以用一个眼神，一种说话的声调，一个手势，就像以语言那么明显地告诉别人——“你错了”，你认为他会同意你吗？一般不会，因为，你直接打击了他的智慧、判断力、感情和自尊。你这样做，不但改变不了他的意见，反而会使他反击。使你尚未拿出证明给他看时，对方已经准备迎战了，这样的结果是造成了敌对。

即使在最温和的情况下，要改变别人的主意都不容易，何况在对立状态下呢？如果你想证明什么，或者你想表现得比别人聪明，不要让别人看出来，技巧要到家，比如，别人说了一句你认为错误的话，你可以先这样说：“噢，好像是这样的，我倒是有另一种想法。”或者换个说法：“有许多可行的办法，我觉得最好的是……”“我的想法可能与你们的想法有点差异，我也许不对，我常常会出错，如果我错了，我很愿意被纠正过来。我们来看看问题出在哪”。这种不武断、不正面反对别人、尊重别人的做法确实会得到神奇的效果，这可以使对方跟你一样宽宏大度，承认他们可能有错，而乐意纠正。

（九）错了就承认

有的时候我们不知道自己犯了错误，所以固执己见。但有的时候，明知错了，为了保全面子，还要极力为自己的错误辩解，这种态度极易造成紧张、怨恨和敌视的局面。遇到这种情况，最好的办法就是迅速而坦诚地承认自己的错误。当然在自我批评的时候，无形中增强了对方的自尊心，使他不得不以宽大、慈悲、谅解的态度对待你。另外，一个人有勇气承认自己的错误，也可以获得某种程度的满足感，远不只可以清除罪恶感和自我防御，而且有助于解决这项错误所制造的问题。所以，当你正确的时候，就要试着温和地、技巧地使对方同意你的看法，而当你错了的时候——若是你对你自己诚实的话，就要坦诚地承认。这种技巧不但产生惊人的效果，而且在任何情形下，都要比为自己辩解有趣得多。

（十）学会赞扬

无论是心理学研究还是交往的实践都表明，赞扬别人往往能赢得朋友。著名的心理学家斯金纳曾以实验证实，当批评减少而多多鼓励和夸奖时，人所做的好事会增加，而比较不好的事会受忽视而萎缩。从训练动物中，我们可以看出，当那些小动物有一点点的进步，主人就会拍它，抚摸它，夸奖它，还给它好吃的，以此来强化它的进步。詹姆斯说：“人性最深切的禀赋，就是被人赏识的渴望。”既然如此，我们何不去多多赞赏别人身上那些闪光的东西呢？赞扬别人的优点，往往是在强化他身上的那些闪光点，使他感到幸福舒畅和自我价值的实现，因而对赞扬者也会报以感激和友善的回应。

但是，赞扬的有效性是有条件的。虽然人们喜爱被赞扬并且往往喜爱“赞扬者”。但如果是毫无根据的或言过其实的赞扬或是为了某种企图而阿谀恭维，那么选择者就不会受人喜欢，甚至令人反感。同样，当事者不愿公开，不愿让人了解的言行，不分场合地加以赞扬也会起反作用。所以，不论大人、小孩、不论男人、女人，都喜欢发自内心的、诚恳的、由衷的认同和赞扬，哪怕是一个小小的赞扬。那么，你为何不慷慨地赞扬别人呢，这是别人渴望得到，而你又不花钱费力的，使别人的内心充满阳光，而你也在其中能获得幸福和更多的朋友们的事情。

（十一）批评的艺术

毕竟我们不是完美的人，每个人多多少少总会有些毛病和缺点，所以找起来并不难。如果一个人习惯于通过挑别人的毛病和漏洞来显示自己的聪明，那将是最愚蠢的，你这样做等于在冒犯他，贬低他的自尊。在别人面前暴露自己的不足，是许多人所反感的。如果你必须挑错，或者你必须批评的话，最好不要在大庭广众之下指责，否则对方很可能首先意识到自己的形象和自尊受损而不是自己所犯的错误。你这样做只会造成对方强烈的反感和顽强的反抗，以敌视的态度来反击你，以保护受到威胁的自尊。最好的策略是先去赞扬他的长处，再去指出他的不足，这样做既不伤害他的感情，又不会引起他的憎恨，使对方更容易接受你的批评。批评要对事不对人、每个人对自身的人格、能力等看得很重，如果你的批评含有贬低其能力、人品的意味，便容易激怒对方。另外，在批评时，不要纠缠老账，应让对方感到自己的错误很容易改掉，这样对方才会有信心改变自己。

（十二）处理冲突

冲突在人际关系中是不可避免的，人们不应该在冲突中成为敌人。冲突是生活中的自然现象，不仅竞争对手或敌我之间，而且朋友甚至情侣之间也会发生冲突。人们一般认为冲突是不良现象，应尽可能避免，事实上，它既不是好现象，也不是坏现象，导致的结果，完全取决于人们的处理方式。

回避：有的人不愿面对冲突，认为只要回避，冲突就会消除。当冲突发生时，他们往往匆匆退场，竭力回避。然而，冲突并不因为回避而消失，这种方法只能延缓其爆发的时间，不解决根本问题。

和解：有些人对冲突感到极不愉快，但又无法回避，只能轻易让步。这种态度是由于缺乏安全感的心理造成的。过度担忧自己是否能被他人所接受和承认的人往往采取这种投降政策，问题还是得不到解决，不满意情绪并不能消除。

支配：支配者总是采取一决胜负的态度，为了取胜，往往具有挑衅性，不饶恕对方，迫使对方屈服，支配亦非明智之举，易造成敌对。

消除冲突的最好方法是：

（1）承认冲突是自然之事；

（2）把冲突看作是需要经过双方共同努力来解决的问题，而不是回避或决一胜负；

（3）选择一个双方都能接受的时间、地点，坐下来详谈；

（4）尊重对方，重视并理解对方的具体情况，态度要诚恳而坦率，不隐瞒，不欺骗，在充分维护自己的利益同时，彼此开诚布公地向对方做出让步；

（5）彼此平等，不贬低对方，就事论事；

（6）努力澄清双方之间的相同点和分歧点，理解冲突的实质，通过寻求相同点而达到求同存异，消除隔阂，找到双方都满意的答案。

第三节　心理辅导与训练方案

一、解开千千结——热身阶段

操作：

1. 活动过程

（1）所有成员站成一个面向圆心的圈，然后举起右手，抓住对面另一成员的手，再举起左手，抓住另一个人的手。但是不能抓自己身边成员的手，也不能两只手抓一个成员的两只手。这样就形成了一个复杂的“结”。

（2）然后要求成员在不松手的情况下，想办法把这个“结”解开。在游戏的过程中，如果尝试了半个小时“结”都没有被解开，领导者可以允许某两只相邻的手断开一次，但必须马上封闭。

2. 领导者引导成员进行分组讨论

（1）一开始面对这个复杂的“结”的时候，感觉是怎样的？在解开了一点以后，你的想法是否发生了变化？

（2）在现实生活中，你是否也与周围的朋友结下了这样的“结”？有些“结”可能是看得见的。也可能是看不见的，比如你总是看某个同学不顺眼。在日常生活中，你是以何种心态来面对人际交往中的这些“结”的？

（3）通过解开这个“结”，你觉得成员间的关系发生了什么微妙的变化？朋友之间发生矛盾冲突是否只有消极的影响？

（4）当努力了很久“结”都没有被解开时，你的感觉是怎样的？想到放弃了吗？在现实生活中，当你与某个同学产生了激烈的冲突，或者冷战了很久都没有和好的迹象时，容易产生什么念头？

二、感知——感受阶段

故事一：狼孩[①]

1920 年，印度一队猎人入山，望远镜里出现了令人惊讶的场景：两个小女孩赤身裸体，在狼群中玩耍，情同一家。

数日后，他们看见狼群出洞，两只狼崽开道，两个女孩居中，母狼压阵。

这伙人费尽周折，终于捕获了两个小女孩，把她们交给了当地维德纳布尔孤儿院院

① 资料来源：人民网，http：//www. people. com. cn/GB/paper39/3525/442276. html.

长辛格大主教。

小女孩一长一幼，大的年约 8 岁，小的不足 2 周岁。辛格大主教给他们分别命名：卡玛拉和亚玛拉。这就是 20 世纪 20 年代轰动一时的狼孩。

狼孩具有狼的一切特性：汗毛长且密，不快时龇牙咧嘴，愤怒时吼嗥震人；专食生肉，喜啃骨头，喝水时用舌舔；怕强光，昼伏夜出，靠四肢行走，停下来时重心落在膝盖和手上，奔跑时双腿弯曲，其速度之快可超越体魄健壮的男子汉。

进入孤儿院后，卡玛拉和亚玛拉生活在一起，不会说话，白天或交替酣睡在角落里，或蹲在墙边的地板上。给她们穿上衣服，她们就把衣服撕成碎片；给她们洗澡，她们就挣扎嗥叫，过后浑身又弄成脏猴一般。

可惜的是，亚玛拉在孤儿院中生活了仅一年就夭折了。当时，卡玛拉发出痛苦的嗥叫，但脸上却不带任何表情。她竟然绝食两天，10 天之中嗅遍了亚玛拉经过的每一个地方，深夜里不时发出几声狼嗥。

卡玛拉对人类采取极端敌视的态度，拒绝人们向她伸过去的表示亲热的手。她进食时如有人靠近，就龇牙示威，或狂吼显怒，但对小娃娃不然，有人抱来一个只会爬行的几个月大的小娃娃，同卡玛拉放在一起，卡玛拉好像很高兴，领着娃娃在地上爬来爬去。然而有一天，她突然扑向娃娃，恶狠狠地抓他，咬他。

大主教费尽一年苦心，总算使卡玛拉在别人搀扶下站了起来，而教会她独自站立，竟用了 4 年时光；她没有学会直立跑步，一跑就倒。第五年，卡玛拉能弄懂 20～30 个字的含义。1925 年，她能用点头或摇头来表示是与否，并开始端着盘子用手指抓食。随后，她拒食生肉，学会了用杯子喝水。但是，卡玛拉的智能只到此为止。1929 年，年约 17 岁的卡玛拉死于尿毒症，她当时的智力和行为与 4 岁的幼儿相似。

讨论：“狼孩”的事例告诉了我们一些什么呢？

故事二：如影随行的自卑

跨入大学校门近一年了，欣喜和兴奋早已荡然无存，剩下的就是孤寂。这学期开学的时候，是在父母的一再催促之下，我才去订票的，结果到校晚了一天，为此还挨了班主任的批评。对我来讲，能在家多待一天也是好的。

我的家在南方的一个小镇，父母只有我一个孩子，从小学到高中一直都上子弟学校，去年整个厂里只有我一个人考上大学，我们厂的厂长都上门祝贺。那些天，父母脸上整日洋溢着笑容，那也是我记忆里最快乐的时光。可是，进了大学，住进 8 个人一间的宿舍，我一直不开心。按说 8 个年轻人住在一起，应当很热闹，可是我融不进去，仿佛热闹是别人的，与我无关。

来上学前，父母就一再告诫我要处理好同学关系，我也深知人际关系的重要性，可是我不知应从何做起。刚入校的时候，我想一定要给同学留个好印象，所以凡事都抢着做，比如打扫卫生，打热水什么的。刚开始，大家还说声谢谢，后来就习以为常，仿佛本来就是我应该做的。我很寂寞，觉得没有人喜欢我，可能是我太普通，太平凡之故吧。我个子不高，只有 1 米 68，男孩子长这么高，应当说是矮了些，长相也太普通，有句话说，这个人长相的最大特点就是没有特点，我觉得就是说我。我的家境也很普通，工人家庭出身，没钱请大家吃饭、看电影。

我很羡慕那些在人际交往中如鱼得水的人，我怎样做才能让大家喜欢我呢？有什么与人交往的技巧吗？

三、理解——感想阶段

（一）活动一：我说你画

操作：

1. 活动过程

（1）第一轮请一名志愿者上台担任“传达者”，其余人员都作为“倾听者”，“传达者”看样图（一）两分钟，背对全体“倾听者”，下达画图指令。

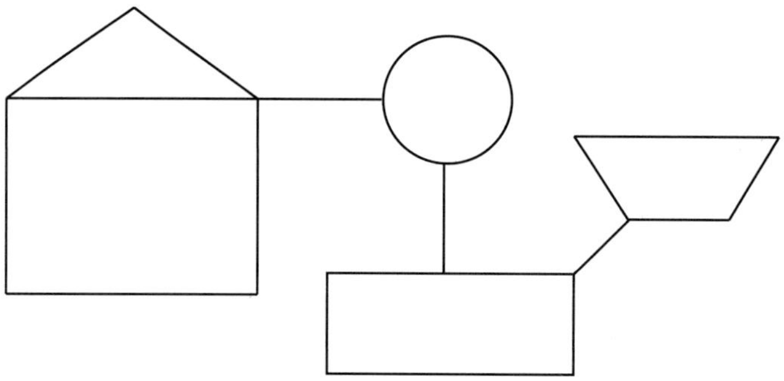

样图（一）

（2）“倾听者”们根据“传达者”的指令画出样图上的图形，“倾听者”不许提问。

（3）根据“倾听者”的图，“传达者”和“倾听者”谈自己的感受。

（4）第二轮再请一名志愿者上台，看着样图（二），面对“倾听者”们传达画图指令，其中允许“倾听者”不断提问，看看这一轮的结果如何。

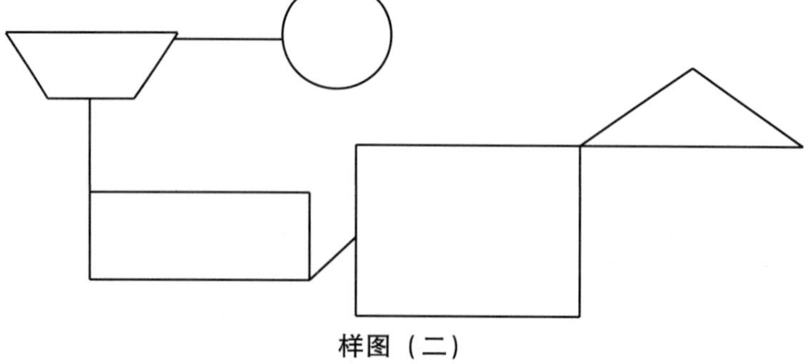

样图（二）

（5）请“传达者”和“倾听者”谈自己的感受，并比较两轮过程与结果的差异。

2. 注意事项

（1）第一轮与第二轮两张样图构成基本图形一致，但位置关系有所区别。

（2）两轮中的“传达者”可以为同一人，也可以为不同的人。

（3）邀请“倾听者”谈感受时要选择有代表性的，如画得比较准确的和特别离谱的，这样便于分析出造成不同结果的多种因素，从而找到改进的主要原因。

（二）活动二：爱在指尖

操作：

1. 活动过程

将团体成员分成相等的两组，一组成员围成一个内圈，再让另一组成员站内圈同学的身后，围成一个外圈。内圈成员背向圆心，外圈同学面向圆心。即内外圈的成员两两相视而站。成员在领导者口令的指挥下。做出相应的动作。

当领导者发出“手势”的口令时，每个成员向对方伸出1~4个手指：（1）伸出1个手指表示“我现在还不想认识你”；（2）伸出2个手指表示“我愿意初步认识你，并和你做个点头之交的朋友”；（3）伸出3个手指表示“我很高兴认识你，并想对你有进一步的了解，和你做个普通朋友”；（4）伸出4个手指表示“我很喜欢你，很想和你做好朋友，与你一起分享快乐和痛苦”。

当领导者发出“动作”的口令，成员就按下列规则做出相应的动作：（1）如果两人伸出的手指不一样，则站着不动，什么动作都不需要做；（2）如果两个人都是伸出1个手指，那么各自把脸转向自己的右边，并重重地跺一下脚；（3）如果两个人都是伸出2个手指。那么微笑着向对方点点头；（4）如果两个人都是伸出3个手指，那么主动热情地握住对方的双手；（5）如果两个人都是伸出4个手指，则热情地拥抱对方。

每做完一组“动作——手势”，外圈的成员就分别向右跨一步，和下一个成员相视而站，跟随领导者的口令做出相应的手势和动作。依此类推，直到外圈的同学和内圈的每位同学都完成了一组“动作——手势”为止。

2. 经验分享

（1）刚才自己做了几个动作？握手和拥抱的亲密动作各完成了几个？为什么能完成这么多（或为什么只完成了这么少）的亲密动作？

（2）当你看到别人伸出的手指比你多时，你心中的感觉是怎样的？当你伸出的手指比别人多时，心里的感觉又是怎样的？

（3）从这个游戏中你得到什么启示？

3. 活动小结

在人际交往中，我们有一个共同的倾向——希望别人能承认自己的价值，支持自己。接纳自己，喜欢自己。但是任何人都不会无缘无故地喜欢我们、接纳我们。别人喜欢我们也是有前提的，那就是我们也要喜欢他们，承认他们的价值。也就是说人际交往中喜欢与讨厌、接近与疏远是相互的。一般而言，喜欢我们的人，我们才会去喜欢他，愿意接近我们的人，我们才会去接近他；而对于疏远、厌恶我们的人，我们也会疏远或厌恶他。因此在人际交往中，应遵循交互原则。对于交往的对象，我们应首先主动敞开心扉，接纳、肯定、支持、喜欢他们，保持在人际关系的主动地位，这样别人才会接纳、肯定、支持、喜欢我们。

4. 分组讨论

成员分小组进行讨论："人际交往中可以通过哪些方式来主动表达对他人的接纳、喜欢和肯定?"

（三）活动三：盲人旅行

操作：

1. 活动过程

（1）将教室桌椅布置成几个障碍物。随机将同学分为两人一组，一人当盲者，一人当领路者。盲者用布遮住眼睛，领路者以话语辅导盲者前进，并绕过障碍物，但两者不可以有肢体接触。

（2）时间限制为三分钟，三分钟后更换盲者为领路者，领路者为盲者，在进行三分钟。回到座位，自由发言，讨论刚才的感受人际关系团体辅导方案活动方案。

2. 领导者引导成员进行经验分享

（1）成为盲者的那一刻你是什么感觉？害怕？担心？还是兴奋？当知道与你一起搭档的是你不熟悉也不了解的人时，你的第一感觉是什么？你相信你的搭档会正确的带路吗？有想过要把搭档交换成自己熟悉的人吗？当领路者一路领着你安全畅通的走完障碍物时，你的感觉又是什么?

（2）当你领着盲人顺利地完成任务时，你的心里是怎么想的？有成就感吗?

（3）当你看着本不了解的两个人配合默契地完成任务时，你心里是什么感觉？想想，如果是自己，会顺利完成吗?

（4）你从这个游戏中学到了什么?

3. 活动小结

人与人之间的交往应当是团结合作相互信任的，你毫无条件地信任我，我才可以毫无顾忌地帮助你。就比如刚才的游戏，盲人完全信任领路者，而领路者感觉到了盲人对他的信任及尊重，为了不让盲人失望，必定会全力以赴地帮助盲人。如果，你不信任对方，迟迟不肯前行，还这里问，那里摸，领路者也肯定会不耐烦的，那样，你们的任务就很难完成了。所以说，在人际交往中信任和尊重也是不可或缺的。

（四）活动四："你好"的意思

操作：

1. 活动过程

请同学们每人表现一遍"你好"，通过各种各样的语气语调；身体语言表现出"你好”背后不同的潜台词。要特别注意表现“你好”文字背后的丰富内涵，从而能更有效地仔细体味其中的分别。此外，在训练过程中还可以体味其他一些语句，如：再见、你真行、我快乐，等等。

2. 理论引导

现在我们常对文字比较注重，哪个字对，哪个字错，其实文字表述意义的作用在当今社会已显得越来越小。比如：你好。我们看看“你好”背后有多少种意思。

3. 示范演练

“你好”的文字意思是赞美对方。但我们发现在现实生活中，“你好”这个词并不一定是这样的意思，有时甚至可能恰恰相反。现在，我们请出一位同学表述一下“你好”其他可能的意思。

A 学生：（真诚地）你好！

教师：噢耶，是真诚赞美的意思。

B 学生：……你……好。

教师：有点被强迫说出口的意思。

C 学生：你——好？

教师：表示怀疑的意思。

D 学生：你好、你好、你好。

教师：应付性质的意思。

E 学生：你好啊！

教师：带有错看后突然醒悟的意思。

F 学生：你——好——

教师：带有三心二意的意思。

G 学生：你……好！

教师：带有感激的意思。

4. 引导感悟

语言文字在传递情感信息时只占了7%；而语气语调、身体语言却占了93%，有谁会想到呢？而事实就是这样的！

四、整合——感悟阶段

活动：人际财富

操作：

1. 活动过程

给每个成员分发一张白纸，一支笔。然后请成员跟着领导者的指导语和示范，绘制自己的人际财富图。

（1）首先在白纸的中央画一个实心圆点代表自己。

（2）然后以这个实心圆点为中心，画三个半径不等的同心圆，代表三种人际财富或者人际圈。同心圆内任意一点到中心的距离表示心理距离。将亲朋好友的名字写在图上，名字越靠近中心圆点，表明他与你的关系越亲密。

（3）写在最小同心圆内的属于你的“一级人际财富”。你们彼此相爱。你愿意让对方走进自己心灵的最深处。分享你内心的秘密、痛苦和快乐。这样的人际财富不多，却是你最大的心灵慰藉，也是你生命中最重要的成长力量。

（4）写在第二大同心圆内的是你的“二级人际财富”。你们彼此关心，时常聚在一起聊天戏耍，一起分享快乐，一起努力奋斗。虽然你们之间有些秘密是无法分享的，但这类朋友让你时常感到人生的温馨。

（5）写在最大一个同心圆内的属于你的“三级人际财富”。这些朋友，可以是平时见面打个招呼，但是需要帮助时也愿意尽力帮忙的朋友；可以是曾经比较亲密但渐渐疏远，却仍然在你心中占有一席之地的朋友；也可以是平时难得见面，却不会忘记在逢年过节问候一声的朋友。

（6）同心圆外的空白处代表你的“潜在人际财富”。尽量搜索你的记忆系统，把那些虽然比较疏远但仍属于你的人际财富的人的名字写下来。

2. 思考和分享

一般而言，一个成年人需要与大约 120 人维持不同程度的人际关系，其中包括 2 ~ 50 个心理关系比较密切的人。如果人际关系过疏或过密，都容易引发个体的心理问题，或孤独无助，或自我迷失。你的人际关系现状如何？是否合适？你认为是自己身上什么性格品质给你带来了好人缘？或者如果你的人缘不太好是什么原因导致的？试着一边整理自己的人际财富，反思自己在人际交往中所体现出来的性格特点（比如是否因一时愤怒的情绪而失去了曾经的知己；是否因太自我中心忽略他人的感受而被周围的朋友渐渐疏远），找出自己需要继续发扬和改进的地方。

3. 总结

领导者鼓励成员在日常生活中虚心听取他人对自己的评价和反馈，耐心倾听，了解自己在人际交往中的受欢迎程度，分析其中的原因，然后积极发展受欢迎的性格特点。

心理测试：

人际交谈能力测试

1. 问卷

指导语：根据你的实际情况，对下面的九个题目做出“是”“有时”或“否”的回答，并记录下你的答案。

（1）与他人交谈时，你是否时常发觉自己不能集中注意力，在想一些与谈论话题无关的事情？

(2) 跟别人交谈时，你是否头脑不清醒、思维混乱，渴望有一段时间可以一个人静静地整理思路？

(3) 与一大群人在一起时，你是否常常觉得孤寂或失落？

(4) 看到那些太过于表现自己的人，你是否觉得他们肤浅和不诚恳？

(5) 你是不是从不轻易吐露自己的心事，除非是对一些经过千挑百选的朋友？

(6) 和别人交谈，你是否觉得没意思、说多了费口舌？

(7) 当不太熟悉的人向你倾诉他的生平遭遇时，你是否会觉得不自在？

(8) 与你交谈或听人讲解、诉说时，你是否觉得很难聚精会神地倾听？

(9) 你是否会因为怕别人不理解而避免表达自己的真实感受？

2. 计分方法

回答“是”计3分，回答“有时”计2分，回答“否”计1分；累计相加得总分。

3. 结果解释

如果得分在9～14分之间，说明你非常懂得交际，善于鼓励对方多开口，营造一种热烈的交谈气氛，人际关系和谐。

得分在15～21分之间，说明你可能比较喜欢交朋友，可交谈能力一般。与陌生人接触时，开始你可能会表现得比较沉默，但沉默不会太久。

得分在22～27分之间，说明你只有在极需要的情况下才同别人交谈，但不会以交谈来发展友情。交朋友一般比较被动，总想等待别人主动跟你接触。

推荐阅读：米尔顿·赖特《倾听和让人倾听：人际交往中的有效沟通心理学》

米尔顿·赖特，美国著名沟通大师，对人类的沟通模式进行了十多年的潜心研究。本书是其在有效沟通心理学领域的成名作。

作者认为：每一个人的沟通能力并不是天生的，完全可以通过后天的学习使之提高！“谈话是一种权力，谈话就是说服、强迫、传达，就是消除别人心中原本具有的念头，并使之接受你的意念。”沟通的本质在于学会倾听别人和能让别人耐心地倾听。

推荐电影：《我们俩》

电影由马俪文导演，金雅琴和宫哲主演。影片讲述了一位在四合院里生活的孤单老人，因为将房子出租给来北京上学的女孩，这一老一小之间发生了一段动人的故事，冬天，在某个四合院孤孤单单生活的老太迎来一个来北京求学的外地女孩。女孩想租老太离学校很近的房子，但嫌老太要价太高，老太一脸爱住不住的表情坚决不降价，女孩无奈租了下来，两人开始磕磕绊绊争吵不休的主客生活。无论是安装电话、缴纳电话费，还是点电炉、借用电冰箱，女孩都觉得老太在处处算计她，心里十分委屈，老太看她，也是一百个不顺眼。

但日久生情，两人渐渐成了彼此的依靠。日子溜过春天、夏天，老太眼见女孩生活尤其恋爱中的喜怒哀乐，她晚年的孤独因为有女孩的陪伴冲淡了不少。秋天来临，女孩找到更好的住处，要离开老太，老太的精神一下子垮了下来。

影片中，在老太太和女孩的相处过程中，几乎没有一件典型意义上的互相关爱的事情，她们的生活总是将争执和宽容交织在一起，当然开始矛盾多一些，后来温情多一些。不过就是这样，才更贴近生活。生活不是拍电视，哪有那么多肉麻。其实大部分人在生活中对于情感的表达都是颇为吝啬的，真正的感情并非来自什么典型事例，而是生活中一点一滴的磕磕碰碰，还有温情。

第七章 增强爱的能力

本章导语

大学生恋爱早已不是“犹抱琵琶半遮面”了，恋人成双成对、花前月下、卿卿我我的活动已成为校园一景，爱情和性也成了大学宿舍“卧谈会”和网上交流的热门话题。爱情是那样的独具魅力，拨动着大学生们的心弦，令他们憧憬和向往；然而，爱情又有那么多烦恼，恋爱又有那么多坎坷，性的问题也让人无比迷惑。

一首老歌唱道：“爱像什么，爱像星期天的早晨。”一首古词写道：“情为何物，直教人生死相许。”

那么，爱情究竟是什么?

爱情是春天的雨，滋润一方土地，带来勃勃生机。当春天来了，爱情的雨滴就像珍珠，串起又散落；当春天走了，爱情的小花不是结果就是凋落。

爱情是秋天的风，来的时候清爽柔和，走的时候污浊猛烈，横扫狂沙和落叶，只留下萧瑟惨淡和满目的苍凉!

爱情是天上的云，总是飘浮不定、变幻莫测，一会儿将天空装扮得绚丽多姿、美丽梦幻，一会儿又乌云压城、风雨满楼。

爱情是醇酿的酒。盛在瓶子里的时候晶莹剔透；喝进嘴里的时候又辣又苦，掩去了一切虚幻的光彩，只留下涩涩的真实。

爱情是行走的船，承载着恋人的幸福。风平浪静的时候，船行平稳，恋人们满目青山，满怀柔情；波涛汹涌的时候，船行浪尖，恋人们坚定则能平安穿行，否则就是船翻落水，甚至船毁人亡。

爱情说穿了，普普通通，平平常常，就是男人和女人互相理解，互相尊重，互相搀扶。

爱情的主角，永远是饮食男女；爱情的场景，永远是家庭与社会；爱情的情节，永远是一个男人喜欢上了一个女人，或一个女人喜欢上了一个男人；而爱情的结局，可能是喜剧，也可能是悲剧。

［**本章问题**］

（1）爱情到底是什么?

（2）我们该如何面对爱情中的烦恼?

（3）我们怎么培养爱的能力?

第一节 理论导读

古往今来，爱情是一个亘古的话题。人们用最美好的词语来形容它，来赞美它，爱情是那么神奇、那么甜蜜、那么缤纷绚丽、那么催人泪下……

莎士比亚说，爱神蒙着眼睛，却会一直闯进人们的心灵。

文学家 W. K. 艾弗里说，爱是世界上最美妙的东西，有了它，你立刻感到完美无缺，从自我的奉献，到你将与所爱的人结为一体的预期中，快乐的感觉如泉涌般不断滋生。

社会学家古德说，爱情是强烈的感情专著，不同性别的青少年或成人间的一种精神投入，至少有性需要和慈爱的成分。

心理学家海德说，爱是深度的喜爱。

人类学家格林菲尔德说，爱是一种可以观察到的、关于两个异性之间、偶尔是同性之间的关系，这种关系反映于一种有模式的、重复的、标准的行为和特别的态度及情感状态，这实际上潜在地包括性行为。

瓦西列夫说，爱情把人的自然本质和社会本质联结在一起，它是生物关系和社会关系、生理因素和心理因素的综合体，是物质和意识多方面的、深刻的、有生命力的辩证体。

爱情是一种人类复杂而且高级的情感体验，自古以来，爱情被赋予了美妙而神秘的感情色彩。古今中外，多少文人墨客都探究过爱情是什么，可以说人们对爱情的思考从未停止。

一、爱情的含义

传统的爱情定义是人与人之间的强烈的依恋、亲近、向往，以及无私并且无所不尽其心的情感。它通常是情与欲的对照，爱情由情爱和性爱两个部分组成，情爱是爱情的灵魂，性爱是爱情的能量，情爱是性爱的先决条件，性爱是情爱的动力，只有如此才能达到至高无上的爱情境界。

《现代汉语词典》上说：爱情是男女相爱的感情。化学家说：爱情是人体中产生的一种化学物质。物理学家说：爱情是两个导体中的电流。生物学家说：爱情是生物体繁衍后代的本能。神学家说：爱情是小爱神发出的金箭。哲学家说：在灵魂中，爱情是一种占支配地位的激情；在精神中，它是一种相互的理解；在身体方面，它是我们对躲在重重神秘物质后面的被我们所爱的一种隐秘的羡慕和优雅的占有。

婚姻家庭大辞典中对爱情的定义，是存在于人类两性之间的一种崇高的情感，是人类男女间基于生命繁衍的本能和确保身心最大快慰而产生的互相倾心和追求的生理和社会的综合现象。

国内心理学家认为：爱情在男女之间产生；爱情是一种高级情感，包含认知成分，不等于是低级情绪；爱情有其生理基础，包含性欲和性感在内，不等于纯粹的精神恋爱；爱情的基本倾向是奉献。

以上引述的这些概念，虽然各抒己见，但有一点是大体相似的，就是大家都承认爱情是人类男女基于生理基础和社会性，最亲密的社会关系，并渴望对方成为自己终身伴侣的一种强烈情感，是人类的一种高级情感。

对“爱情”这个字眼儿解释的多样性足以说明爱情的复杂。不言而喻，男女两性的爱情既包括“情”的成分，也包含“性”的成分。爱情首先是“情”。它是对对方的情绪反应和情感体验。例如想到或看到情侣时心里发热、脉搏加速，眼睛发亮，瞳孔放大等。正是因为有了强烈的生理变化，爱情才真正打动了人心。这也是区别爱情和友情的重要标志之一。性欲是爱情的自然基础，如果不包括性的成分，两性之间的情感只能是友谊和喜爱。性欲的存在和满足是一种男女之间的自然关系，是先天本能的表现和满足。爱情高于性欲并支配性欲，两者间既有联系又有本质的不同。性的满足不是爱情的唯一目的。

爱情是一种稳定的而内容深刻的高级感情，爱情是以结婚和组织家庭共同生活为目的。有了“爱”而不想结婚或不愿意共同生活，这种爱情既不能发展，也不能长久。因此，爱情，既包括感情的爱慕和喜爱，包括情欲和结婚的愿望，也包括思想和情感上的共鸣，相互的尊重和关心，责任感、义务感和自我牺牲精神。正如整体大于部分之和，爱情并非这些成分的简单相加，应该说，爱情是这些因素的融合、提纯和升华。

爱情也是一种复杂的、多方面的、内容丰富的现象，爱情的根源在于本能，在于性欲，这种本能的欲望不仅把男女的肉体，而且把男女的心理推向一种特殊的、亲昵的、深刻的相互结合。但是，爱情又不仅仅是一种本能，爱情把人的自然本质和社会本质联结在一起，爱情是生物关系和社会关系、生理因素和心理因素的综合体，是物质和意识多面的、深刻的、有生命力的辩证体。

二、爱情的特点与结构

（一）爱情的特点

爱情具有排他性、冲动性、直觉性、隐秘性、平等性、道德性和持久性等特征。

1. 排他性

这是爱情的最大特点。在其他各种爱当中，排他性都是不存在的。父母子女、同事朋友之间的爱不会因为各自还有其他的人际关系而互相疏远。但在爱情中，情况就不一样了，一旦二人成为恋人，双方都反对对方与其他异性发生恋情。这可能是社会发展、人类进步的产物，也可能是异化为占有的代名词。

2. 冲动性

这种特性在其他人际关系中一般是不存在或不那么强烈的，大都能控制在适当水平，爆发强度和速度一般都远远低于爱情。人们形容爱情具有“核动力”，冲动性是爱情力量和魅力的重要表现。当爱情受到外来阻力时，对爱的强烈激情能使相爱的双方做出令人敬佩的勇敢和果断的抉择，但也会使当事人受感情的支配，做出丧失理智的行为。

3. 直觉性

爱情是异性之间的感情深化，源于彼此的好感。友谊虽然也由好感萌生，但这种好感是由相互了解而产生的；血缘爱更不会因为对方长相的好坏而产生程度上的变化。爱情具有明显的直觉性，一见钟情的产生就是直觉性在起作用。有时，直觉的相悦甚至可以主宰爱情的步伐，爱情的直觉性使爱情从一开始就具有给人快乐的特殊性能，这也是一见钟情的心理基础；但直觉性毕竟是肤浅和外在的，由直觉主导的爱情不能不带有盲目性和片面性。

4. 隐秘性

血缘爱、友爱、敬爱和抚爱都是公开的，其流露并不需要特定的条件。爱情中的性爱则不同，尤其是在它的初始阶段，相爱双方的行为带有明显的隐秘性。即使在热恋阶段，性爱的亲昵行为也是不愿让人看到的，使爱情的心理感觉在含蓄的体验中带有某种美好的诗意。

（二）爱情的结构

美国心理学家斯腾伯格提出的爱情理论，认为爱情由三个基本成分组成：激情、亲密和承诺。所以该理论也被称为爱情的三角理论。激情是爱情中的性欲成分，是情绪上的着迷；亲密是指在爱情关系中能够引起的温暖体验；承诺指维持关系的决定期许或担保。不同类型爱情包含不同的成分，所以依据该理论爱情分为喜欢式爱情、迷恋式爱情、空洞式爱情、浪漫式爱情、伴侣式爱情、愚蠢式爱情、完美式爱情七种类型。

1. 亲密

亲密包括一种真正喜欢对方和渴望建立更有凝聚力的和谐关系，包括把自己的生活以坦诚、不设防的方式与对方共享，信任、耐心和容忍是重要的特性。一对伴侣真诚地喜欢，发展他们自己的沟通风格，熟悉彼此不完美的、特别的性格，这些性格在初期强烈的激情之爱的吸引下很少被人注意到。彼此不分的“我们”感的发展，他们互相关心，善待对方，满足彼此的需要和欲望，尊重在真正亲密关系中是重要的。亲密没有激情强烈，但能促进人们相互的亲近，让人们产生人际的温暖，它使爱情得以天长地久。

2. 激情

激情是一种“强烈地渴望跟对方结合的状态”。通俗地说，就是见了对方，会有一种怦然心动的感觉，有一种兴奋的体验。性的需要，是引起激情的主导形式，其他自尊、照顾、归属、支配、服从也是唤醒激情体验的源泉。

激情可以是积极的，也可以是消极的。积极的激情能激励人们克服艰险，攻克难关；消极的激情常常对正常活动具有抑制的作用或引起冲动行为。具有正确的思想认识、高尚的道德品质和坚强意志的人能控制自己消极的激情。

3. 承诺

承诺由两方面组成：短期的和长期的。短期方面就是要做出爱不爱一个人的决定。长期方面则是做出维护这一爱情关系的承诺，包括对爱情的忠诚，责任心。也就是结婚誓词里说到的"我愿意!"是一种患难与共、至死不渝的承诺。两者不一定同时具备。比如决定爱一个人，但是不一定愿意承担责任，或者给出承诺；又或者决定一辈子只爱他/她，但不一定会说出口。

斯腾伯格之所以把具备三个基本要素的爱情称为完美式爱情，是因为建立一段稳定、持续的爱情需要恋爱双方耗尽毕生的精力去培育、呵护，那是一项贯穿人生的浩大工程。

从这三个构成要素来看，要找到并享受真正的恋爱不是一朝一夕的事。许多人以为他们正在谈恋爱，但他们不知道那并不是爱情，充其量只是还没成熟的类爱情或者非爱情。

三、爱情的发展

很多人总是羡慕别人幸福美满的婚姻，从一而终的爱情，一场不分手的恋爱，总是嫉妒别人的恩恩爱爱，抱怨自己遇不到一个对的人，却忽略了别人一路走过的艰辛。其实一段成熟、美满的恋情必须经历四个阶段，即共存（甜蜜期）——反依赖（矛盾潜伏期）——独立（矛盾突发期）——共生（稳定期），那么针对恋爱的四个阶段，我们应该如何把握才能抵达幸福的彼岸呢?

（一）甜蜜期

这个阶段也叫共存期，此时的情侣，从互不相识到彼此喜欢，不论何时何地心里总有一个值得自己牵肠挂肚的人，每时每刻都希望待在一起，这是谈恋爱最幸福的时刻。

此时的恋人应该多了解一些彼此的喜好，认识彼此的朋友圈，寻找共同点，制造美好的记忆，这样有利于维持热恋的甜蜜期，更利于第二阶段和第三阶段的发展。

（二）矛盾潜伏期

这个阶段也叫反依赖期，恋人们恋情已经慢慢趋于平淡，在一起时间长了，没有了甜蜜期的新鲜感，不再希望天天腻在一起，反而希望能腾出一点私人空间处理自己的事情，这是反依赖阶段突出的问题，如果恋人不能够设身处地地为对方考虑问题，就会产生一种被冷落的感觉，也是矛盾的潜伏期。

因此，为了避免矛盾的扩大化，恋人们应该抽出时间多沟通，了解彼此的生活状态和想法，多学会换位思考，多一点理解、多一点包容。

（三）矛盾突发期

这个阶段也叫独立期，矛盾的潜伏期转变为矛盾的突发期，如果反依赖阶段问题没有解决好，到了这个阶段问题就会很尖锐，解决不好很容易导致分手。独立阶段的主要问题是：恋人们希望有更多自主支配的时间，而另一方就会胡乱猜测恋人是不是另有情人了，怎么不再像以前那样喜欢自己了，经常带着疑问去质问对方，这样只会使彼此的感情慢慢变淡，把以前的美好慢慢打破，直到恋人提不起兴趣，看到就烦心的地步。

这时候需找两人的共同爱好，适时策划一些彼此喜好的事情来维持恋情，比如外出旅游，在旅途中享受彼此的美好。也可以找彼此的朋友圈，最好是闺蜜吐槽传达自己的心意，当然是靠谱的哦，要不然赔了夫人又折兵，这些谈恋爱技巧都是很管用的。

（四）稳定期

这个阶段也叫共生期，经历了前面三个阶段，这个阶段的爱情已经上升为亲情，你们的相处模式已经成形，你们在一起相互扶持，开始努力为自己的家庭打拼了。此时，你们只需要理智地思考问题，多点理解、多点包容、多点扶持，就可以创造一个美满幸福的家庭啦。

心理小贴士：

罗密欧与朱丽叶效应：逆境中爱情之火更炽烈

莎士比亚的《罗密欧与朱丽叶》在恋爱故事中可谓是首屈一指。跨越重大障碍孕育的纯粹且激烈的爱情更能得到众人的共鸣。心理学家的分析恰恰相反，罗密欧与朱丽叶激烈的爱情不是因为跨越了巨大的障碍，而是因为有巨大障碍的存在才能燃烧得如此热烈。由此，重大障碍成就的激烈爱情被称为罗密欧与朱丽叶效应。

心理学家以热恋中的恋人为对象，做了关于家庭的反对与双方浪漫度的调查。结果表明，遭受双亲反对的恋人关系具有更高的浪漫度。不是因为跨越双亲的反对，恋爱才更浪漫，而是双亲的反对此时表现为一种阻碍爱情发展的巨大障碍，有了这个障碍后，相恋的双方为了爱情要付出更多的努力，因此，他们的恋爱感觉就会更强烈。

罗密欧与朱丽叶分别来自两个互相仇视的家庭。两人不顾双方家人的反对，将爱情进行到底，最终阴差阳错地双双殉情。心理学中，如果交往中的男女遭到亲人的反对，反而会使恋情更为炽热，这种现象被称为“罗密欧与朱丽叶效应”。

（资料来源：穆铭．完全图解恋爱心理学：每天懂一点恋爱心理学［M］．海南：南海出版公司，2010）

心理实验室一：

谈恋爱，就带她去玩“过山车”——危桥约会实验

加拿大心理学家达顿等人分别在两座桥上对18~35岁的男性进行问卷调查。其中一座桥是高悬于山谷之上的吊桥，距离下面的河面有几十米高，左摇右晃，非常危险；而另一座桥是架在小溪上的一座坚固的木桥，高度也很低。

心理学家先让一位漂亮的女士分别站在两座桥中间，由这位女士负责对男士们进行问卷调查，然后让18~35岁的男性过桥，并在桥中央接受问卷调查。

做完问卷调查后，那位女士会对男士说：“如果想知道调查结果的话，过几天给我打电话。”并将自己的电话号码告诉给男士。

结果几天之后，给这位女士打电话的男士中，过吊桥的男士远比过木桥的男士要多。

为什么过吊桥的男士给那位女士打电话的更多呢？心理学家分析，这是因为他们把过吊桥时那种战战兢兢、心跳加快的感觉误认为是恋爱的感觉了，因为恋爱也会让人心跳加速。这就是所谓的“恋爱吊桥理论”。

心理学家从研究中得出结论：任何生理上的“激活”都可能令人更易心动。情侣们一起坐过山车、一起看喜剧或者一起逃离着火的建筑物，都会引起情绪的波动，从而激发对对方的感情。

心理学家认为，与人们的一般常识不同，个体的情绪经验并不是因自身的遭遇而自发形成，它是由两个阶段组成的自我知觉过程：人们首先体验到的是自我的生理感受，然后会在周遭的环境中为自己的生理唤醒寻找一个合适的解释。

在实验中，吊桥上的那些男士，本来是危险的环境致使他们心跳过速，但是他们却将这错误地理解为是调查者的魅力所致。正是这样的原因导致处于危险情境中的男性们与其他环境中的人相比较，对自己身边的调查者产生了更多的兴趣，更多地拨通了女士的电话。

吊桥效应理论也可以解释我们在生活中或者影视中常看到的场景：漂亮的女士处在危险中，英俊的男性英雄救美后，与其喜结良缘；恋爱中的两性在丛林中追来跑去，然后在角落里深情一吻；为了躲避危险，一男一女携手狂奔，然后彼此情感迅速进一步升华；玩完刺激的过山车，年轻爱侣们的心似乎贴得更近了……

吊桥效应给恋爱中人的一个启示，就是危险或刺激性的情境可以促进恋情的升温。因此当你想要促进和心上人的感情，可以一起去游乐园乘坐过山车，或者看一部惊险的电影。

（资料来源：田秋．生活中的趣味心理学［M］．北京：金城出版社，2010）

心理实验室二：

异性效应实验

心理学上有一个效应叫作“异性效应”，说的是人和人之间“同性相斥，异性相吸”的现象，以及这种现象对社会交往产生的微妙影响。异性效应在相当程度上会影响到一个群体的工作效率。

在宇宙飞行中，占60.6%的宇航员会产生“航天综合征”，如头痛、眩晕、失眠、烦躁、恶心、情绪低沉等，而且一切药物均无济于事。几年前，在南极考察的澳大利亚科研人员也得了这种怪病，晚上失眠，白天昏昏沉沉，用了许多方法，均无法治愈。经过调查研究，科学家得出的结论竟是“没有男女搭配，是性别比例失调严重，导致异性气味匮乏的结果”。因此，美国著名医学博士哈里教授向美国宇航局建议：在每次宇航飞行中，挑选一位健康貌美的女性参加。谁知，就这么一个简单的办法，竟使困扰宇航员的难题迎刃而解。

2009年9月17日，新中国第一次拥有了自己的女航天员——我国有5名男性、2名女性成为载人航天飞行的预备航天员。而选拔女航天员的一个原因之一，也是“异性效应”。

那么，为什么在一个有男有女的组织里会有“男女搭配，干活不累”的异性效应呢？心理学家告诉我们，这是因为异性掺杂在一起有如下好处：

（1）取长补短，完善个性。男人一般性格开朗、勇敢刚强、果断机智，不拘泥于细节，不计较得失，行为主动；而女人往往文静怯懦、优柔寡断、感情细腻丰富、举止文雅、灵活、委婉，性格比较被动。男女在一起，能够进行优势互补，同时容易发现自己的缺点，并完善自己。

（2）增强推动力和约束力。人总是想在异性面前表现自己最好的形象，因为得到异性的青睐是我们的巨大动力。这样，男女在一起就容易激发出各自最好的表现，各显其能，发挥出最大的能力，同时也有一种内在的心理约束力来规范自己的言行。

（3）增强凝聚力。男女搭配，可以使一个群体的成员增强感情依托感，增进友谊、荣誉感和凝聚力，从而提高工作效率。

因此，如果对异性效应进行合理的利用，在工作场所中对性别进行合理的搭配，可以让工作达到事半功倍的效果。

而且由于异性效应，在人际交往中，男女之间办事可能要比同性之间办事更加容易和顺利些。

（资料来源：笔者自编）

四、大学生的性心理发展及其基本特征

（一）性生理的发育

性生理发育水平决定性心理和性行为的发展水平。在校大学生的平均年龄在20岁左右，处于性生理发育的成熟期。两性生理的发育有两个明显的标志：一是体征上的变化，如男性骨骼壮大，喉结突出等；二是指功能上的，两性生殖系统发育成熟，男性分泌精液以至出现遗精，女子开始每月规律性排卵，月经来潮。在我国，男性首次遗精大多数在14~16岁，女性月经初潮大多数在13~14岁。绝大多数大学生在中学时代就完成了性成熟的关键一步。性生理的成熟为大学生恋爱提供了生理基础。

（二）性心理的发展

科学研究表明，直接影响性生理成熟的是大脑脑垂体前叶分泌的性激素。性激素的激活唤醒了性意识的觉醒。

所谓性意识觉醒，是指个体意识到自己的性别，两性之间的关系，以及对待两性的态度和行为规范。

在一岁半到四岁的时候，人就能从外部特征分辨周围人的性别，但却认为性别是可逆的，学龄前儿童已懂得男女性别是不可逆的。但在第二性征未发育前，孩子都处于性无知期，虽知道男女有别，但仍旧两小无猜。性心理的发展是伴随着第二性征的出现，性意识的觉醒而发展的，经历了四个阶段：

（1）异性疏远期。青少年在第二性征出现后的1~2年内，朦胧地意识到两性差别，开始有了不安和羞涩的心理，很怕异性注意自己的变化，于是男女彼此疏远，即使是青梅竹马的童年伙伴也较少交往。有的孩子在家里在还不由自主地疏远异性长辈。与此同时，也开始了对性的好奇心和求知欲，很想知道被成人世界掩饰的秘密到底是什么。

（2）异性吸引期。对异性产生好感与爱慕，一般发生在女孩12~13岁，男孩13~14岁以后。这时的少男少女开始好表现自己，男孩乐于在女孩面前展示自己的能力与才华，以赢得女孩的好感与赞许；女孩开始注意修饰打扮，以引起男孩的注意和喜欢。男女相互接近的渴望使他们乐于参加与异性在一起的集体活动，喜欢结伴外出郊游、唱歌、跳舞或参加体育活动等，并对异性表示关心、体贴、乐于帮助异性同学以博得异性的好感。但是，少男少女毕竟还不懂得应当怎样与异性相处，接触和交往多半没有专一性和排他性。

（3）异性向往期。15~16岁之后的青少年向成人过渡加快，在对异性产生好感的基础上各自形成一个或几个异性的“理想模型”，并在众多的男女生交往中，逐渐由对群体异性的好感转向对个别异性的依恋，有的还形成一对一的“专情”行动，萌生

恋情。

（4）择偶尝试期。高中毕业进入大学的青少年，对异性的爱慕和向往有了比较严肃的选择和排他性，自然而然地进入了恋爱择偶尝试期。男女双方从内心深处都感到异性存在的美好，并渴望用各种方式接近异性，引起特定异性的注意与好感。

生理维度是大学生恋爱心理和行为产生发展的自然基础。人的生理结构与功能影响着人的心理活动。大学生年龄在 18 ~24 岁，正处在性萌发到成熟的时期，不仅是性器官和内分泌在生长发育，而且大脑皮质中的性控制中枢与情感中枢也逐步成熟。这时期大学生性爱本能欲求具有强大的内驱力，异性间相悦相容，表现出强烈的异性交往欲。刘达临的《性文明调查报告》指出：随着大学生性生理基础不断发展，产生和异性交往的心理渴求也达到了顶峰。年龄处于 21 ~22 岁阶段大学生异性交往欲达到顶峰，表明这时期大学生性爱生理、心理需求到达高峰。而到 23 岁以后则逐渐趋于平缓和下降。生理医学研究表明，这种交往欲产生的自然物质基础是性生理。其中发生根本影响的是性染色体和性激素。性染色体从遗传属性上影响恋爱双方性别角色心理的发展倾向。而性激素包括雄性激素、雌性激素和孕激素，其功能是通过“下丘脑——脑垂体——性腺”这样一个多极系统，刺激性器官和第二性征的发育。男女到青春期由于性激素分泌的逐渐升高，使之不断出现第二性征，男性的阳刚特征，女性的阴柔之美逐渐分化凸现。到大学阶段随着性激素分泌的进一步增多，大学生的性意识逐渐增强，强烈的性欲望也不断产生，出现了对异性好奇、好感、趋近等心理需求，由此构成了强烈的恋爱冲动。他们想通过恋爱行为达到与异性接触来实现性爱能量的释放，而且随着心理上的独立性增强，这种本能的内驱力也越来越强，构成了大学生恋爱心理活动产生的自然物质基础。同时，生理基础的变化与不适，如受性激素调节的第二性征发育不良引起的体象缺憾，造成对体象、性器官与功能发育的不满、不适，从而产生心理挫折感，引起诸如自卑、焦虑等心理反应，都对大学生确立恰当的恋爱心理机制造成影响。所以，生理维度是大学生恋爱心理活动发生的必要的物质基础，又在一定条件下调制着大学生恋爱心理的变化及表现程度。特别是这时期大学生社会角色尚未定位，自主性强，恋爱心理的社会功利意识相对微弱，其恋爱心理往往以“情性”为主体，自然属性相当突出。

（三）其他因素的影响

社会环境维度是影响大学生性心理恋爱心理发展的一个重要因素。首先，校园内的文化环境激活了大学生的恋爱心理。大学生入学前后环境的变化，对大学生恋爱有着特别的影响。大学生活中，父母、家庭的监督影响减少，有了更大的自主性，同学中恋爱风气相互影响，恋爱心理互动感染，增加了大学生性爱心理的活跃度。为大学生的恋爱提供了客观环境。图书报刊、影视作品、网络信息中有关性爱问题与情节，刺激、诱导着大学生恋爱心理的萌动、发生与确认。其次，大学里恋爱审美情操的培养，性爱科学知识教育与传播，又时时刻刻影响、支持着大学生恋爱心理的调适与转化。最后，社会价值观的多元化也会影响大学生的心理。

第二节 探寻爱的真谛的方法

一、大学生恋爱与性心理常见问题

大学生恋爱心理有着其特殊的生理、心理、社会影响维度。大学生恋爱心理过程，与其成才过程的可塑性一样，呈柔性与多变状态。某一个时期，可能一种心理占主导，而随着身心条件的变化，另一种心理形态又会上升为主要矛盾。好奇心理、焦虑心理、对抗心理、自卑心理以及明智心态可能交织在一起，交替出现。因此，我们不能孤立地看待大学生的恋爱心理形态，也不能忽视那些情感成长历程中的矛盾、困惑和问题。

（一）性爱焦虑

大学生恋爱焦虑心理源于对待性爱问题深刻的矛盾心情和冲突心理。据了解，66.6%的男大学生和77.7%女大学生出现不同程度性爱焦虑。他们不知该如何处理性爱生理成熟与心理需求增长之间的矛盾；不知该如何对待情爱发展与尚未经济独立、求学成才之间的矛盾，表现为苦恼、烦躁不安、厌恶感和紧张感。大学生恋爱焦虑心理的主要引发因素是：

1. 性意识的困扰

即对性意念处理不当而引起的烦恼。许多同学因性知识缺乏，性教育不当，而将性意识表现与觉醒，如性幻想、手淫等看作罪恶，产生严重的“自我道德谴责”，越想让自己不去想这些问题，结果适得其反，陷入痛苦的不安之中。有的同学因以第二性征为重点的体象状态不如已意，希望改变，又不遂人意，很难将它改变时，就出现了深刻的焦虑与烦恼。

2. 陷入婚恋认识误区

虽然，大学生婚前发生性行为的发生率不断上升，但在性的问题上，有学者的研究指出，大学生对性行为其实存在着很大的矛盾性。在天津天外天校园网站在网上公布了一份调查问卷，问卷通过15个问题对大学生情感和性观念进行了网上调查。天津各个高校共有3000余名在校大学生参加了这次网上调查。调查结果显示出大学生在性观念上十分矛盾。对于“大学生在校期间的性行为”有70%的人表示赞同甚至已经尝试过，63%不反对“珍视贞操是传统对人性的压抑”的观点；但是同时又有73%的人介意结婚后发现伴侣曾有过性伙伴。从心理方面来看，婚前性行为给女方造成的心理压力很多，比如恐惧、自卑、心理冲突等。调查发现，女性（不特指女大学生）有27.3%的人性交后怕怀孕，21.3%的很懊悔，21%的人惧怕败坏名誉。在接受人流手术时，怕手术痛苦者48.4%，不敢告诉家长者17.3%，不在乎者13%，手术后怕产生后遗症的

62.3%，怕失恋后不易再找对象的20.7%，无所谓者17%。校园恋爱中婚前性行为的发生，无论是女方主动，或是男方要求，男女在事前事后心理状态存在很大不同。有时候，婚前性行为容易使恋爱关系出现不利于女方的发展。比方有些女生失去自信和独立，即使发现对方有较大缺点，也一再迁就、容忍，委曲求全。从医学角度看，大学生的婚前性行为大多是在隐蔽状态下进行，常伴发紧张、害怕、恐慌等心理和不道德感与羞愧感，极易引起性反应抑制和性焦虑的发生，从而导致男性心因性阳痿、早泄和性功能障碍。女大学生一旦怀孕，其补救措施就是流产。流产的不良后果有：身体不能很好地恢复、容易损伤生殖器官、出现意外事故。

（二）爱情“即时消费”心理

“不求天长地久，但求曾经拥有”，出现轻率化的现象，不太注重恋爱的最后结果，却非常强调恋爱时的感觉，看重恋爱的过程。在大学里，持这种观点的不在少数，绝大部分都是为了摆脱精神空虚，消磨时光，真正以感情为基础的少之又少。有些同学更换恋人的速度比NBA进球数还快！

还有一类学生对学习不感兴趣，时常感到孤独、烦闷，为了弥补精神上的空虚，急欲与异性朋友交往，“恋爱”成为一种近景性的精神需求。尤其是周末，当寝室的室友成双成对地走出校园，自己一人在寝室时，有一些同学会有一种空虚得想谈恋爱的感觉。女生的这种心理体验尤为明显。据报道，有一所大学的一个班的全部女生在大二时就都有了“相恋对象”，用她们自己的话说，“我其实不是真的在谈恋爱，只是生活太乏味了，又没有知己，想找个伴畅快畅快。”

（三）游戏心理

大学校园气氛相对宽松，大家相互尊重他人隐私，因此每个人的恋爱和生活都受到尊重。有些人为了追求所谓的高品质生活，抱着游戏人生的态度，对待爱情表现得玩世不恭，有些人不惜“傍大款”、结交不良异性朋友，被对方所谓的慷慨、潇洒出手不凡的外表现象迷住，失去自我，有些人因为家庭生活困难，涉世未深，误入歧途，还有些人提出“不求天长地久，只在乎曾经拥有”的说法，玩着感情的游戏，既伤害自己，又伤害别人。甚至有个别女大学生由于虚荣，往往被社会上一些人外在的身份、地位、金钱所迷惑，误入歧途，走上犯罪道路。

（四）单相思

单相思是大学生存在的一个普遍现象，单相思引起的心理困扰，例如郁闷、情绪低落、衣衾不安对学习造成很大干扰。有些民办大学生告诉我们，单恋的问题有些是从中学期间遗留下来（压抑自己），到大学期间才显现出来，很多人貌似对感情不感兴趣，实际上深受感情的困扰，由于自尊等原因，单恋往往难以告诉他人，因此更难排解，有些人大学期间由于长期单恋（单相思）造成学业退步、严重者诱发其他心理问题。

（五）网恋困惑

心理学家发现，在匿名的氛围中人们容易在短时间内变的亲近起来。研究表明，通过网络相识，进而发展成恋人的恋爱方式在青少年中上升很快，特别是大学校园，网恋的人数比率更高。据上海某名牌大学学生会调查：该校大三、大二学生中，约有 20% 以上的人曾尝试过用“网恋”方式选择异性对象，而其中又有一半左右沉湎其中。他们希望在网上和不相识的人分享他们的秘密、希望和未来。

有些大学生网恋一般很容易上瘾，而一旦上瘾就会沉湎于网上不能自拔，把网上爱情视为生活的唯一追求。调查表明，有一些大学生中午、晚上不休息，加班加点在网上谈恋爱，上课时却无精打采，甚至有的大学生为了上网谈恋爱而逃课。网恋不仅严重影响学习，而且容易使他们减少与老师、同学之间的交流，不愿意参加集体活动，性格变得孤僻，甚至造成人格分裂。已经有大学生靠偷窃支付上网费用。还有些大学生因为网恋失意，不得不到精神卫生中心求治，问题严重的甚至出现精神崩溃。网恋的欺骗性对一些大学生更是一个沉重打击。一些受到如此打击的学生，由于得不到及时的引导，甚至于断送了一生的前程。

二、学习爱，走向幸福

大学生恋爱越来越普遍，但是大学生恋爱也引发了许多问题，给大学生的身心都造成了严重的负面影响，有的甚至酿成了悲剧，对于大学生的这些恋爱方面的心理问题，可以从以下几个方面加以改善。

（一）大学生要学会自我调适心理

恋爱是大学生成长中的必经之路，但许多大学生在恋爱中出现心理困惑即恋爱心理问题，这些都对他们的成长之路造成很多负面影响。因此，树立正确的恋爱观，拥有健康的恋爱心理，学会对恋爱困境进行自我调适，特别重要。总的来说，大学生恋爱心理困境包括：缺乏爱与被爱的能力，不懂得如何与异性朋友进行交往，对于婚前性行为过于草率，单恋的纠结，失恋后无法自拔，各种恋爱纠葛，等等。大学生要冷静避免有过激行为，找相关的心理老师进行咨询，或者做些其他事情转移注意力，调试好自己的心理。

（二）学校应加强对大学生恋爱观的教育

国内高校大多不重视学生恋爱观的教育，很少专门开设一门课程进行这方面的教育，对于性方面的教育就更少。所以，大学生的恋爱观存在着自发性、盲目性，有时甚至会做出偏激的事情。学校应该高度重视大学生的恋爱心理，一方面，专门开设恋爱方面的课程，对学生的恋爱心理进行教育，引导他们树立合理的恋爱观；另一方面，开设专门的心理咨询机构，对大学生恋爱中发生的问题给予心理上的引导，使他们遇到恋爱心理问题时，调节心理，使问题得到良好的解决。

（三）提高大学生的综合素质

恋爱是人生中不可或缺的一个重要的方面，但爱情并不是生命的唯一，在恋爱中，大学生不能为了爱情放弃其他一切。一方面，学校应该组织各种活动，丰富大学生的业余生活；另一方面，大学生也要积极参加学校的各种活动，培养自身的兴趣和特长。这样，既可以形成良好的人际交往关系，也可避免大学生在爱情失败后无法释怀而做出极端的事情来，同时也可以提升大学生的综合素质。

（四）培养爱的能力

爱的能力是指和他人建立亲密关系的能力。爱的能力包括对爱的感知、认知及接受能力。即能准确的了解、感悟、体会对方对自己爱的表达，能够很好地回应对方爱的表达。

爱意味着将自己最宝贵的东西给予对方，包括生命。但并不意味着为对方牺牲生命，而是给予对方自己生命的活力。爱是对对方最深刻的理解和宽容。爱的能力不仅在物质范围内，也存在于人性特有的领域。给予者在给予中不断强化自己的生命活力，不断地激活自己的生命潜能，不断地把生命的终结意义推向更高。

1. 要具有爱的能力

首先，要懂得爱是什么，什么是健康的爱。先要了解自我，知道自己喜欢什么，需要什么，适合什么；也要了解他人，了解他人的兴趣、爱好；要学会如何主动关爱他人、帮助他人，具备给予他人爱的条件。其次，要培养爱的表达艺术，掌握施与爱的技巧。许多恋人之间矛盾不断，并非缺乏爱，而是缺乏爱的表达艺术。在追求爱时，给予他人爱时，要勇于、善于表达爱，使自己的爱得到真正的体现和高水平的爱。

2. 学会如何接受他人的爱

很多人没有充分的心理准备，当爱突然来临时，显得惊慌，不敢接受属于自己的爱，以致造成终生的悔恨，因此要勇敢地接纳他人的爱。爱是双向的，不仅仅是付出，同时也是收获。一个人只有领悟到了他人的爱，才有可能给他人以更大的爱。

3. 拒绝爱的能力

当我们得到所期望的求爱时，内心会感到莫大的满足和幸福，但当求爱的人不是自己所满意或不能当作恋人来喜欢的对象时，就会感到莫大的苦恼。苦恼的根源在于我们既不想接受爱情表白，又不想因拒绝而伤害到对方的心。尤其是对方与自己有深厚的友谊时，这苦恼就来得更为强烈。然而，不管多么的困难，不能接受的爱情总是要加以拒绝的。在拒绝爱的表白时要注意以下几点：

一是态度要坚决。在自己不希望得到的爱情来临时，一定要勇敢地说“不”，优柔寡断或屈于对方的穷追不舍而接受是极其有害的。不要因一时的勉强和将就，错爱一生，造成终生遗憾。

二是要尽力维护对方的自尊。为了减少拒绝给对方的心理带来的伤害，也使对方更易于接受，就必须设法维护对方的心理平衡，尽量减少对方的内心挫折。可先对对方的人品和才华等加以赞许，然后说明你为什么不能接受求爱的理由；说出的理由要合乎情理，最好从对方的角度提出有利的方面，让对方觉得拒绝也是为了他好：如果必须向旁人做出解释，你不妨把消极的原因归于自己，避免给人造成你拒绝他的假象。

三是要掌握适当的拒绝方式。每个人都有爱和被爱的权利；有接受爱和拒绝爱的权利。要尊重每一份真挚的感情，珍重真挚的感情是对他人的尊重，也是对自己的尊重，要学会用充满关切、尊重、机智的方式来维护他人和自己的尊严。

4. 建立亲密关系的能力

爱的能力首先看内心储存了多少爱可以给予，如果一个人内心是干枯的，没有爱可以付出，也就缺乏与他（她）人建立亲密关系的基础。因此要与他人建立亲密关系，应着重做好几下几点：

第一，要学会爱自己——自爱。正如艾克哈特所说：“如果你爱自己，你就会像爱自己那样爱其他的每个人。只要你对其他人的爱不及对自己的爱，你就不会真正地爱你自己，但是如果你同样地爱所有的人，包括爱你自己，你就会爱他们像爱一个人，这个人既是上帝又是人类，这样的人就是一个爱自己，同样也爱其他所有人的伟大而正义的人。”

第二，要学会包容、理解和体谅，更需要“读懂”彼此。读懂有时是一种感悟、一种兼容，当读懂介入了爱的成分，那便升华至一种全身心的容纳与交合，是一个无言而深沉、幸福并快乐的过程。读懂有两种境况，初见的读懂，既是一见钟情，一种天作之合的多少年朝思暮想幻影的现身，凡未经历过的人是绝难相信的，但又是客观存在的。还有一种是由初见的倾慕到渐入佳境的读懂。时光的流逝，不仅没有磨灭初识时的热情，反而随着相互的阅读，完成了从喜欢到读懂到爱慕到激情的质的跃进。另外，在男女两性交往中，要注意既保持自己的独特性，又尊重对方的独特性，不以爱的名义实施非爱的行为。

第三，要了解两性差异，“男人来自金星，女人来自水星”，男女两性要提高沟通质量，需要注意男女两性不同的情绪需求。男性情绪的三大需要是：能力被肯定、才华被欣赏、努力被感激；女性情绪的三大需要是：时常被关怀、需要被肯定、想法被尊重。

5. 解决爱的冲突的能力

相爱的人之间发生冲突是很自然的事，冲突一方面可能来自日常生活中的不一致或不协调，另一方面可能来自性格的差异。相爱的人不是寻求两人的一致而是看如何协调、合作。爱需要包容、理解、体谅，会用建设性的方式去解决。沟通是非常有效的方式。恋人间需要有效地进行沟通，表达清楚自己的思想、感受。伤害性的争吵或者冷战都不利于问题的解决。

6. 提高恋爱挫折承受能力

提高恋爱挫折承受能力：大学生的恋爱受多种因素的制约，因而在追求爱情中遇到各种挫折是难免的。提高恋爱挫折承受能力对大学生的心理健康是非常重要的。当爱情受挫后，用理智来驾驭感情，通过增强理智感，分析原因，总结经验教训，通过适当的情绪调节、宣泄和转移，来减轻痛苦。在新的追求中确认和实现自己的价值，从而提高自己的心理承受能力和思想水平。

第三节　心理辅导与训练方案

一、面对面的介绍——热身阶段

操作：

将所有人排成两个同心圆，随着歌声同心圆转动，歌声一停，面对面的两人要相互自我介绍。

注意事项：

（1）排成相对的两个同心圆，边唱边转，内外圈的旋转方向相反。

（2）歌声告一段落时停止转动，面对面的人彼此握手寒暄并相互自我介绍。歌声再起时，游戏继续进行。

二、感知——感受阶段

活动一：爱情格言

“问世间情为何物？直教人生死相许。”

“爱情不是花荫下的甜言，不是桃花源中的密语，不是轻绵的眼泪，更不是死硬的强迫，爱情是建立在共同的基础上的。”

“爱情使人忘记时间，时间也使人忘记爱情。”

“两个人热恋时，感情已经热烈得就要把彼此都燃烧了，还需要什么经营，但是时间一长了，冷却的爱情需要彼此都真诚地去维系与经营，爱情才不会变质。”

“幼稚的人和幼稚的人在一起没什么问题，成熟的人和成熟的人在一起也没什么问题。成熟的人和幼稚的人在一起问题就多了。”

小组讨论：爱情究竟是什么？什么样的感情才叫爱情？

活动二：爱情与喜欢测评

心理学家鲁宾所做的“喜欢量表”和“爱情量表”的分析。将爱与喜欢分为两种不同的性质和情绪状态，这样可能有助于大家做出正确的判断，获得更完美的结果。

这两个量表有许多共通处，但爱情有依附感、关怀感和亲密感三个要素。而喜欢只是正面的感受，如好、喜欢、崇拜，没有涉及你为他做什么和独占的感觉。

鲁宾（Zick Rubin）爱情与喜欢量表

（请针对自己的实际情况对下列陈述做出判断，符合记1分，不符合记0分。）

比较前13项与后13项的分数，衡量爱情还是喜欢。

爱情量表共13个方面：

1. 他（她）觉得情绪低落的时候，我觉得很重要的职责是使他快乐起来。
2. 我在所有事情上，都可以信赖他。
3. 我觉得我要忽略他的过失是一件很容易的事。
4. 我愿意为他做所有的事情。
5. 对他我有一种占有欲。
6. 若我不能和他一起，我觉得非常不幸。
7. 假如我孤寂时，首先想到的就是去找他。
8. 在世界上我关心很多事，但是有一件事就是他幸福不幸福。
9. 他不管做什么，我都愿意宽恕他。
10. 我觉得他的幸福和成功是我的责任。
11. 当我和他在一起时，我发现什么事都不做，只是用眼睛看着他。
12. 若我也能让他百分之百的信赖，我觉得十分快乐。
13. 没有他，我觉得难以生活下去。好深的层次哦，有人可以让你有这样的感觉吗?

喜欢量表共13个方面：

1. 当我和他在一起时，我发觉好像两人都有相同的心情。
2. 我认为他非常好。
3. 我愿意推荐他去做被人尊敬的事。
4. 以我看来，他特别成熟。
5. 我对他有高度的信心。
6. 我觉得什么人和他相处，大部分都会有很好的印象。
7. 我觉得和他很相似。
8. 我愿意在班上或团体中，做什么事都投他一票。
9. 我觉得他是许多人中容易让别人尊重的一个。
10. 我认为他是十二万分聪明的。
11. 我觉得他是所有认识的人中，非常讨人喜欢的一个。
12. 他是你很想学的那种人。
13. 我觉得他非常容易赢得别人好感。

三、理解——感想阶段

活动一：角色表演：恋人吵架

操作：

（1）恋人产生矛盾吵架是常见的，比如看电影还是看球赛，去哪儿吃饭，陪女朋友逛街还是陪舍友打游戏，同学们每人可以相互讨论写出 3 个恋人吵架的原因

____________________ ____________________ ____________________。

（2）老师和学生们讨论列出 5 个恋人争吵原因。

（3）同学们自愿参与原则，选出 6 位男生、6 位女生，随机按男女搭配成 6 个小组。

（4）现场抽题目进行角色表演。准备时间 10 分钟，每组表演 5 ~8 分钟。

活动小结：

通过讨论和观看恋人吵架的角色表演，你想想恋人发生争吵应该怎么办？恋人争吵对恋爱关系有什么影响？

活动二：校园采访——谈恋爱会受哪些因素影响

操作：

（1）同学们以小组为单位，针对“谈恋爱会受哪些因素影响”制定访谈提纲，至少包括 5 个题目，写在下面。

____

____

____

____

____

（2）接着，去校园里进行随机采访，每组至少采访 10 位同学，做好采访记录，然后回到教室。

（3）各个小组整理访谈记录，总结归纳，派一位同学发言汇报，进行班级内分享。

活动三：案例分析——异地恋会分手吗？

小芳与刘强是同事，恋爱两年在一起生活了一年，这段时间内刘强对小芳很好，爱情是甜蜜的。后来刘强父母让他回家乡发展，所以他就离开了小芳所在的城市，分开的时候，刘强说等他稳定了就接小芳过去。开始异地，他俩每天都打电话，聊天也聊得很晚。但是慢慢地，电话也不经常打了，只有小芳给刘强打，后来聊天逐渐减少，内容也很浅显。

那段时间小芳诚惶诚恐，担心刘强是不是不爱她了，想跟我分手了，工作生活一团糟糕。她问了刘强好多次原因，刘强说是工作压力大，没有自己的空余时间，所以才会这样的。小芳想着给刘强点时间让他适应新的工作，可是小芳又去找刘强的时候玩他手机，发现他跟其他女生聊得挺好，说明刘强不是没时间，刘强解释说是女生们主动找他

聊天的，不是自己主动的，说他真正爱的是小芳，小芳也相信了。刘强总是说自己去加班或者是回家了，有一次，他说在加班，可是用朋友的电话打过去之后，听到的是刘强在 KTV 中。接着，三个多月刘强小芳相互都没有主动找对方聊天，有也是“睡了吗？嗯，晚安”等诸如此类的话语。有一次小芳生病了，电话里想让刘强安慰一下，刘强知道情况后，只说了句早点休息，后来小芳也渐渐地习惯了这样的方式。

后来刘强来见小芳的时候，他们一起去吃饭，刘强接了一个女生电话聊得很高兴，小芳不解为什么可以跟其他女生聊得那么高兴，却不愿意跟自己多聊一会呢？

刘强回去之后，小芳向他提出分手，刘强问为什么，小芳说她失望够了，刘强从不理会小芳痛苦的感受。刘强想要挽回小芳，可小芳真的很累。

案例分析：

有时候两人吵架也比冷战、互不搭理对方要好。因为吵架也是沟通的一种方式，恋人之间怕的是这样的冷战关系，冷战只会产生更多的失望或是不满，当积累太久太多的时候就成了绝望。当恋人之间不想吵架，是已经开始觉得没有多大的必要去跟对方争吵了，所以就跟对方说了分手。

四、整合——感悟阶段

活动一：小组讨论——大学应怎么谈恋爱

操作：拿出纸和笔填写下面问题：

谈恋爱对学习的影响：________________________________

谈恋爱对身心的影响：________________________________

谈恋爱对生活的影响：________________________________

谈恋爱对人际关系的影响：____________________________

谈恋爱对________影响：______________________________

谈恋爱对________影响：______________________________

活动小结：

你大学期间谈恋爱对你影响大吗？如果谈恋爱对你有较多的负面影响，这时你需要内省一番，寻找问题的根源。比如，你是否客观思考过大学期间应该怎么谈恋爱？是什么原因使你成为这样？有没有改善的可能。

活动二：交流沟通训练——XYZ 方法

恋人之间产生矛盾是不可避免的，恋人之间产生矛盾怎么办？

有效沟通是解决矛盾最好的方式。沟通问题是为解决问题奠定基础。良好的沟通会令双方清楚地感到：彼此是在相互尊重、共同努力。双方先把自己对有关话题的主要想法、感受表达出来，并确信对方已清楚了你的观点。在这一步骤中要运用听说技巧，因为多做一些价值肯定，可以营造出相互尊重的氛围，有利于问题的顺利解决。

请看下面案例：

例如，对方晚上总是把房间弄得乱七八糟，你对此颇为不满。你认为下列哪种表述容易为对方所接受呢？

“你真是个龌龊鬼。”

“每天晚上一回家（Y），你就把提包、夹克扔到地上（X），这让我很生气（Z）。”

再如，你对对方在上周六一个聚会上的言论感到气愤。下面是一种对比：

“你真不为别人着想。”

“上周六聚会时（Y），你对他们说我工作并不那么努力（X），我感觉难堪极了（Z）。”

在冲突中，几乎都是由于在达成一致意见前，没有花时间讨论问题，而产生隔阂，遭受了巨大的痛苦。把相关事实和感受都摆到桌面上讨论，就为双方的团结协作奠定了基础。

在讨论问题时，很可能一方或双方都有某些怨言、不吐不快。倘若如此，建设性地提出自己的感受、忧虑则是非常重要的。为此，可运用“XYZ 表达”方法，用“XYZ 表达”，抱怨、不满就会呈现为这种形式：

“在 Y 情况下，当你做 X 时，我感到 Z。”

这种表述能为对方提供有用的信息：特定的举动，发生在某种情形下，此时我的感受如何。“XYZ 表达”中，“我感到 Z”则表明你为自己的情感负责。对方并没有特别地“让”你感觉什么，是你支配着自己的情感。这比人们常用的招数——表述问题含糊不清、不是“我”的表白，而是对配偶的人格攻击——受欢迎得多。

切记，没有人真的愿意听到抱怨和批评，不论这“抱怨和批评”多么富有建设性。XYZ 形式将帮你避免挑起不必要的冲突。

心理测试一：

爱情乎？友情乎？

1. 问卷

指导语：下面的测试可以了解自己与对方之间是友谊还是爱情。每个测试包含 13 个项目，在符合你的项目前打“√”。

测试 1：

（1）当我和他在一起时，我发觉好像两人都有相同的心情。

（2）我认为他非常好。

（3）我愿意推荐他去做令人尊敬的事。

（4）以我看来，他特别成熟。

（5）我对他有高度的信心。

(6) 我觉得什么人和他相处，大部分都会对他有很好的印象。
(7) 我觉得和他很相似。
(8) 我愿意在班上或团体，做什么事都投他一票。
(9) 我觉得他是许多人中，容易让别人尊敬的一个。
(10) 我认为他是十二万分聪明的。
(11) 我觉得他是所有认识人中最讨人喜欢的。
(12) 他是我很想学的那种人。
(13) 我觉得他非常容易赢得别人的好感。

测试2：

(1) 他觉得情绪很低落的时候，我觉得很重要的职责就是使他快乐起来。
(2) 在所有的事件上，我都可以信赖他。
(3) 我觉得要忽略他的过失是一件容易的事情。
(4) 我愿意为他做所有的事。
(5) 对他我有一种想占为己有的想法。
(6) 若我不能和他在一起，我会觉得非常不幸。
(7) 假使我孤寂，首先想到的就是要去找他。
(8) 在世界上也许我关心很多事，但最重要的事就是他幸福不幸福。
(9) 他不管做什么，我都愿意宽恕他。
(10) 我觉得他的幸福是我的责任。
(11) 当我和他在一起时，我发现自己什么事都不想做，只是用眼睛看着他。
(12) 若我也能让他百分之百的信赖，我觉得十分快乐。
(13) 没有他我觉得难以生活下去。

2. 结果解释

测试1和测试2中符合你自身情况的项目分别有多少？如果测试1中符合你的项目多于测试2，那么你对对方喜欢的成分多于爱，你们之间是友谊而非爱情。反之则是爱情而非友谊。

心理测试二：

恋爱观自测量表

1. 问卷

指导语：恋爱观是人生观在恋爱上的反映。它不仅决定着对恋人选择的标准，也决定着一个人恋爱的目的和为达到目的所采取的方式，由此也关系到婚姻幸福美满程度。请回答下列问题，并将总分值与结果对照。

(1) 你打定主意跟对方建立恋爱关系时所依据的条件是

A. 各有所长，但总是相等　　B. 我比对方优越

C. 对方比我优越　　D. 没考虑

(2) 对恋爱日程和起始的时间安排是

A. 懂得了人生的真谛和爱情的内涵，又确定了事业的前进方向和出发点

B. 随着年龄增长，自有贤妻和好丈夫光临，“月下老人”总有空闲的时候

C. 早下手为强，越早越主动

D. 还没想过

(3) 你认为恋爱最终达到的目的是

A. 结为情投意合的伴侣

B. 成家过日子，养儿育女

C. 满足情欲的需要

D. 只是看着恋爱好玩儿，下步没想什么

(4)（男答）你对未来妻子首先考虑的是

A. 善于理家，进得厨房　　B. 容貌漂亮，出得厅堂

C. 人品好，能体贴、帮助自己　　D. 只要爱，其他无所谓

（女答）你对未来丈夫首先考虑的是

A. 潇洒有风度　　B. 金钱权势占优势

C. 为人正直，待人和蔼可亲，有上进心　　D. 只要他爱我，其他都不考虑

(5) 你希望同你的恋人结识是这样开始的

A. 青梅竹马，一往情深　　B. 一见钟情，难分难舍

C. 在工作和学习中逐渐产生感情　　D. 经人介绍

(6) 你认为巩固爱情的最佳途径是

A. 设法讨好对方　　B. 努力使自己变得更完美

C. 对恋人诚恳，言听计从　　D. 无计可施

(7) 恋爱的过程是互相了解、互相适应和培养感情的过程，既然是个过程，就需要时间，那么，你希望恋爱的时间是

A. 越短越好，最好是“闪电式”　　B. 时间尽可能长些

C. 时间很长　　D. 自己无所谓，听对方的

E. 只要他爱我，其他都不考虑

(8) 你认为了解恋人的最佳途径是

A. 自己精心设计某些场面，对恋人做无休止的考验

B. 诚挚地交谈，细心地考察

C. 通过朋友

D. 没想过

(9) 当你在恋爱过程中遇到一位比恋人条件更好的异性对你有好感时

A. 说明真相，更忠于恋人　　B. 对其冷淡，但保持友谊

C. 讨好对方并瞒着恋人和其来往　　D. 感到困惑，不知如何是好

(10) 你原以为恋人很理想，随着时间的推移发现恋人也有缺点和不足时，你怎么办

A. 运用对方能接受的方式帮助对方改进　　B. 因事先没想到而伤脑筋

C. 嫌弃对方，犹豫动摇　　D. 不知道如何是好

(11) 恋爱进程不是一帆风顺的，你对恋爱中出现波折的认识是

A. 最好不要出现，既然出现也是件好事，是对双方的互相了解和考验

B. 有点儿难过，认为这是不幸

C. 疑心丛生，打算分手

D. 束手无策

(12) 当你倾慕某个异性并开始追求她（他）时，你发现她（他）已经另有所爱，你怎么办

A. 静观待变　　B. 千方百计“切入”

C. 抽身止步，成人之美　　D. 没想过

(13) 当你们的爱情小舟在行驶中由于对方的原因搁浅时，你怎么办

A. 千方百计缠着对方　　B. 毁坏对方名誉

C. 说声“再见”，各奔前程　　D. 不知所措

(14) 当你的恋人背信弃义，甩掉你之后，你怎么办

A. 只当自己瞎了眼　　B. 你不仁，休怪我不义

C. 吸取教训，重新开始　　D. 悲愤痛苦，不知所以

(15) 当你多次恋爱都未成功，随着年龄增长成了“老大难”时，你将怎么办

A. 一如既往，宁缺毋滥　　B. 自暴自弃，随便找一个了结

C. 检查一下择偶标准是否切合实际　　D. 自认命不好，对恋爱感到绝望

2. 计分：得分对照表

题号	选项			
	A	B	C	D
(1)	3	2	1	0
(2)	3	2	1	0
(3)	3	2	1	1
(4)	2	1	3	1
(5)	2	1	3	1

续表

题号	选项			
	A	B	C	D
(6)	1	3	2	0
(7)	1	3	2	0
(8)	1	3	2	0
(9)	3	2	1	0
(10)	3	2	1	0
(11)	3	2	1	0
(12)	2	1	3	0
(13)	2	1	3	0
(14)	2	1	3	0
(15)	2	1	3	0

3. 结果解释

35～45分：恋爱观正确。

这是你进入情场的最佳入场券，进场以后也可能有点儿曲折，这种曲折只不过是你要达到事先目标的暂时困难，但你最终会寻觅到称心如意的恋人，预祝你爱情幸福美满。

25～34分：恋爱观尚可。

你在情场上虽不至于有大的失误，但一时也难以得到真正的爱情。爱情是圣洁的事，为了你的幸福，最好把恋爱观再校正一下，变“尚可”为“正确”后，再跨入情场不迟。

15～24分：恋爱观需要好好端正。

这是因为你的恋爱观中有不少问题，甚至还有些霉点，这些霉点使你辛勤撒播的爱情种子难以萌发，即使萌发了也难结甜蜜之果。

得7个以上0分：你的恋爱观还没有确定。

推荐阅读：《男人来自火星，女人来自金星》

约翰·格雷（John Gray），全球著名婚恋情感专家、超级演讲家、心理学博士、畅销书作家，其著作《男人来自火星，女人来自金星》自问世以来，销量已经超过3000万册，被翻译成40多种语言。《男人来自火星，女人来自金星》作者以男女来自不同的星球这一新鲜、生动、形象的比喻作为他的全部实践活动的理论支撑点，即男人和女人无论是在生理上还是心理上，无论是在语言上还是在情感上，都是大不相同的。这一比喻贯穿着他的这本通俗的畅销读物之始终，并冠以书名之中，呈献给中国各年龄层男女读者面前，是一本有助于完善夫妻关系、保持美满婚姻，使夫妻结伴走完人生旅途的通俗性的心理自助读物。

推荐电影：《恋爱假期》

该影片是由南茜·迈耶斯执导，凯特·温丝莱特、卡梅隆·迪亚茨、裘德·洛、杰克·布莱克主演的一部爱情电影。影片于2006年12月8日在美国上映。电影讲述了两个女主角：阿曼达·伍兹和爱丽丝·辛普金斯因为都受到了男朋友的背叛，两人恰巧在网上相遇，而两人做出了一个大胆的决定：把自己的房子和自己的一切交换供对方度假，到陌生的地方度过一个洗去伤心的假日。而两人到了目的地后，事业型的阿曼达和家庭型的爱莉丝分别遇见了另一半，阿曼达是搞电影事业的，因此总习惯性地联想和设定那些尚未发生的情节。对于一份异国恋，一份迅速而来的恋情，她扮演的是逃跑者的角色。爱莉丝则不同，她曾经坚定地守卫那并不属于她的情感，当另一份爱情到来时，她凭着自己的直觉摸索前行，极力想看到尽头桃花源的无限安宁和美丽。

影片向我们展示了，当两个人能对很多事物有同样的经历并产生同样的观感并会心一笑的时候，那是多么伟大，可能是经过了无数轮回才能得到的经历，最后才能让两个有着共同世界观、认知观的人遇见，真的会感恩，在这个世界上，能相见真是太好了。

第八章 应对压力，拓展弹性空间

本章导语

1954 年，美国科学家做了一项“感觉剥夺”实验。实验者以每天 20 美元的报酬（在当时是很高的金额）雇用了一批学生作为被试者。

实验内容是这样的：实验者将学生关在有隔音装置的小房间里，让他们戴上半透明的保护镜以尽量减少视觉刺激。接着，又让他们戴上木棉手套，并在其袖口处套了一个长长的圆筒。为了限制各种触觉刺激，又在其头部垫上了一个气泡胶枕。除了进餐和排泄的时间以外，实验者要求学生 24 小时都躺在床上。可以说，这样就营造出了一种所有感觉都被剥夺了的状态。

结果，尽管报酬很高，却几乎没有人能在这项实验中忍耐 3 天以上。最初的 8 个小时好歹还能撑住，之后，学生就吹起了口哨或者自言自话，有点烦躁不安了。在这种状态下，即使实验结束后让他们去做一些简单的事情，他们也会频频出错，精神也集中不起来了。

实验持续数日后，人会产生一些幻觉。例如，看见大队花栗鼠行进的情景，或者听到有音乐传来，等等。到第 4 天时，学生会出现双手发抖，不能笔直走路，应答速度迟缓，以及对疼痛微感等症状。实验后学生得需要 3 天以上的时间才能恢复到原来的正常状态。

感觉的存在给人们带来了愉快的享受，也带来了痛苦的烦恼。我们的生活就处在愉快的感觉和痛苦的经验之间。人是一旦失去感觉，后果将不堪设想。如果一个人丧失了全部感觉能力，也就不可能产生认识，更不可能产生情感与意志。由上述的实验可以看出，丰富的感觉刺激对维持我们正常的心理状态是必需的。

我们所处的世界丰富多彩，而人的正常生活和有效发展必然需要建立在尽可能多的和外界接触的基础上，需要对外界的刺激有足够的心理准备。压力并不可怕，你有很多方法可以渡过难关，不过，你需要学会最重要的一种，就是在压力中历练出来的爱、仁慈与创造力！

[本章问题]

（1）我们的压力来自哪里？

（2）面对压力你是如何应对的？

（3）有哪些方法可以帮助我们缓解压力呢？

第一节 理论导读

提起压力，你会想到什么呢？也许会想到失学、落榜、失业、失恋、离婚、生病、衰老、代沟、人际关系、个人发展、人生目标等。人的一生都离不开压力。那么到底什么是压力，它对我们的生活和心理健康会有什么影响，我们该如何管理压力呢？

我们先来做一个小测试，看看你对压力的了解有多少。

压力知多少小测验：以下有10个论断，你认为对的请打上“√”，认为错的或不赞同的请打上“×”。

（1）人一旦有压力的感受他首先一定会觉得神经紧张。（　　）

（2）只要你遭受到压力你一定会知道的。（　　）

（3）长期的运动会减弱你抗拒压力的能力。（　　）

（4）有压力总是不好的。（　　）

（5）压力会制造不愉快的问题，但不置你于死地。（　　）

（6）打针吃药就可以控制压力。（　　）

（7）当你离开教室的时候，会留下学习的压力，而不会把它带回宿舍。（　　）

（8）压力只是心事，与身体无关。（　　）

（9）压力是完全可以消除的。（　　）

（10）除非你改变生活方式，否则你对压力一点也没办法。（　　）

你可以带着对这些命题的好奇，在接下来的阅读中寻找答案。

一、压力的内涵

（一）压力的概念

英文stress（压力）来源于拉丁文stringere，原意是“扩张、延伸、抽取”等。也有人认为stress（压力）一词是从古法语中的“distress”演化而来，古法语中的distress，是指“置于狭窄和压迫之中”。因此，在中世纪英语中，“压力”这个词是以“distress”形式出现，本意是“使痛苦”“使悲伤”，或者表达为“引起痛苦和悲伤的事物”。“压力”一词，最早是一个物理学的概念，是指垂直作用于物体表面的力，或者外力作用下物体发生形变的状态，这时的压力（stress）也称为物理压力（physical stress）。19世纪末开始，生理学家、心理学家、社会学家借用这个词来描述动物和人类在紧张状态下生理、心理和行为反应。坎农（Cannon，1915）首先引用了“压力”这一概念，他认为压力就是外部因素影响下的一种体内平衡紊乱，在危险未减弱的情况下，机体处于持续的唤醒状态，最终会损坏健康。

关于压力的研究始于20世纪三四十年代，1936年，加拿大学者塞利（Selye）认为压力是指机体对伤害性刺激的非特异性防御反应；1968年，拉泽鲁斯（Lazarus）认为心理压力是个体对外界环境有害物、威胁、挑战经认知、评价后所产生的生理、心理和行为反应；而现代压力理论认为压力是个体面临或觉察（认知、评价）到环境变化（压力源）对机体有威胁或挑战时做出的适应性和应对性反应的过程。

概括自20世纪30年代以来的各种压力研究，大致可归纳为三种概念类型：

（1）压力属于有机体对有害刺激的反应。这类研究途径将压力主要作为因变量或是反应。塞里早期的认识即是这样，认为压力是有害刺激作用于人的结果，特别注意压力状态下的生理反应过程。同样，作为临床医学的一部分，在各版本精神病学诊断标准中，也比较集中地关注压力的身心反应方面。

（2）压力是引起机体发生压力反应的刺激物。这类研究把压力作为自变量，研究各种有害性刺激物的性质和特征。历史上，与塞利研究形成对照的是一段时期心理学家们把压力与压力源作为同一概念来研究。而且心理学家所指的压力源的范围相当广泛，远不是塞里所强调的躯体性压力源，还包括心理的、社会的和文化性的压力源。

（3）压力是压力源和压力反应的中间变量。这方面的研究着重探讨介于压力刺激物和压力心理生理反应之间的中间（介）变量，例如认知因素首先被认为是压力的决定因素，拉扎鲁斯（Lazarus）提出，压力的发生并不伴随特定的刺激或特定的反应，而是发生于个体察觉或估价一种有威胁的情景之时。其他还发现应对方式、社会支持、个人经历和个性特征等许多因素对压力反应起着中介作用。

综上所述，压力，就是人们判定一个事件具有威胁性、挑战性或对人们构成危害的过程，也是人们对这个事件做出生理、情绪、认知或行为反应的过程。简言之，当人们感到生活中的某个事件对自己的身心健康构成潜在威胁又无力应对的时候，压力便伴随一连串生理和心理的反应产生了。

由此可见，压力是刺激与反应之间的相互作用，个人所感受到的压力既不完全来自客观环境，也不完全来自主观感受，而来自主客观的相互作用，即人们根据具体的事件或情境，结合自身实际进行评估和适应的状态。同一刺激事件可对不同的个体产生不同的反应：积极应对，可能会转化为动力；而应对不当，则可能会被击垮。这好比同样面临一场重要的考试，学生A表现出极度的担忧、焦虑，吃不下饭、睡不好觉，感到四肢无力，像得了大病；而学生B则表现得十分放松，并不大在意。

面对压力事件，是举重若轻、迎难而上，还是举轻若重、避之不及，这与一个人的人格、认知和价值观有很大关系。那些对自己要求过多、过严或看问题过于消极的人，容易把小事放大，小压力也就成了大压力。

曾经流传着这样一个关于拿破仑的故事。有一次，拿破仑骑着马正穿越一片树林，忽然听到一阵呼救声。他扬鞭策马，来到湖边，看见一个士兵在湖里拼命挣扎，并向深水中漂去。岸边的几个士兵乱成了一团，因为水性都不好，不知该怎么办。

拿破仑问旁边的那几个士兵：“他会游泳吗？”“只能扑腾几下！”拿破仑立刻从侍

卫手中拿过一支枪，朝落水的士兵大喊：“赶紧给我游回来，不然我毙了你!”说完，朝那人的前方开了两枪。

落水人听出是拿破仑的声音，又听说拿破仑要枪毙他，一下子使出浑身的力气，猛地转身，扑腾扑腾地游了回来。

不会游泳的士兵突然发生戏剧性转变，是因为拿破仑“不游回来就毙了你”的强刺激，使他产生“应激反应”，才使出浑身力量，自救成功。

无论是动物或人类，在遇到突如其来的危险情境时。身体会自动发出一种类似“总动员”的反应现象。这种本能性的生理反应，可使个体立即进入应激状态，以维护其生命的安全。这被称为应激反应。应激反应由个体行为表现于外时可能有两种形式：一是向对象攻击，二是逃离现场，所以也称这种反应为攻击或逃离反应。

生活时刻在变化，没有变化的生活是枯燥乏味的。一定变化可以激励人们投入新的行动中，磨炼人的斗志，提高社会适应能力，因此是有利于维护人们心理平衡的。但生活中的变化如果过多、过快、过大、过于突然，或者持续时间过长，就会超过人们心理、生理上所能承受的限度，会形成有害的应激。因为应激的生理机制是：大脑皮层接受刺激后，促使肾上腺皮质激素分泌，如果应激过强，身体就处于充分动员的状态，而这种状态时间长了，会使生物化学保护机制受到破坏，使抵抗力降低、更容易受到疾病的侵袭。

而从心理上讲，当个体对紧张体验不能解除时，就达到了“过度应激”，它会影响正常心理活动的进行。因为当外界刺激唤醒大脑皮层，使之维持一定的觉醒水平时，会有助于心理活动的进行，但是如果过强，会使之产生焦虑的反应。这种情况下，自控力会减弱，心理活动能力也会降低，对客观事物的感知得不充分、判断不准确，逻辑推理能力也会下降。

所以，要想表现出最好的状态，需要处于适度的应激状态中。

此外，人应该了解自己的极限，对自己的挑战应该适可而止。即使我们突破自己的极限，也应该一步步来。因为那样会给自己形成很大的压力，容易造成身心失调，损害健康。最后很可能欲速则不达，造成适得其反的结果。

常言道：“井无压力不出油，人无压力轻飘飘。”压力是一种客观现实，人必然会生活在压力之中，没有压力的生活就如温水中的青蛙，失去了前进的动力，甚至无法生存。承受压力的重荷，喷水池才喷射出浪花朵朵。心理学研究表明，心理压力水平与人们的活动效果之间呈倒“U”形曲线关系，即压力过低或压力过高都不利于学习，只有适当的压力才有助于更好地提高学习和工作效率。

（二）压力的身心反应

当人们面临压力时，会产生一系列身体上和心理上的反应，这些反应在一定程度上是机体主动适应环境变化的需要，但如果反应过于强烈或持久，就可能导致生理、心理功能的紊乱。

1. 由压力形成的生理反应

塞利发现，我们的身体是不懂得分辨“良性压力”和“不良压力”的，无论是积极情境（如升迁）还是消极情境（如失业），人们的生理反应都是差不多的。生理反应主要表现为自主神经系统和内分泌系统的变化：心跳加快、血管扩张、血压升高、呼吸急促、肌肉紧张度增加、各种激素分泌增加、手心出汗、手脚发凉等。适度的生理反应有助于调动机体的潜能，提高机体对外界刺激的感受和适应能力，但过度的压力会使人口干、腹泻、头痛、口吃等。

2. 由压力形成的心理反应

（1）认知、情感方面。轻、中度的压力有助于提高感知，适度地唤起情绪，如使注意力更加集中、思维更加敏捷等，但过度的压力往往会引起消极的情绪反应，干扰人的正常思维，如感知过敏或歪曲、思维迟钝或混乱、注意力分散、记忆力减退、精神紧张、情绪低落、自信心减弱、自我评价能力降低等。

（2）行为活动方面。压力状态下机体的行为反应可表现为“战”或“逃”。“战”是知难而上，去接近压力源，如拼搏与攻击行为；也可以是非攻击性的，表现为正视现实，想方设法解决问题。“逃”则是远离压力源的防御行为，多受免伤害的安全动机驱使。

压力状态下产生的各种反应都具有一定的适应意义，在一定范围内是有益的，超越了一定范围则是有害的。

（三）个体对压力的反应

个体对压力的反应一般分三个阶段：警戒阶段、抗拒阶段、衰竭阶段。

1. 警戒阶段

当在生活中出现压力源时，我们身体的警戒系统就会发生反应，我们会有紧张焦虑的情绪，会出现肠胃失调、血压升高等现象，这是身体的一种自我保护，如果我们能够及时、合理地处置压力事件，那么，警戒就会消退，身体随之恢复到正常状态。

2. 抗拒阶段

如果外在压力持续存在，不能够及时排除危机，这时候人体会需要全身性动员，我们必须动用足够的资源来与之抗争。

3. 衰竭阶段

如果我们调动了自身全部资源，危机依然不能够得到排除，那么，我们的精力就会耗尽，身体的各项功能就会突然缓慢下来，抗拒会逐渐衰弱，完全丧失应对能力。

（四）压力带来的行为影响

压力会带来积极行为和消极行为。积极行为是指为消除刺激源而做出各种努力，比如：为解决问题寻求帮助、想办法、查资料等。消极行为是指为缓解压力源带来的紧张而表现出的退缩、发泄、幻想、强迫行为、嗜食、睡眠困难、易怒、冲动、暴力、酗酒、沉迷于网络、旷课、出走、离奇行为、自杀等。

一个人在压力情境下是采取积极行为，还是消极行为，与他从小习得的应对压力的习惯、压力的强度有关。从小习惯迎难而上的人，通常会采取积极行动；从小被溺爱，经常被包办代替的人，遇到压力常采取消极行为。另外，压力适中，努力一下可以解决的压力，容易带来积极行为，但如果压力过大，努力后仍难以解决的压力，就会导致消极行为。

二、压力与身心健康

压力是把“双刃剑”，其对健康的影响具有两面性。适当的压力是身心健康的保障，但是，如果长期承受过大的压力则会导致不良的健康后果。如将我们的身体比做一个气球，要形成漂亮而坚实的球体需要一定的气压，但如果继续施压，超过气球最大的承受力时就会发生爆炸。

（一）压力与生理健康

1. 压力对生理健康的积极影响

压力引起生理唤起，激活机体的潜在能量，使个体动员全身的细胞迎接挑战，个体显示出较强的战斗力，神经紧张、精力旺盛，新陈代谢加速，肌肉运动能力增加，从而以更积极有效的状态投入到所面临的压力情境中。通过锻炼，会使个体应对压力的能力和身体素质得到不断提高，增强体能和勇气，提高敏感度和忍耐力。

如新兵一入伍，压力反应训练就开始了。整个过程就是要尽量制造压力，锤炼他们的体能。指挥、演习等压力训练塑造了士兵的肌肉与体格，教会士兵运用激增的肾上腺素去完成任务，增强他们在高压状态下做出适当反应的能力。一旦意识到焦虑和危险，他们会迅速地接受情绪上的变动，将恐惧和担忧转化为兴奋和动力。

2. 压力对生理健康的消极影响

如果个体长期处于压力状态下，将导致神经内分泌系统紊乱，甚至造成一系列与紧张压力有明显关系的身心疾病（也称为“适应性疾病”，或叫“应激状态”病）。研究发现，近 80% 的主要身体疾病都与压力有关。这些疾病可以发生在人体的任何一个器官系统，比如偏头痛、高血压、心脏病、冠心病、消化性溃疡、支气管哮喘、肥胖症、糖尿病、皮肤病、感染性疾病、类风湿性关节炎等，以及某些免疫性疾病，还有各种癌症和神经功能症。

由于消化性溃疡与情绪、生活事件、工作负担和人格等因素有关，而大学生面临较多的考试、面试以及各种形式的竞争，加上性格上的某些不成熟，因而在面临压力时容易患上消化性溃疡。还有一些大学生经常出现失眠、头疼、腰疼、肩周疼的现象，其实都是学习和生活压力太大造成的。

（二）压力与心理健康

1. 压力对心理健康的积极影响

适当的压力可以增进心理健康，人在适当的压力下保持一定张力与弹性才会使生命具有活力，体会存在的意义和人生的乐趣。这些积极的压力促使人们发挥潜能、超越自我，并迅速地学会各种技能，树立自信心，增强心理免疫力，增加对学习和生活的掌控。

我们会发现，在大学里经常承受一定压力的学生，如兼职的压力、担任学生干部的压力等，他们的心理素质和个人能力会得到更多的锻炼，心理承受力比那些不曾有这类经历的同学更强，能更冷静与理智地面对问题，也能更加自信地迎接未来的挑战。有些学生甚至主动寻求压力，以使自己保持较好的精神面貌和生活姿态。

2. 压力对心理健康的消极影响

适度的压力就像一股电流，让我们精神焕发、精力充沛。然而，如果这股电流太强，就可能产生令人不快的影响，导致心理和行为急剧恶化，产生心理疾病。心理疾病正是因人的正常心理程序被打破、心理失衡导致的一种疾病。压力对人们的心理健康的消极影响是十分巨大的，轻者会使人体的脑功能失调，从而造成各种神经症（包括神经衰弱、焦虑症、恐惧症、抑郁性神经症等）；重者会使人体的大脑功能紊乱，造成严重的心理问题和情绪障碍，甚至会出现人格障碍或精神疾病。

与压力有关的常见大学生心理问题主要有神经衰弱症、焦虑症、强迫症等。这些症状都是由于学习负担日益加重、心理压力过大、长期精神过度紧张造成的。患这类疾病的人往往自尊心、好胜心强，喜欢自我加压；家庭责任感重，渴望为父母争气；所定目标较高，一旦达不到便陷入无限的自责、愧疚。特别是一些比较优秀的大学生患心理疾病的可能性更大，因为他们比较敏感，任何事情都喜欢追求完美，对自己的期望值高，导致自己的压力大，比较容易患强迫症。

心理小贴士：

一只猴子的心理学实验

1. 预备实验：把一只猴子放在铜条里，双脚绑在铜条上，然后给铜条通电。猴子挣扎乱抓，旁边有一弹簧拉手，是电源开关，一拉就不痛苦了，这样猴子一被电就拉开关，建立了一级条件反射。然后每次在通电前，猴子前方的一个红灯就亮起来，多次以后，猴子知道了，红灯一亮，它就要受苦了，所以每次还不等来电，只要红灯一亮，它就先拉开关了。这就建立了一个二级条件反射。预备试验完成。

2. 正式实验：在这个猴子的旁边，再放一猴子，与第一个猴子串联在铜条上，隔一段时间就亮红灯，每天持续 6 小时。第一只猴子注意力高度集中，一看到红灯就赶紧拉开关，第二只猴子不明白红灯什么意思，无所事事，无所用心，哪一只猴子先死，为什么？讨论哪只猴子先死并说说原因。

第一只猴子是因为什么死的呢？科学家发现，它死于严重的消化道溃疡，胃烂掉了，实验之前体检它没有任何胃病，没有溃疡，可见这是二十几天内新得的病；

第一只猴子要工作，他的责任重，压力大，精神紧张，焦虑不安，老担惊受怕，它的消化液和各种内分泌系统紊乱了，所以就会得溃疡。

（资料来源：笔者自编）

三、大学生的压力源

有关心理压力的来源，存在许多不同的看法。坎伯斯认为压力的来源主要有三种，生活事件和生活改变这样的紧急的压力源，个人的不利的环境这样的长期慢性压力，以及人际互动压力源。波瑞斯则将压力源分为心理的、生理的和社会的压力源。拉扎鲁斯则认为压力的产生依赖于主观的评价，主要包括两步：对压力来源严重性的评估和对可以利用资源的估计。

通常来说，青年时期的生活世界里的压力源主要包括六个领域：

1. 身心发展的压力

青年身心发展包含生理发展、心理发展及认知发展。从生理发展的压力来看，首先，表现为性成熟与性冲动的压力，生理性自卑，精力、体力旺盛无处发泄等方面。个体在内分泌的积极作用下，产生强烈的“性驱力”，如果不适当地排解，可能产生生理上、心理上的紧张压力。其次，如果男生的身高不如人，女生的容貌不如人，就会产生生理上的自卑，影响个体的自信心，形成心理上的压力。最后，青年人心脏系统加强，大肌肉发达，有旺盛的体力和精神，需要正确的宣泄途径，如果这个渠道不畅通的话，也会成为巨大的压力源。

2. 认知发展的压力源

皮亚杰指出，人类从具体感觉期到抽象思维期，智力发展已大致完成。青少年由于心智加速发展，经验不足带来一些负面影响。其认知发展的压力现象主要有难以实现的理想境界、单一的价值观和多元的价值观之间的冲突等。青年人由于好奇心强，爱主动探索，容易走入理想自我，再者由于他们的认知发展阶段进入抽象、推理高发展期，希望推理、抽象思考的理想境界，立刻在现实中实现。但是现实的情况并不是总如人愿，这让青年人感到压力。在我们的身边，我们常常可以看到，有的年轻人只认同单一的价值观。斯普兰格认为人生价值取向是多元的，包括权力型、经济型、美感型、社会型、宗教型、哲学型。青年人不必为价值的冲突而困惑。

3. 日常生活事件的困扰

青年人不得不面对许多与衣食住行相关的琐事。例如，准备早餐、清洗衣物、家人遭遇意外、结婚离异、交通阻塞等，如果个体适应能力强，则压力不会很大，但是如果个体的适应能力不良，就会感到压力巨大。

4. 学校生活压力源

青年人因生活重心、生活目标的转移，每个阶段关心不同的问题，也会产生不同的压力。有的学者认为男青年有较高的学业压力，女青年有较高的人际关系压力。有的学者指出青年人的生活压力源以“学业压力”最大；其次是“人际关系压力”；最后是“运动的表现”及“联谊活动的表现”。年纪较大的青年人有较大的“自我期望压力”及“社会压力”；年纪较轻的青年人有较大的“家庭困扰”及“学校困扰”。

5. 人际关系

人际关系也是一个重要的压力源。比如说，个体可能会面对家庭成员间的关系紧张；与同事工作不协调；上司能力有限，偏执而固执，使自己感到不公平；同事或下属常出错，连累自己也被处分。而压力则从对立、冲突、指示、命令中产生。这些压力剥夺了人们个人思想和行动的自由，因此造成痛苦。普遍地把人际间的压力源归结为：价值冲突、权力地位的冲突、利益资源冲突和情感冲突。

6. 社会传统

社会传统也是造成压力的一个重要原因，其中的一个重要方面便是对男性、女性的要求。在我国的传统观念中，男性和女性的社会角色都被刻板化了，男性就是有能力的人，有泪不轻弹，而女性举止应该温柔端庄，要以家庭为重，相夫教子等。如果有人胆敢背离这种社会规范，就会遭遇来自社会的巨大压力。

心灵故事：

杯弓蛇影

乐广，字彦辅，在河南做官，曾经有一个亲密的朋友，分别很久不见再来，乐广问朋友不来的原因，友人回答说：“前些日子来你家做客，承蒙你给我酒喝，正端起酒杯要喝酒的时候，看见杯中有一条蛇，心里十分恶心，喝了那杯酒后，就得了重病。”当时，朋友坐着喝酒旁的墙壁上挂着一张弓，弓上有一条用漆画的蛇。乐广猜想杯中的影子就是弓了。于是，他再次请那位朋友在原来的地方饮酒，对朋友说道：“酒杯中是否又看见了什么东西？”朋友回答说：“所看到的跟上次一样。”于是乐广就告诉他其中的原因，朋友心情豁然开朗，疑团突然解开，长久而严重的病顿时治好了。

这个故事告诉我们：引起挫折的刺激是客观存在的，一般不受个人支配与控制。但是对于同样的刺激是否会引起同样的反应，却存在个体差异。就是说，人对于刺激情境是否会引起挫折反应，还在于主体自己怎样去认识这种刺激情境。

第二节　探索应对压力的方法

当今社会竞争日益激烈，生活、工作节奏明显加快，大学已不再是与社会隔绝的象牙塔，压力渗透到了校园的各个层面。大学生不可避免地要面对学业、经济、就业、情感等问题，但由于缺乏对自身成长的科学认识，有时不能正确处理自身的压力问题，从而导致各种冲突和情绪问题，给自己和他人造成一定的身心伤害。按照美国心理学会的定义：压弹力指个人面对生活逆境、创伤、悲剧、威胁及其他生活重大压力的良好适应，也是个人面对生活压力和挫折时的反弹能力。面对学习和生活中的种种压力源，大学生要有效解决自身的压力问题，就需要学会对压力进行管理，不断提高压力承受能力，增强在压力中反弹的能力，即压弹能力。

一、压力管理的内涵

（一）压力管理

压力管理就是使用各种方法平衡要求与处理问题，将不良压力转化为良性压力，从而使自我身心放松，保持健康的生活状态。压力管理训练则主要是指采取一些方法来增强个体应对压力情景和由此引起的负面情绪的能力。

压力管理并不是要消除所有的压力，如果既没有需要我们调整的令人愉悦的压力事件，也没有那些需要做出回应的令人烦恼的压力事件的话，那么生活将会是平淡无奇、索然无味的。并且，压力通常可以提高我们的绩效。例如，当你正在为即将到来的考试经受压力，你会更加努力地学习。因此，即使可能，我们也不应该把生活中所有的压力都消除。我们的目标应该是：在维持生活的质量和活力的同时，有效利用压力的积极作用，限制压力的消极作用。

在远古时期，煤和钻石属于同一种物质，但经过上亿年的时光，它们却成为两种不同的物品。那么，是什么造成的呢？是压力管理的作用。由于所受的压力不同，同一种物质会进行不同的处理与加工，发生不同方向的转化，只能承受较小压力的物质变成了煤，而经受住巨大压力的物质则变成了钻石。善于管理压力，将压力的效用最大化，我们能成为一颗颗熠熠闪光的钻石。

（二）压弹能力

增强压弹能力是我们管理压力的重要方法。所谓“压弹”，就是在压力中的反弹能力，是个人面对生活逆境、创伤、悲剧、威胁及其他重大压力时的良好适应能力。“压弹”正是“压”与“弹”的完美结合，面对挫折和逆境，人既需要承受压力，也需要化解压力。承受压力会使人不因一时的困境而丧失斗志，放弃对自我的信念；而化解压力则使人化险为夷，转危为安。压力就像弹簧，你强它就弱，你弱它就强，只要你坚强不屈，这个弹簧就会向你低头。“压弹”的合理运用，可以激发潜能、振奋情绪，经常进行这方面的自我教育，可以让我们正确面对生活压力并化解它。

北宋大文豪苏东坡就是一位“压弹”高手，他在一生中遭遇无数逆境与生活磨难，但他却能以平常心对待，不因宦海沉浮而自暴自弃，不因生活颠沛流离而怨天尤人，反倒苦中作乐、自得其乐。他的名言是："古之立大事者，不惟有超世之才，亦必有坚忍不拔之志。"

在现代的体育竞技场上，运动员的技能水平只是一方面，还需要有过人的压弹能力，才可能实现美丽的冠军梦想，那些无限风光与荣耀的奥运冠军哪个不是顶尖的"压弹"高手？如罗雪娟，曾带着巨大的身体伤痛参加雅典奥运会，并在半决赛排名第七的落后成绩下，顶住压力，奋力拼搏，最终赢得了100米蛙泳的冠军，并打破世界纪录。80后的罗雪娟一直自信满满、率性神勇，她的经典语录是："我只承担属于我的那份压力。"可见其心理素质超群，抗压能力之高超。

二、压弹能力培养

人的压力反弹是一个能力培养的过程，每个人需要在具体的生活实践中提高个人的压力管理能力。人们需要不断维护自己的心灵，才能确保压弹力始终处在乐观进取的状态。

（一）培养乐观人格

训练乐观态度旨在培养个人自信乐观、自主行动、表达自如、坚韧力等人格特质。在面临压力的时候，态度发挥了决定性的作用。很显然，保持积极乐观的姿态会使我们增添生活的乐趣，并在压力来临时使人生获得新的转机；而消极的态度则会使我们陷入绝望，招致失败。拥有乐观的态度，当压力到来时学会积极思考、自我激励、坚定信心，我们的人生就会更加充满活力与希望。所以，培养乐观人格是提高压弹的最有效手段。为此，我们可以从如下方面人手：

（1）拥有明确的人生目标。确立自己的行动方向可以使自己从容不迫，不会为人生中的各种压力所束缚，而是把它们看作一种挑战，从而积极地应对问题。

（2）善于从多角度看问题。人们是依照自己的观念做出各种行动的。善于从多个角度看待问题并挖掘事件的积极意义，能够使我们保持平和的心态并发现生机，使自己在采取行动的时候更具自信和魄力。

（3）为自己塑造一个积极的环境。人们总是生活在一定的环境里，比如家庭环境、学校环境、工作环境等。善于打造良好环境的人会拥有更多的快乐，保持积极主动的心态。

（二）提高解决问题的能力

在压力面前，大学生要调整心态、冷静面对，努力提高自己解决问题的能力。提高解决问题的能力是主动寻求办法应对压力的重要策略，对于改变压力环境、从根本上去除和减轻压力很有帮助。解决问题的基本步骤有：

第一步，明确问题所在。理顺事件，认清压力事件的性质。

第二步，将原因列出清单。仔细分析，寻找出解决问题的关键。

第三步，锁定原因。通常会有多种原因，务必对原因进行限定，从众多原因中找到最重要的一条进行限定，从而有的放矢地解决问题。

第四步，获得所有有助于解决问题的相关信息，思考具体对策并执行。可以从那些比较容易实行的、效果比较显著的方法开始。对于同一个问题，可以从不同的角度着手应对，将其整合，才会形成更有效的方法。

有的大学生感到“学习能力不如周围人”而有自卑情结，因此很有压力，那要如何解决呢？最具建设性的办法就是要不断努力并积累经验，争取赶上周围的人。类似“通过自己的努力可以加以弥补”的态度和做法，将会成效较高。又如，自己经常被他人说坏话，那么主动向这个说闲话的人传达“请不要要再说我坏话”的意思，可以促使对方有所改变。如果用自己的力量仍然无法使问题得到顺利解决，那么离开刺激事件或环境也不失为一种重要的应对方法。如不喜欢目前所学专业，且无论如何努力也学不好，徒增压力，那么想办法转专业或者修第二专业是可行的方法。

（三）进行有效的时间管理

在压力管理中，时间管理是一个重要的策略。事实上，我们所体验到的大部分压力都是因为我们在同一时间里承担了太多的任务，未能有效地利用时间或因为拖延而导致压力。尽管拖延会让人在短期内获得一些轻松，但长远来看会导致人的自责、失望、焦虑，不断将事情往后拖会令人处于高度的压力之中，为该做而没有做的事情而不停地担忧。当我们的身体承受着任务期限的压力时，做事所必需的创造性能量就减少了，也就更谈不上享受做事的过程了。要改变这种状态，可以询问自己的拖延是否会带来麻烦，拖延这项任务是否有价值。有时候生活的重负是因为我们额外地增加了一些不必要的工作，如果某项任务对自己来说是没有意义的，那舍弃它或许是最好的选择。

良好的时间管理策略有助于分辨优先工作事项、提高工作效率。相反，时间管理能力不佳则会导致压力。如果我们不能控制时间，那时间就控制了我们。可以采取以下行为来管理时间：

（1）仔细思考一下自己的长期目标，将要达到目标所采取的步骤排列好优先次序，建立清晰且能达到的目标。将长期的目标分成一些较小的目标，制订一个具体的行为计划来达到这些分目标，这样可以保证在特定的时间内完成它。

（2）制作一个时间表，能帮助自己有效安排时间，做自己想要完成的事情。利用好每天、每周、每月和每年的时间表，每天的事情都按时完成，可有效缓解自己的压力。

（3）实事求是地确定在某一特定时间段里自己能完成的事情。如果你同时做许多事情，你的压力水平就会升高，因此，在同一时间里只关注自己能做的一件事情。

（4）劳逸结合。将工作安排在一天当中效率最高的时候，并在时间表里安排一些时间来娱乐放松。

（5）努力生活在现在，尽可能体验现在所进行的事情，避免沉浸于过去所做的一些事情或者不停地计划将来。生活在过去或将来会让你很难体验到当前生活的感觉，压力也会逐渐升高。

（四）掌握自我对话法

自我对话就是一个人在心中同自己说话。语言可以反映出思想，从这个角度来说，自我对话法既可以作为了解自己思想的工具，也可以作为改变自己思维的工具。自我对话法就是纠正认知偏颇、将不合理的认知改变成为合理认知的技能。在运用这一技巧时，需要用“客观性”来支撑。例如，遇到问题时，我们通常对自己说：“为什么倒霉的总是我？”这是一种负面的自我对话方式，只看到事物否定的一面，显然是不客观的。其实冷静思考一下，世间遭受不幸的大有人在，我们的不幸并不比别人更多，甚至是微不足道的。因而，我们要善于运用积极的自我对话，多看到事物积极有利的一面。

在产生烦恼的情况下，你可以问问自己，你真正害怕的是什么。通常真正害怕的情境并不重要，出现的概率也相当小，即使出现最糟糕的结果，个体也一般能够应对，如果我们认真思考一下就会发现这个现象的存在。例如，考试失败可能性往往是很小的，而且就算真的失败了，那又如何呢？考试不及格是不大好，但这并不是人生的全部，我们还拥有健康、家人、朋友等。再如，如果你担心约人出来聊天遭到拒绝的话，你可以问问自己到底在担心什么，是担心丢了面子、失了尊严吗？自我对话会帮助你认识到什么才是你真正担心的，也会帮助你明白你可能不会被拒绝。如果你真的被拒绝了，情况也不是那么糟糕。

（五）培养幽默感

西方有句谚语：“一个丑角进城，胜过一打医生。”幽默是生活的调味品。作为一种释放压力的手段、一种愁闷情绪的舒缓方法、一种心理成熟的指标和一种生存的技巧，幽默具有心理治疗价值。其心理作用包括：焦虑、压力和紧张情绪的缓解；敌意和愤怒情绪的释放；对不理想现实的回避；是忍受意外、悲剧和慢性疾患的手段。培养幽默感旨在培养一个人运用幽默、诙谐调整心态的能力，这可以从以下几方面着手：

（1）扩大知识面。幽默是智慧的化身，它必须建立在丰富的知识之上。因此，要培养幽默感必须广泛涉猎，充实自我，不断从浩如烟海的书籍中收集幽默的浪花，从名人趣事的精华中撷取幽默的宝石。

（2）培养深刻的洞察力。培养机智、敏捷的能力，是提高幽默的一个重要方面。只有迅速地捕捉事物的本质，以恰当的比喻和诙谐的语言加以表达，才能使人们产生轻松的感觉。

（3）陶冶情操。幽默是宽容精神的体现，它的先决条件是：一个人要能够全盘接受自己，也接受别人；能够了解人生的沉重与严肃，而后轻松看待它，最重要的是心存善意。要使自己学会幽默，就要学会雍容大度，善于体谅他人，接纳他人，培养良好的个性与高尚的情操。

（六）学会压力释放技术

（1）积极倾诉法。把自己烦恼时的体验和想法写下来，或者把自己的压力和想法告诉自己身边的人，从而能够更好地适应压力。

（2）艺术疗法。可以利用写作、画画、演奏等艺术的形式释放压力；或者通过听音乐排遣情绪；或者读些伟人的自传，特别是读到其遭遇挫折时的故事情节，也可以看一些富于哲理的童话故事等，启迪人从多角度思考，获得战胜困难的勇气。

（3）爱心助人法。有时自己感到不快乐是因为被“自我”的情绪抓住，感觉不到存在的价值。当暂时放下自我去帮助别人时，你所做的将带给你正面的快乐和满足，而你的消极情绪则被正面的感觉替换了。

（4）运动疗法。运动不仅可以给人们带来强健的体魄，而且还可以为人们带来健全的心理，有效调节人的情绪。释放身心的压力。运动方式可以有慢跑、游泳、爬山、健康舞蹈等。如爬山，既是一项身体运动，又是一种心理训练，可以使我们的心理素质得到锻炼和提高。

（5）放松训练。这是一种自我调整方法，可以通过机体的主动放松来增强自我控制能力。它是在一个安静的环境中按照一定的要求完成某种特点的动作程序，通过反复的练习使人学会有意识地控制自身的心理和生理活动，以降低机体唤醒水平，增强适应能力。放松训练机体的方法有很多种，如腹式深呼吸法、肌肉放松训练法、冥想放松法等。

心理小贴士：

逆境商数（逆商，adversity quotient，AQ）

逆商是指人们面对逆境时的反应方式，即面对挫折、摆脱困境和超越困难的能力。

1997年，加拿大培训咨询专家保罗·斯托茨博士出版《挫折商：将障碍变成机会》一书，第一次正式提出挫折商的概念，用以测试人们将不利局面转化为有利条件的能力。2000年，他又出版了《工作中的挫折商》。这两本书都成为探讨挫折商对人们影响的重要著作。

心理学家认为，一个人事业成功必须具备高智商（IQ）、情商（EQ）、逆商（AQ），并称3Q。有专家甚至断言，成功 = IQ × 20% +（EQ + AQ）× 80%。

在现实生活中，人们往往只有在逆境中才能真正发现自己的不足，学会如何思考。逆境，是一座警钟，它警告人们，之所以遭遇逆境，肯定是在某方面出了问题。或者观念不对、态度不对、立场不对、方式不对、计划不对；或者客观条件不成熟，或者主观与客观不一致，主观愿望违背了客观规律等。逆境有人为原因，也有自然因素，所以面对逆境时，不能怨天尤人、消极等待，而是要积极地反思、客观地寻找病症。同时，逆境也给我们警示人生有喜有悲，有顺势也有逆势，顺势不要骄傲，盲目乐观，而应该未雨绸缪。懂得了这些道理，逆境才能发挥其积极的功能，才能进一步激起人们的斗志和潜能，向着希望的顶点不懈地攀登。

从当代大学生的实际特点来说，一方面，从入学起，他们就承受着较大的思想压力，诸如：学业上的压力、综合素质的提高、未来就业的不确定感、环境的不适应等，另一方面，大学生正值青春年少，缺乏人生经验，抗挫能力与调控能力较差。面对困境与重压，容易沉陷在消极的泥潭而不能自拔。例如，一些大学生不能承受学习成绩下降、失恋等挫折的身心压力，呈现焦虑、失眠、抑郁、恐惧；个别学生精神崩溃、跳楼自杀……身心失衡，不仅影响其智能的发挥，而且还会使其潜能的挖掘、综合能力的培养、人格的完备受到抑制。在人生的攀越过程中，智商、情商、逆商为不可缺少的三要素，它们相互影响、相互作用。教育工作不仅要充分挖掘大学生的智商与情商，更应积极对其逆商进行培养，使受教者人格更趋完善，为当代大学生的未来人生铺就成功之路。

（资料来源：笔者自编）

第三节　心理辅导与训练方案

一、雨点变奏曲——热身阶段

操作：

（1）主持人先进行动作示范，再让所有学员利用身体的任何部分碰撞发出两种以上的声音，学员会发出各种各样的声音。

（2）接着让所有学员用自己最擅长的方式发出声音，最初会有点乱，但很快就发现学员的声音会进行汇合，形成几个主流的声音。

（3）主持人先后引导大家以如下四种方式发出声音：①手指互相敲击。②巴掌轮拍大腿。③大力鼓掌。④轮跺双脚——每种声音发出时，主持人用双手控制音量，双手渐渐抬高表示声音渐强，双手渐渐压下表示声音渐弱。

（4）主持人引导大家思考如何将发出的声音变成有节奏的音律，引导成员将这些声音和下雨声联系起来，例如：①轮跺双脚——“雷声”；②手指互相敲击——“小雨”；③巴掌轮拍大腿——“中雨”；④大力鼓掌——“大雨”；⑤鼓掌加跺脚——“暴雨”。

（5）主持人引导大家合奏一曲“雨点变奏曲”：

引导语：乌云密布，一道闪电划过，雷声开始轰隆了，又一道闪电，又一阵雷声，小雨噼噼啪啪地下来了，行人慌忙躲避；很快地，小雨变成了中雨，中雨变成了大雨。突然，轰隆隆！又是一阵雷声，暴风雨来啦！又是一阵雷声，大雨倾盆。雨渐渐地变小了，变成中雨，变成小雨，一阵又一阵雷声，大雨又降临了！但不一会儿，雨过天晴啦！

此时，主持人双手猛地一收。整个过程，随着主持人不断变化的指令与手势，让学员发出的声音不断变化，同时通过双手的升降来控制音量。

（6）主持人请小组成员分享感受，体验杂乱的噪声也能变成动人的乐章。

二、感知——感受阶段

活动一：你的压力有多大

请根据自己的实际情况，回答下列20个题目。虽然仅凭20个题目很难确切地测量出你是否有压力及压力水平，但它们的确可以帮助你更了解自己现在的生活状况。请阅读以下每一个题目，在“同意”或“不同意”上画圈，然后计算同意的个数，1个计1分，并根据最后的解释判断当前的压力水平。

（1）晚上我入睡困难。	同意	不同意
（2）我肌肉紧张，或有偏头痛。	同意	不同意
（3）我担心自己的财务状况，怕收支失衡。	同意	不同意
（4）我希望我每天拥有更多的笑容。	同意	不同意
（5）我经常因为工作不吃早饭或午餐。	同意	不同意
（6）如果我能够改变我的工作状况，我愿意去做。	同意	不同意
（7）我希望拥有更多的个人时间来休闲娱乐。	同意	不同意
（8）最近我失去了一位好朋友或家庭成员。	同意	不同意
（9）最近我的感情状况不佳或刚失恋。	同意	不同意
（10）我好长时间没有好好放假了。	同意	不同意
（11）我希望自己的人生有清晰的意义和目标。	同意	不同意
（12）我一周要在外面吃3顿以上。	同意	不同意
（13）我有慢性疼痛症。	同意	不同意
（14）我没有很亲密的朋友圈子。	同意	不同意
（15）我没有定期锻炼（每周3次以上）的习惯。	同意	不同意
（16）我在吃抗抑郁药。	同意	不同意
（17）我的性生活不太满意。	同意	不同意
（18）我的家庭关系不尽如人意。	同意	不同意
（19）我的自尊水平较低。	同意	不同意
（20）我没有时间冥想或内省。	同意	不同意

计分和解释：

低于 5 分：你压力水平较低，保持良好的应对措施。

高于 5 分：你有中度的压力。

高于 10 分：你的压力水平较高。

高于 15 分：你的压力水平极高。

三、理解——感想阶段

活动一：压力彩绘

操作：

（1）给团体成员每人发放印有人形图的 A4 纸一张和彩笔一盒。

（2）引导团队成员回忆近期让自己感到压力最大的事件，当时的情景，个体当时的反应，对自身造成的持续性的影响。

（3）让团队成员在人形图上用不同颜色的彩笔标出自己在承受压力时，身体产生不适反应的部位。

（4）成员自愿分享自己的压力彩绘，在分享时主持人引导大家思考如下几个问题：

①面临压力时，会有哪些情绪、行为反应？

②压力过大时，会有哪些身体感受，哪些部位会不舒服？

③选择的颜色是否一定程度上反映了情绪体验？

④哪些因素阻碍了个体去应对压力？

（5）主持人归纳团队成员的发言，同时简短地向团队成员介绍正性压力和负性压力的区别，压力与疾病的关系，以及压力伴随的情绪体验。

活动二：一个好汉三个帮

操作：

请每位同学想一想：

（1）目前自己面临的最大压力是什么？

（2）为什么这个压力会出现？

（3）我已经做了哪些努力？

（4）如果有效，是什么原因？

（5）如果无效，问题在哪里？

组织者随机抽出一张，大声读出纸上的内容，并请所有的同学共同思考，提出解决办法。

青少年心理韧性量表

请你根据自己平时的实际情况与这些句子的符合程度，在 1 ~ 5 中相应的数字下打“√”。1 代表完全不符合，2 代表比较不符合，3 代表说不清，4 代表比较符合，5 代表完全符合。请根据实际情况填答，回答没有对错之分。

题号	题目	1 完全不符合	2 比较不符合	3 说不清	4 比较符合	5 完全符合
1	失败总是让我感到气馁。					
2	我很难控制自己的不愉快情绪。					
3	我的生活有明确的目标。					
4	经历挫折后我一般会更加成熟有经验。					
5	失败和挫折会让我怀疑自己的能力。					
6	当我遇到不愉快的事情时，总找不到合适的倾诉对象。					
7	我有一个同龄朋友，可以把我的困难将给他/她听。					
8	父母很尊重我的意见。					
9	当我遇到困难需要帮助时，我不知道该去找谁。					
10	我觉得与结果相比，事情的过程更能够帮助人成长。					
11	面临困难，我一般会定一个计划和解决方案。					
12	我习惯把事情憋在心里而不是向人倾诉。					
13	我认为逆境对人有激励作用。					
14	逆境有时候是对成长的一种帮助。					
15	父母总是喜欢干涉我的想法。					
16	在家里，我说什么总是没人听。					
17	父母对我缺乏信心和精神上的支持。					
18	我有困难的时候会主动找别人倾诉。					
19	父母从来不苛责我。					
20	面对困难时，我会集中自己的全部精力。					
21	我一般要过很久才能忘记不愉快的事情。					
22	父母总是鼓励我全力以赴。					
23	我能够很好地在短时间内调整情绪。					
24	我会为自己设定目标，以推动自己前进。					
25	我觉得任何事情都有其积极的一面。					
26	心情不好也不愿意跟别人说。					
27	我情绪波动很大，容易大起大落。					

计算方法：

（1）反向计分的题号：1、2、5、21、27、15、16、17、6、9、12、26

（2）分二维五因素，分别是个人力和支持力维度，目标专注（3、4、11、20、24）、情绪控制（1、2、5、21、23、27）、积极认知（10、13、14、25）、家庭支持（8、15、16、17、19、22）和人际协助（6、7、9、12、18、26）五因子，前三者属于个人力，后三者属于支持力，括号里为题号。

（3）五个维度反映了逆境情境下，青少年的认知、情绪、行为及所处环境对帮助其抵御逆境、获得良好适应的有效性，总量表的克伦巴赫系数 =0.85。

活动三：时间管理技能

操作：

（1）背景：列出导致压力的几个主要事项。压力源可以是学校（功课重、考试多等）、经济、就业和个人环境（朋友、爱情和家庭）。指出至少 10 个压力源，尽可能将压力源具体化。

（2）练习：

①评估时间管理技能不佳如何影响压力源对你的作用。例如，考试的压力是因为你没有及时复习吗？

②针对每个压力源与时间的关系，设计更有效地利用时间的策略。

③注意不同压力源和时间的关系。例如，经济压力迫使你兼职工作，但工作可能妨碍学业。时间管理能够有助于提高这些关系的效率吗？

④你如何管理生活中的压力？时间管理能力能够提高吗？

活动四：幽默的魅力

操作：

（1）全体成员重新围成一个大圈，并保持适当的间距，以伸开双臂能连接起来为宜。

（2）主持人自己表演一个幽默行为，可以是一个笑话或者是模仿秀。给大家 1 ~ 2 分钟准备，所做的行为是否幽默以其他成员笑声大小为判断依据。

（3）随机挑选一个成员开始表演，然后依次进行。

（4）主持人总结，让大家发掘最适合自己的幽默方式。同时分享如何让幽默缓解压力的方法，如每周与朋友分享笑话，在描述情景时学会模仿和夸张，设立一个幽默假期，做笑话笔记等。

四、整合——感悟阶段

活动一：抗逆力资源圈

操作：

（1）当你遇到压力和挫折的时候，你会利用哪些资源（这些资源可以是你本身拥有的，可以是你擅长的领域，也可以是你能求助的人），以帮助自己迅速摆脱困境？

（2）取一张白纸，在白纸的中央画一个实心圆点代表自己。

（3）以这个实心圆点为中心，画三个半径不等的同心圆，代表三种资源圈。同心圆内任意一点到中心的距离表示你利用资源的优先程度。

（4）将你可利用的资源名称写在图上，越靠近中心点，表明你在遇到挫折压力时候越愿意使用该资源，或者越愿意向其求助，以帮助自己走出困境。

（5）写在最小同心圆内的属于你的"一级抗逆力资源"，在你遇到困境的时候，你首先想到的是向其求助，这些资源能够给你最大程度的心灵支持。这样的资源不多，却是你最大的心灵慰藉，也是你生命中最重要的成长力量。利用这些资源，你能够迅速地从困境中反弹，并顺利地解决问题。

（6）写在第二大同心圆内的是你的"二级抗逆力资源"，在你遇到困境的时候，这些资源虽然不是你的首选，但是对于你来说仍然重要，来自他们的支持和帮助能让你时常感到人生的温馨。

（7）写在最大一个同心圆内的属于你的"三级抗逆力资源"，这些资源平时不怎么想得起来，可一旦你需要帮助，他们愿意尽力提供帮助。

（8）同心圆外的空白处代表你的"潜在抗逆力资源"。尽量搜索你的记忆系统，把那些虽然比较疏远但你仍可利用的抗逆力资源写下来。

活动二：气球冥想法

操作：

（1）目标：学会心理放松与积极的自我暗示。

（2）准备：先回想最近 3 个月以来发生的事情，最好是有负面情绪和感受的事情，并把这件事情带来的最深刻的感受用词语表达出来，如愤怒、委屈、恐惧、害怕等。

（3）练习：在一个安静的环境中坐下或躺下，先做一组深呼吸，让自己完全放松下来，可以想象此时自己正在大海边或绿色的草坪上自由地呼吸，感到无比舒畅。闭上眼睛，想象自己手中有 3 ~4 只气球，自己一个一个地将其吹鼓，并在上面分别写下前面所感受到的愤怒、委屈、恐惧、害怕等情绪。继续保持想象，每当你将气球吹得更大一些的时候，气球上的字就会变得越来越模糊，越来越变形。继续吹大气球，让气球的体积越来越大，上面的字更加变形、扭曲，最后已经认不出字的样子了。这时，你松开手中的气球，让其随风飘在空中，气球越飞越高，越飘越远，已经看不清楚上面的字了。你的感觉也如同气球一般，越发轻盈、自由，继续目视天上的气球，看着它们四处飘逸，飞过人们的视野，已经模糊不清了，直到消逝在天际里。你的心头舒缓了许多，仿佛卸下了大石头的感觉，如释重负。再深呼吸 3 次，体会自己身体和心里的感受，慢慢地醒来。

心理测试：

挫折心理自测

1. 问卷

指导语：这是一份关于挫折心理承受能力的自我诊断量表，共30题。填写时，要仔细阅读每一条，把意思弄明白，然后根据自己的实际情况，逐一对每个问题做出“是”或“否”的回答。

(1) 你认为自己是弱者吗？

(2) 你是否喜欢冒险和刺激？

(3) 你生活在使你感到温暖和快乐的班级吗？

(4) 如果现在就去睡觉，你担心自己会睡不着吗？

(5) 生病时你依旧快乐吗？

(6) 你是否认为家人需要你？

(7) 晚睡两个小时会使你第二天明显精神不振吗？

(8) 看完惊险片很长一段时间内，你一直觉得心有余悸吗？

(9) 你常常觉得生活很累吗？

(10) 你是否有一些无话不谈的知心朋友？

(11) 当考试成绩不理想时，你会感到非常沮丧吗？

(12) 你认为自己健壮吗？

(13) 当你与某个同学闹意见后，你一直无法消除相处时的尴尬吗？

(14) 大部分时间你对未来充满信心吗？

(15) 你有一个关心、爱护你的家吗？

(16) 当你在课堂上回答不出问题时，你在课后还会久久地感到烦恼吗？

(17) 每到一个新的地方，你是否常常会出现问题，如吃不下饭，睡不着觉，拉肚子，头晕等？

(18) 即使在困难时，你还是相信困难终将过去吗？

(19) 你明显偏食吗？

(20) 当你与父母发生不愉快时，你是否曾想离家出走？

(21) 你是否每周至少进行一次所喜欢的体育运动，如登山、打球、游泳等？

(22) 你觉得自己有些神经衰弱吗？

(23) 你认为你的老师喜欢你吗？

(24) 心情不愉快时，你的饭量和平时差不多吗？

(25) 看到苍蝇、蟑螂等讨厌的东西，你感到害怕吗？

(26) 你相信自己能够战胜挫折吗？

（27）你是否常常与同学们交流看法？

（28）你常常因为想心事而躺在床上久久不能入睡吗？

（29）在人多的场合或在陌生人面前说话，你是否感到窘迫？

（30）你是否认为你受到的挫折与其他人相比，根本算不了什么？

2. 计分方法

第（2）、（3）、（5）、（6）、（10）、（12）、（14）、（15）、（18）、（21）、（23）、（24）、（26）、（27）、（30）题答“是”记 1 分，答“否”记 0 分。其余各题答“是”记 0 分，答“否”记 1 分。各题得分相加，统计总分。

3. 结果解释

总分在 0 ~ 9 分，说明你的心理承受能力差。当你遇到困难易灰心，常有挫折感。

总分在 10 ~ 20 分，说明你的心理承受能力一般。你能轻松地承受一些小的压力，但遇到大的打击时，还是容易产生心理危机。

总分在 21 ~ 30 分，说明你的心理承受能力强。你能在各种艰难困苦面前保持旺盛的斗志。

自测后提醒：此问卷仅作为了解自己的参考，如有疑问，请咨询专业人员。

推荐阅读：《培养韧性：从容应对人生压力》

本书由（美）罗伯特·布鲁克思、山姆·戈尔茨坦著，亓晓颖、彭一勃译。这是一本理论和实例相结合的书。两位作者将韧性理论和主要特征作为框架进行描述，并列举了具体的观点和策略去指导人们有意识地培养韧性，同时还检测了在实现这一目标的过程中可能遇到的种种障碍。另外，作者还给大家设计了一些问题和练习，让大家可以一边构筑韧性和积极生活方式，一边思考其中的奥妙。在这本书中，你将会读到很多人物，他们中有作者在临床实践中帮助过的对象，还有同他们交谈过的人或是以书信方式分享过他们亲身经历的人。其中有一些故事还加入了作者自己的经历。

推荐电影：《当幸福来敲门》

影片是由加布里尔·穆奇诺执导，威尔·史密斯、贾登·史密斯、桑迪·牛顿等主演的美国电影。影片取材真实故事，主角是美国黑人投资专家克里斯·加德纳。影片讲述了一位濒临破产、老婆离家的落魄业务员，如何刻苦耐劳的善尽单亲责任，奋发向上成为股市交易员，最后成为知名的金融投资家的励志故事。克里斯·加德纳，生活在旧金山的黑人男青年，靠做推销员养着老婆还有幼子。克里斯从没觉得日子过得很幸福，当然也没很痛苦，就跟美国千千万普通男人一样过着平淡的生活，直到有一天，一系列突如其来的变故才让克里斯知道，原来平淡的日子有多珍贵。

首先，他丢了工作，公司裁员让他丢了饭碗。克里斯从此遭遇了一连串重大打击，妻子因忍受不了长期的贫困生活愤而出走，连六岁大的儿子（贾登·史密斯）也一同带走。没过多久，妻子又把儿子还给了克里斯，从此克里斯不仅要面对失业的困境，还要独立抚养儿子。没过多久，克里斯因长期欠交房租被房东赶出家门，带着儿子流落街头。在接下的两三年中，这对苦命父子的住所从纸皮箱搬到公共卫生间。克里斯坚强面对困境，打散工赚钱，同时也努力培养孩子乐观面对困境的精神，父子俩日子虽苦，但还是能快乐生活。

一次，克里斯在停车场遇见一个开高级跑车的男人，克里斯问他做什么工作才能过上这样的生活，那男人告诉他自己是做股票经纪人的，克里斯从此就决定自己要做一个出色的股票经纪人，和儿子过上好日子。完全没有股票知识的克里斯靠着毅力在华尔街一家股票公司当上学徒，头脑灵活的他很快就掌握了股票市场的知识，随后开上了自己的股票经纪公司，最后成为百万富翁。

一路上克里斯经历了不少挫折，但是年幼的儿子每次都能给予他最大的鼓励，两父子相互扶持最终完成了又一个美国梦。

第九章　善用网络，把握虚拟世界

本章导语

近日，美国新闻聚合网站 BuzzFeed 的 23 张照片成为网络热议话题，不少网友直呼"躺枪"。这组照片里，无论场景是家庭聚会还是老朋友们共进早餐，无论是毕业旅行还是 10 年未见的兄妹相聚，无论在看台上为自己支持的球队助威还是在艺术馆里欣赏大师巨作，所有人都在自顾自地低头玩手机。即使是在享受可口的食物之前，这些手机持有者也要进行一个"古怪的仪式"：先为食物拍照，然后在社交网络上发布，最后才是吃掉它。

该网站试图用这 23 张照片证明，现代社交毁于移动互联网。于是，"世界上最遥远的距离"有了新的定义：我们坐在一起，你在玩手机，我在玩手机。越来越多的人沉浸于手机里的互联网世界，却忽视了自身周边的生活。他们宁愿与一个机器打交道，也不愿意与坐在对面的人多说一句话。

网络，作为新世纪的科技产物，已成为人与人之间沟通的桥梁，在人的生活中越来越重要，不可替代地成为人们了解外面世界的途径。任何事物都像一把双刃剑，它改变了大学生的生活方式和学习模式，带来了极大的便利，但也给部分不正确对待它的大学生带来了危害。

[本章问题]

(1) 大学生网络应用有什么心理需求?

(2) 哪些因素会导致大学生过度依赖网络?

(3) 大学生应该怎么预防网络成瘾?

第一节　理论导读

一、大学生网络应用的心理需求分析

随着校园网络技术的发展与普及，大学生上网人群日趋增多，上网已经成为大学生

生活不可缺少的一部分。了解大学生上网心理，是开展大学生网络心理健康教育的重要前提。大学生上网心理分为积极的心理需求与消极的心理需求两种心态。

（一）积极的心理需求

1. 学习心理需要

互联网以其信息快、内容新、手段先进等优势极大地吸引了大学生的好奇心，引起了他们的特别关注和兴趣，激发了他们学习和掌握网络知识和应用技能的欲望。很多大学生利用网络浏览新闻，查询资料，满足了学习知识、增强能力的心理需求。

2. 参与心理需要

网络平等自由的氛围适应了当代社会中对自由、平等呼声最高的大学生群体。在网络这个虚拟空间里，种种现实社会的限制都消失了，只要参与进来，任何人都是互联网的“主人”，都可以在网上按自己的意愿和口味，做自己想做的事。很多大学生在网络上开辟自己的空间，发表自己的观点，满足了张扬个性的需要。

3. 社会交往心理需要

网络是一个开放的信息源，各种文化、思想、观念都可以在这里争鸣。这就为大学生追求开放和多元的文化、观念提供了平台。在网络上人们没有在日常生活中的交往障碍，在虚拟世界里，人们可以在匿名的状态下，在“去个性化”的环境中表达自己真实的观点和情感，表达自己的心声，结交情趣相投、志同道合的朋友，缓解心理的孤独感。

（二）消极的心理需求

1. 弥补畸形心理的空白

很大一部分大学生上网的目的是猎奇，即追寻一种在现实生活中难以了解，通过正当渠道难以获得的奇艳事物或信息，并借以获得感官刺激，往往是出于好奇或冲动的心理去刻意寻找一些色情、暴力信息。很多大学生在精神空虚时通过网络寻求现实中无法实现的心理满足。

2. 尝试网络发财的心理需要

网络信息的丰富与快捷，使许多大学生把上网当成通往成功的捷径和有利条件。在他们眼里，网络就是商机，网络就是生财之道。同时，一定程度的社会误导（包括网络上基于商业目的的信息误导）也使大学生对“成功”的理解产生了偏差。于是，电子商务、留学资讯、成才捷径、求职之路就备受一部分大学生的关注。他们渴望凭借这些信息省一些力气，走一步先棋，成为网络时代的成功人士。很多人在这样的环境下萌生了“发财”的念头，很多大学生在网络里想出了很多“挣钱”的点子，也有很多大学生在被人欺骗以后，干起了骗人的勾当。

3. 简单宣泄的心理需要

在互联网上，大学生们可以比在学校、家庭里更随意地发表自己的意见，抒发自己的爱与憎，表达自己的思想，不必担心会受到限制或承担责任。平时对学校不敢提、无处提的意见可以贴到 BBS 上去，平时对女同学不敢表达的感情则可以在聊天室里淋漓尽致地抒发。很多大学生通过网上聊天来宣泄自己的情感，缓解心理压力，做出与平时的规范行为相悖的不可思议的荒唐行为，如出现了与大学生身份不相符的谩骂和攻击行为。

4. 逃避竞争压力的心理需要

科学技术的飞速发展，社会竞争的加剧，带动了网络技术的迅速发展，很多大学生担心自己的知识更新赶不上网络的发展，会被新技术淘汰而产生了心理压力；他们预感不经常上网就会被社会淘汰，就会在竞争中落败。很多大学生不得不在压力下上网。网上人际关系的不确定性与隐匿性，给大学生的心理压力开辟了新的缓解渠道。大部分学生在大学生活中都会遇到这样或那样的挫折和危机，诸如学习上的、感情上的、人际关系上的。同时，复杂的社会生活也会使思想相对不成熟的学生感到难以应对。但遗憾的是，部分学生在现实中受挫时，往往愿意到虚幻的网络空间去倾诉，互联网成了他们逃避现实、寻求自我解脱的一个良好的渠道和环境。网上出现的“自杀”俱乐部、虚拟“家庭”等就属于逃避现实的行为，女性大学生在网上迷恋动画世界，也是情感逃避的心理现象。

5. 实现虚拟自我价值的需要

在现实世界里，自我价值是很难实现的，人努力奋斗之后的成果是需要他人的肯定的。强烈的自我意识是大学生群体的一个显著特征，虚拟的网络可以成为大学生实现自我的一个理想王国。在网络上，大学生可以享受到网络特有的平等、自由、成功、刺激的感觉，学习与就业的压力、社会与家长的希望造成的心理压抑与孤独在网络上一扫而光；他们可以突破社会及他人对自己行为的框架，轻松地实现从小梦想成为的侠客、富翁，可以在模拟战争中指挥千军万马搏杀疆场……部分大学生上网玩游戏，在游戏获胜后有一种成就感，这是因为网络游戏能够满足他们部分的自我实现的需要。

虚拟的自我实现心理还会导致一些不道德的行为甚至是犯罪行为。有些大学生不能很好地理解自我实现、自我价值的真实含义，往往意图在网络中“大展宏图”，他们为了能展示自己的能力，大胆地制造网络病毒、盗用他人电脑信息，刺探他人隐私，非法通过银行和信用卡盗窃和诈骗，给社会和他人带来巨大的损失。他们的目的多是满足自我价值、自我成就的心理需要。

6. 满足逆反心理需要

在现实社会中的不和谐、不满，使很多大学生想通过网络来满足自我的心理需要。自卑是不信任自己的能力，用失败来衡量自己及未来的一种心理体验。它来源于心理上消极的自我暗示。这种心理常见于那些初次尝试的大学生，当他们怀着兴奋与好奇的心理来到网上，网络的虚拟性可以消解他们的自卑心理，通过过激行为、暴力行为来满足消除自卑心理的目的。

心灵故事：

被总理接见的“网瘾少年”

受国务院总理李克强的邀请，1月27日上午，90后、广州九尾信息科技公司CEO王锐旭和陈道明、姚明、许宁生等其他9位代表一起，走进中南海与李克强总理面对面，对《政府工作报告（征求意见稿）》提出意见和建议。

你可能想不到，王锐旭，这个创业已初步成功的年轻人，在初中时，就被父亲委以“临时账房先生”的重任，给100个工人发工资。不过，初中时他便沉迷于网络游戏，成了网吧常客，网游、吸烟、喝酒、逃课样样均沾，成了不折不扣的问题少年。“有一次为了游戏通关，五一假期7天都和弟弟泡在网吧，每人轮流打游戏12小时，饭都顾不上吃”。

这位刚刚从广州中医药大学毕业的年轻人，凭借“兼职猫”项目顺利创业，最新融资上千万元。更牛的是，他大学四年创业学习两不误，在校期间连续4年获得奖学金。作为唯一来自广东的代表，王锐旭排在第7位发言，他结合自身经历，对大学生创业提出了建议，希望落实大学生创业扶持政策，为大学生创业者创造实现梦想的条件。总理回应说：“大众创业和创新非常重要，大学生是其中重要的力量。”为何被选中？王锐旭也不太清楚，他估计是因为自己在创业过程中，5次获得奖学金。更为重要的是，政府现在重视创业，而自己代表的正是无数创业的年轻人。

王锐旭现在的项目名叫“兼职猫”，但并不是他的第一个创业项目。此前，他摆过地摊、做过保安、卖过电脑……2012年5月，王锐旭和他的几位好友成立了“魔灯团队”。创业初期条件艰苦，他们在路灯下席地而坐，开会开到凌晨三四点，有时还会因讨论热烈被保安赶走。一开始，他们把自己定位为校园推广团队，承接了中国移动、启德教育、新东方等企业的校园推广业务，团队也从一开始的两个人发展至81名成员。这之后，王锐旭意识到广告业务也只能帮其他企业作嫁衣，团队的未来十分渺茫。2013年6月，顺应移动创业的大趋势，他考虑投入手机应用开发。“作为大学生，我考虑的创业方向，结合了这个群体最实际的需求，就是找兼职、找工作。”王锐旭表示，他把公司的服务理念定位为——带动毕业生就业，引领大学生创业。

于是，2013年9月，“九尾科技”推出了自己的第一款产品——“兼职猫”APP。“我们的出发点就是为大学生找工作带来便利。”王锐旭表示，这是一款基于数据挖掘的个性化兼职信息推荐引擎，产品推出后，几天内就有4000多人下载。“我们的兼职信息都经过多重核查，信息真实度业内最高。”王锐旭表示，每天都有大量用户在“兼职猫”上找到兼职。自2013年10月上线以来，“兼职猫”的用户已突破120万，其中创建个人简历的有50多万。目前，公司已拿下第二轮天使融资和千万级的A轮融资。

从互联网的发展过程来看，网络就是沟通的革新。美国计算机高级研究员戴维·克拉克说："网络把使用电脑的人连接起来了，互联网的最大成功不在于技术层面，而在于对人的影响。互联网的持续发展对我们所有人都是一个技术上的挑战。"

（资料来源：人民网，http：//gd. people. com. cn/n/2015/0129/c123932 - 23720949. html）

二、网络成瘾

（一）网络成瘾的含义

网络成瘾作为一种新的成瘾形式受到社会学家、心理学家、精神病学家、医学家的广泛关注。网络成瘾指在无成瘾物质作用下的上网行为冲动失控，表现为由于过度使用互联网而导致个体明显的社会、心理功能损害。从心理病理学的角度来看，什么是网络成瘾？包括对网络使用强迫性；对网络的耐受性增强，指个体会逐渐增加上网的时间和参与的深度，才能获得以前曾有的满足感；对冲动的控制力减弱，不能停止使用网络；以及随之产生的戒断症状，比如在意外或被迫不能上网的情况下，会烦躁不安，无法集中注意力、消沉、甚至颤抖等。

网络成瘾是一种科技成瘾，是行为成瘾的一种子集模式（Griffiths，1998），比如强迫性赌博。扬（Young，1998）认为赌瘾的状态最类似网络成瘾，因此将网络成瘾定义为一种没有涉及中毒的"冲动——控制障碍"。

网络成瘾也被称为"病理性网络使用"（Pathological Internet Use，PlU）。戴维斯（Davis，2001）认为，PIU 具有下述特征：（1）耐受性，即需要用越来越多的时间上网才能满足；（2）戒断症状，当失去网络联系时，会出现焦虑、不安等情绪反应，不断想着网上发生了什么；（3）渴求性，渴求更多的上网次数和更长的时间（Internet Addiction Disorder，IAD）；（4）消极生活影响，如失业、财政问题、家庭关系问题等。扬提供了 7 个主要的诊断标准来定义"网络成瘾失调"，即希望增加上网时间；梦到有关网络的情景；有一些持久的身体上、社会上、心理上的问题；等等。通常，"IAD"就简称为网络成瘾，或者称为"互联网成瘾综合征"。

台湾学者陈椒惠（1999，2001）认为，网络成瘾量表的概念模式应包括以下几个症状维度：（1）网络成瘾耐受性，指随着网络使用经验的增加，必须通过更多的网络内容或更长久的上网时间才能得到与原来相当程度的满足；（2）强迫性上网症状，有一种难以自拔的上网渴望与冲动；（3）网络成瘾的戒断症状，指如果突然被迫离开电脑，容易出现挫败的情绪反应，如情绪低落、生气、空虚感等，或是注意力不集中、坐立不安等反应；（4）网络成瘾相关问题，指由于使用网络时间过长，忽略原有家庭与社交生活并产生身体不适等反应。

（二）网络成瘾的分类

戴维斯（2001）定义了两种类型的病理性网络使用（Pathological Internet Use，PIU）：特定的PIU和普遍化的PIU。特定的PIU，指过度地使用某种特定的网络服务功能，比如赌博、炒股、浏览色情网站等来满足需要。而普遍化的PIU涉及一般化的、多维度的网络的过分使用，也包括在网上浪费时间，没有一个明确目的。

通常，普遍化的PIU被发现与在线的“聊天”和E-mail有关，被认为是网络的社会性的体现。网络在线的社会接触和强化需要，导致持续在虚拟社会生活中愿望的增加。也有人认为网络成瘾是，包含多种类的行为和一系列的冲动——控制问题。

1. 网络交际成瘾

此类成瘾者将全部精力投注于在线交际中。在线朋友很快变得比现实生活中的家庭成员和朋友更为重要。在很多情况下，还会导致婚姻不和与家庭的不稳定。互联网的聊天室、使用微信、QQ等聊天工具进行交流都属于这种类型。

2. 网络色情成瘾

此类成瘾者要么沉迷于观看、下载和交换色情作品，要么在成人幻想角色扮演聊天室中乐而忘返。“性”这个词成了互联网搜索引擎中查询频率第一的词汇。

3. 网络赌博成瘾

此类成瘾者将大量时间、精力和金钱花费在网上赌博、游戏、购物和拍卖等活动之中，并且往往丧失工作职责，破坏重要的人际关系。

4. 信息下载成瘾

此类成瘾者花费大量时间致力于在网上查找和收集信息，伴随有强迫性冲动倾向和下降的工作效率两个典型特征。

5. 网络游戏成瘾

此类成瘾者沉迷于电脑程序性游戏，以致影响了正常的学习和工作。

心理实验室：

游戏成瘾会导致脑残？

多玩游戏将会导致“脑残”（大脑萎缩）?！听起来太可怕了，但这正是来自公共科学图书馆最新发布的一项研究结果。

据此项研究表明，多玩游戏可以永久改变大脑功能。成瘾者大脑的几个小区域会出现萎缩情况，一些测试对象受影响区域达到10%～20%，影响范围包括外侧前额叶皮层、前喙扣带皮质、辅助运动区和小脑部位等。此外，成瘾时间越长，组织减少越明显。研究者认为，这些收缩情况可能导致负面影响，如无法控制不适当行为或减少目标取向，则会影响决策能力等。

实际上，美国研究者也曾在针对十几岁男性临床试验中发现，平时涉及暴力节目、影片或游戏越多，会导致其在生活中对暴力的敏感度越低。

瑞典研究理事会的报告显示，玩暴力视频游戏时，玩家心跳频率会加快，他们睡觉时这种影响犹在。

此外，电脑益智类游戏并不能开发智力。英国医学研究委员会和老年痴呆症学会研究人员的实验项目表明，电脑益智类游戏可能对相关认知能力方面有改善，但智商测验则没有改善。

（资料来源：http：//games. sina. com. cn/l/n/2011－06－22/0920507877. shtml）

（三）网络成瘾的判断

1997 年，美国心理学会承认了“网络成瘾”的学术研究价值，但迄今仍然没有一个大家一致公认的网络成瘾标准。目前的网络成瘾鉴别量表，多是由网络成瘾的研究者，根据成瘾行为的诊断标准改写而成的（Young，1996；Young，1998；Egger & Rauterberg，1996；Brenner，1997）。

扬（1996）最早在《英国医学期刊》上发表了他编制的一份诊断网络成瘾问卷（Diagnostic Questionnaire，DQ），共 8 个项目，是参照 DSM－Ⅳ 中赌博成瘾鉴别标准修订而来的。扬在 DQ 的基础上又发展为扬的网络成瘾问卷（Young's Internet Addiction Test），该问卷评估被试的网络使用情况，让被试如实回答 20 个情形发生的频率，选择一个与自己实际情况相符的答案，其中“1＝很少，2＝有时，3＝一般，4＝经常，5＝总是”。把每一题选择的数字相加，得到一个总分，有效总分在 20～100 分之间。得分越高，说明被试接近网络成瘾的可能性也越高，基于网络使用而带来的问题也越多。

扬认为，得分处于 20～49 分的使用者是一般使用者，他们对于网络使用有良好的自控能力；得分处于 50～79 分的使用者是可能成瘾者，他们考虑网络使用对自己生活等造成的影响，会改善自己的网络使用习惯；得分处于 80～100 分的使用者属于网络成瘾者，他们的学习、工作、生活等都受到巨大的影响，应该积极有效的改变自己的网络使用行为，尽快脱离成瘾人群的行列（Young 1996）。

在扬的研究之后，埃格和劳特伯格（Egger & Rauterberg，1996）编制了在线的调查问卷，研究被试的网络成瘾行为。布伦纳（Brenner，1997）对于网络过度使用问题也编制了一份“网络相关的成瘾行为评估问卷”。从 1998 年开始，网络成瘾相关的标准逐渐多了起来，英格《互联网心理学》一书里列举了互联网成瘾症的核心标准。比如：用户认为使用互联网是最重要的活动；使用互联网的时候感到非常舒畅，需要更多使用互联网达到心理满足；有不安的逃避症状；不使用互联网时，正常生活受到干扰。

哈佛医疗学院心理学医师亚力克（Orzack，2003）多年来一直以多种形式对计算机成瘾开展研究。根据临床经验，他特别指出电脑成瘾症病人的生理症状：腕骨髓道症，眼睛干，偏头痛，背痛，饮食不规则，不能处理个人卫生，睡眠紊乱等。亚力克同时指出，网络成瘾症病人有如下共同问题：沮丧，社会恐怖症，易冲动，注意力不够集中。另一些病人甚至有其他物质成瘾史，他们易走极端，有自杀和暴力倾向。另外，上网者试图对亲友掩盖自己上网花费的时间和精力。他们会感觉自己在某个网络社区的“地位”很重要，某些网络人际关系的冲突可以严重影响自己的情绪和生活，“网友”成为自己主要的或“真正”的朋友圈子等。这些体验和表现，往往是现实社会生活“退化”的指标。

目前的网络成瘾科学研究尚没有比较成型的诊断工具，而且网络成瘾行为的个体差异很大。因此，具体的诊断，还要依赖案例分析和诊断工具的结合。

（四）网络成瘾的原因

近年来研究者从不同角度对网络成瘾展开了研究，试图揭示造成网络成瘾的原因。迄今为止，已有研究可以归为三个方面：

1. 网络本身具有的成瘾性

计算机网络交流与现实生活的面对面交流有许多区别，包括匿名性、多对多、时间快、范围广、自由度高等。这些特点使得人际交流有很大的吸引力，又不受现实生活交流方式的限制，因而容易使人成瘾。

另外，网络成瘾的媒介特性，导致网络成瘾可能成为其他成瘾行为的一个中介媒体。比如，网络可以很容易地成为赌博、游戏、性、暴力的方便媒体，而且网络上确实充满了这些信息和渠道。同时网络的匿名性，可以强化和满足个体探索和体验不同社会和人格角色的潜在欲望。网络交际还存在着一种“身份丧失”的特点，网上人们不仅可以匿名，而且还可以隐匿性别、年龄、种族和社会地位。“身份丧失”会使上网者产生平等感、自由感、虚幻感。

扬（1998）提出了网络成瘾的 ACE（Accessibility，Control，and Excitement）模型。Accessibility（易得性），指上网非常容易，这是网络的另一个重要吸引因素，人们喜欢能够完全支配自己行为的感觉，自主选择做什么，何时做，及如何做。Excitement（兴奋性），在网上活动带给个体一种高峰体验。ACE 模型认为个体从与网络的互动中所感受到的回馈是导致网络成瘾的主要诱因。

网络本身不应该被看作是成瘾的对象，但它为一些用户提供了一种全新的社会互动形式和权力，研究表明使用网络社会功能的用户，比其他用户表现出更多的网络使用问题，网络是他们互动的最佳场所。

2. 个体特征导致网络成瘾

个体具有的某种特征导致他们更可能网络成瘾。

（1）性别、年龄特征。对个体特征的研究中，有一部分以性别和年龄等特点区分用户。其中一种说法是网络成瘾者主要是受教育不多的中年妇女和各年龄段的学生（OReilly，1996）。也有研究表明青少年使用网络的时间和内容多于成年人，在青少年中，男性比女性更多地使用网络，在成年人当中则正好相反（Kraut & Paterson，1998）。

（2）网络使用动机。研究者发现，网络的人际功能与网络成瘾有关（McKenna &

Bargh，2000；Morahan & Schumacher，2000）。网络提供了一种没有压力的交流环境，用户可以开展更多可控的、轻松的在线社会行为（Young & Rogers，1998）。网络成瘾的用户主要使用网络的社会功能和互动功能，而非网络成瘾的用户主要用网络收集信息或完成工作。

另一项对网络用户展开的研究显示，使用网络的动机中有一个非常重要的动机就是“用于人际交往”，即用网络交往替代传统形式的交往（Papacharissi & Rubin，2000）。对澳大利亚大学生的研究也发现，轻成瘾组更多地将网络用于娱乐和休闲活动，而重成瘾组将网络用于收集软件、与兴趣相同的人交谈或分享一些梦想；有严重成瘾倾向的学生则更多地将网络用于赌博和寻求感情支持（Wang，2001）。

（3）个体心理特征。研究者从用户的心理特征的角度分析网络成瘾的原因，发现孤独、压抑和强迫、低自尊等的个体心理特征可能是促成网络成瘾发生的一个根本原因。卢斯特克和艾洛（Loystker & Aiello，1997）得出结论，高水平的孤独、厌倦倾向、社交焦虑及自我封闭均可预测 IAD 的发生。扬（1998）用 Zung 抑郁测验量表结果显示，中度至重度的压抑水平与网络成瘾相关，因此，压抑可能是导致网络成瘾 IAD 的一个主要因素。

此外，低自尊、缺乏动机、寻求外界认可、害怕被拒绝等人格特质也可能是促成网络成瘾发生的原因。布洛迪（Brody，1996）发现，低自尊且缺乏社会交往技巧的年轻人更容易受到网络的吸引，他们能够通过网络获得一种控制感，在网络中去抑制化，赢得在现实生活中无法得到的地位和特性。一些消极的人格特征很可能是网络成瘾发生的内在原因。扬和罗杰（Young & Rodgers，1998）在研究中发现，网络使用者的压抑倾向越高，其网络成瘾情况就越严重；阿姆斯特朗·菲利普斯和萨汀（Armstrong Phillips & Sating，2000）的研究发现，低自尊者有较高的网络成瘾倾向，并推测网络成瘾者可能是因为社交技能差，自信心低落，从而利用网络作为逃避的手段。台湾大学的林以正、王澄华（2001）发现，焦虑依附型的网络使用者网络成瘾倾向性更高，即在人际互动中感受焦虑的程度越深越容易网络成瘾；北京大学钱铭怡教授发现，那些寻求社会赞许需求较高的人、社交焦虑比较严重的人在上网时容易成瘾（蓝燕，2001）。

3. 适应不良的认知和行为导致网络成瘾

这一理论是戴维斯（2001）根据认知—行为理论提出的，该理论强调个人的认知或想法是反常行为的主要来源。他将病理性网络使用（PIU）看成是一种与网络相关的，造成了消极生活影响的认知和行为，并建立了相应的认知—行为模型。

第二节 健康网络心理培养

一、大学生网络心理健康的标准

对于网络心理健康的衡量尺度，在心理学界还是没有形成一个统一的共识，一般认为，一个心理健康的大学生在网络心理方面至少要能够做到下面五个方面：

（一）具有正确的网络心理健康的意识或观念

一个心理健康的人，首先要具有正确的心理健康意识或观念，认识到心理健康的重要意义和现实价值；其次，能够运用正确意识指导自己的心理和行为。

（二）具有良好的自我控制能力，不因网络的使用而影响正常的工作、学习

上网应该有较强的目的性和时间意识，网络只是我们生活中的一部分，而不是生活的全部，不论是为了获取信息还是为了休闲消遣，都应该有节制。不要因为上网影响了正常的学习、工作和生活，破坏了自己的生物钟。因为浓厚的兴趣而不分昼夜，放弃原定的安排，沉溺于网络，显然不是正常心理。培养自我控制能力，对于保持心理健康是很重要的。

（三）具有在网络和现实中均能保持良好人际交往和环境适应的能力

网络交往因为具有隐蔽、间接的特点，对于一些没有“慎独”素质的网民而而言，其自律行为和责任心就会下降，在网上交往时具有明显的攻击性或欺骗性。例如，对他人人身进行攻击，讲脏话、谎话、黄色笑话等。有些大学生对网络环境中的交往方式很不适应，遇到上述问题，往往心理失衡、生闷气等。所以健康的心理应该是用平静的心态去应付这些局面。如果不是对方故意造谣生事、恶意诽谤，都应该泰然处之，大可不必大动肝火。同时，在离线后能够进行正常的人际交往，保持和谐的人际关系，积极适应周围的环境。

（四）具有对信息有辨认真伪的能力

在网络世界中，海量信息迎面而来，让你目不暇接，真伪难辨。如果用怀疑一切的心态对待网络信息势必有失偏颇，也得不到任何有用的信息；如果盲目地接收一切网络信息，势必囫囵吞枣，可能产生错误的导向。例如，有人在网络上恋爱时，见面才发现是“同性”。类似以上现象在现实生活中常有发生。健康的心理应该是运用现有知识，理智地辨认和分析错误信息，能够有勇气及时纠正自己的认知和行为。

（五）具有正确对待和处理网络与现实生活的关系，保持人格的完整和身体的平衡

网络信息是现实生活的反映。虽然这种反应有正确反映和扭曲反映之分，但网络信息的基础仍然是现实社会。逃避现实生活，“躲进网络成一统，管它春夏与秋冬”，其实是人格不健全的表现。在线的时间应该以身体健康为底线，离线后不会因为使用网络导致身体的感觉器官、神经系统以及其他的身体机能下降或失调，能够保持机体的平衡。

大学生热衷于网络信息技术，希望通过网络平台获取知识、交流思想、实现自我的人生价值。但不可忽视的是，不少大学生在恣意享受网际冲浪的快感时，也逐渐显现出了许多问题，大学生上网的心理动因及网络心理问题都应引起足够的关注。

二、大学生网络成瘾的预防

（一）加强自律与自我管理，培养健康文明的网络心理素质

在网络社会里，由于信息量巨大，各种文化与价值理念交织，各类诱惑比比皆是；另一方面，网络社会又是一个充满自由的社会，缺乏非常强大的外在约束。面对这个虚实难辨、是非难断却又无明确约束的多彩世界，大学生会因自律和自我管理的不足而产生各种各样的网络心理问题。因此，加强自律与自我管理的重要性与意义就显得尤为突出。我们可以通过以下几个方面对大学生进行自律与自我管理，培养健康文明的网络心理素质：

1. 养成良好的上网习惯

养成良好的上网习惯，是进行自律与自我管理，培养健康文明的网络心理素质的首要条件。良好的上网习惯包括良好的心理习惯、良好的行为习惯和良好的道德习惯。良好的心理习惯主要指良好的上网心理需求、动机、兴趣、信念、理想和网络管理，它贯穿于包括认知、情感和意志过程在内的整个网络心理活动过程。良好的行为习惯主要是指大学生上网的时间、频率以及各种安排应当合理，并做到行为文明，良好的道德习惯也是大学生必须具备优良的网络道德品质和修养，遵从善恶标准，维护网络净土。

2. 培养健康人格

有专家认为“如果上网行为本身产生的快感可以让用户沉浸其中，甚至出现上瘾的现象，这就和使用药物、酒精等其他上瘾行为一样。会使其丧失时间感，反复循环，导致最后终于失去自制力”。形成网络成瘾的这类大学生最迫切需要培养的是自制力、思考力、辨别力、选择力。唯有这些素质的提高才能帮助大学生从良莠并存的网络信息中去伪存真、弃劣择优。虽然人的个性在大学之前就已经形成，但大学生的个性可塑性很强，在学生陷入网络成瘾状况之前，提前预防，加强培养大学生健康人格，增强他们的抵抗力。重视对大学生进行早期价值观灌输、行为习惯养成和思维方式引导，通过教化使他们确立起基础的价值观念和行为习惯，学会做人和思考，以健康之人格抵御来自网络信息的不良影响，是一个治本之道。

3. 养成高尚的网络道德和心理品质

网络道德和心理品质，是网络心理素质的重要组成部分。网络给道德伦理带来的难题主要有：信息污染和信息欺诈、“信息崇拜”的负效应、对个人隐私的挑战、对知识产权保护的威胁、对网民道德人格的考验、对人性带来的扭曲等。作为大学生网民，面对诸多的网络道德伦理的考验，要学会自尊、自爱、自律、自省和自我管理，提高网络

道德意识和水平。社会应该尽快建立网络伦理规则，形成网上道德氛围；要善于利用网络促进人类的道德进步，抵制消极影响；网民应该争做高尚、文明的“网络人”。

高尚的网络心理品格是指网民在网络环境中抱着积极、健康、平和的心态，以集体和他人利益为重的心理品质。大学生要不断提高网络道德认知和实践修炼的水平，端正“网风”，养成高尚的网德和心理品质。

4. 培养优雅的网络情趣和审美格调

面对网络这个丰富多彩的花花世界，面对网络这个良莠不齐、充满诱惑的空间，大学生必须提高自己的辨别能力，同时要提高自己的审美能力，在网络环境中保持高昂的情调、高雅的格调、高涨的审美激情和较高的审美能力。拒绝使用格调低俗的言语，不要观看内容庸俗的信息，不要发表不堪入目的言论等。大学生应当提高包括网络图片、文字、广告、影视、风土人情等信息的审美情趣和文化审美情趣，做一个真正的“性情中人”。

（二）加强科学使用网络的指导

对网络成瘾是不是应该采用严格控制？当然不可以。网络成瘾者的情感表达、心理沟通是他们上网的重要原因。只有宣传正确的上网心态和提供网瘾矫治服务才能减少网络对心理的负面效应。网上的人际交往是现实生活中的人际交往的一种补充，使人与人之间的联系更紧密而不是更疏远。我们要在心理上指导过分迷恋上网的人，使他们有正确的上网心态，使他们在现实人际交往中和上网时一样能打开心扉。需要正确地指导该如何沟通人与人之间的心灵。对于网络成瘾的大学生，应当去了解他们，用心去感受和指引他们。

（三）寻求恰当的情感交流与宣泄途径

由于在现实生活中社交面太窄，或者社交羞怯、缺乏社交技巧，许多大学生都热衷于上网聊天，与“网上知音”进行沟通和情感交流，获得安慰、支持，宣泄平时的压抑情绪。正如一位女大学生说：“在网上，我会主动与我不认识的男生说话，这在现实中几乎不可能。而我在网上所需要做的仅仅是键入两个字母：Hi。”这是大学生中相当有代表性的一种心理。所以，在大学教育中应该更加贯彻“以人为本”的教育理念，为大学生提供更多的情感交流机会。有利于人与人之间心理情感的互动，才会减少网络成瘾的可能性。

（四）提供良好的社会支持系统

心理学家研究表明，社会支持在压力事件与健康状况之间起到中介作用。如果个体受到一定的社会支持，他将低估压力情境的伤害性，通过提高感知到的自我防御能力，减少对压力事件严重性的评价，而且，社会支持能够在压力的主观体验上起到缓冲作用，可以提供解决问题的策略，降低问题困难度。大学生网络成瘾与缺少现实中同伴、亲人等社会支持也大有关系，他们可能通过网络交往满足人际交往需求，缺乏自信的人有可能从网上交往中获取自信，体会交往中的满足，在现实中受到挫折的人亦有可能在网上得到精神的慰藉。

所以，对大学生网络成瘾现象的出现，不应归因为网络，而应该看到，这是社会发展对大学生和高校提出的新的任务和要求，只要我们充分认识，敢于挑战旧的教育方式，网络成瘾的问题是可以得到解决的。

（五）不能自助，积极求助

网络空间到处都是新鲜的事物，而且在不断地增加着，因此对易于接受新鲜事物的大学生有着无限的吸引力，这种吸引力往往会导致大学生对网络的极度迷恋。美国普利茅斯大学的格里菲斯博士对大学生“互联网癌”进行过一番研究，他认真调查了100名大学生用户，其中有22人称有吸烟上瘾的感觉，另有12人则形容自己能够像吸烟那样得到身心的自由放松，即100人中有34人有上瘾的倾向。

当出现“网络上瘾症”“网络孤独症”“网络诈骗”等网络传播的伴生品对我们身心健康产生危害与威胁，而我们自己不能走出心理误区的时候，就应该积极求助于他人，包括老师、家长、医生、朋友、同学等。抛弃传统认知，勇敢走进心理咨询室。当人们身体不适时，都会大大方方地去医院看病：但当心理有问题时，却羞于找心理医生，认为这是不光彩的事。在问及“你认为个人如何克服网络成瘾”时，选择“接受心理治疗”的比例最低，只有16.7%通过心理咨询，让心理医生与网络成瘾者之间建立良好的医患关系，从精神上给成瘾者理解和支持，树立治愈的信心；同时，心理医生会根据成瘾者的痴迷程度，用准确、生动、专业的语言引导其认识网络成瘾的形成原因及危害，实施心理矫治。通过找同学和朋友倾诉、向心理咨询员咨询、请心理医生治疗等手段，可以释放网络心理压力，缓解痛苦心理，形成健康向上的心理状态；也可以利用电话、网络等进行远程心理咨询，特别是可以向许多比较好的本土心理咨询网站了解有关心理健康方面的知识，同时，还可以进行网上预约，“以其道还治其身”，通过网络解决网络心理问题，这些都是大学生网民培养良好网络心理的好途径。

通过求助，我们还必须最终完成从他助向自助的过渡。通过对网络心理健康的理解和网络心理咨询，当面对各种信息泛滥的互联网时，培养良好的心理，并通过自己完成网络心理健康教育和调适的目的，最终培育健康的心态，提高自我心理素质，最后达到自己帮助自己走出心理困惑的一天。这就是他助向自助过渡的心理调适过程。虽然这个过程很艰巨，也很漫长，但这是大学生心智健康发展的必由之路。

三、大学生网络情感调适

（一）以谨慎的心态对待网络情缘

网恋的美丽，被网络小说《第一次亲密接触》描绘得淋漓尽致。但是网络是一个虚拟的世界，当人们进行精神交流的时候，也掩盖了其真实的面孔。我们要理性地认识网恋的虚拟性和易碎性，谨慎地对待网恋，特别是在网络交友时，要做到“四不要”：

（1）不要轻易相信他人的资料；

（2）不要接受对方礼物；

（3）不要提供照片、电话、地址等私人信息；

（4）不要轻易约见网友，确需约见时，要选择公共场所，初次见面要有人陪伴，谨防上当。

（二）促进网络交往与现实交往的整合

网络和现实在很多人的生活状态中是分离的，两者进行交叉的机会比较少。从总体上看，网络和现实的统一协调是我们所追求的。在协调的状态下，人们可以轻松地表现自己，而不必扮演或忍受自我的支离破碎，可以缓解网络带来的孤独、沮丧等负面情绪。那么怎么才能实现这种整合呢？

1. 告诉网友你的真实生活

如果想和网友发展进一步的关系，就必须让对方更多地了解自己的现实生活，如学习、工作、家人、朋友和爱好。

2. 把自己的网上生活告诉现实生活中的朋友

让家人了解你的网上生活，可以使他们更多地了解你的另一面，并能给你的网上生活提出更有深度的反馈意见。

3. 和现实的朋友网上见面

如果你和你的家人、朋友及同事，都开始用 E-mail、QQ、聊天室、在线游戏甚至角色扮演等网上的交流和参与方式，那么这将为你们的沟通建立一个新的渠道，有助于彼此的进一步认识。总的来说，即把网上的行为现实化、把现实生活网络化。

全国青少年网络文明公约

要善于网上学习——不浏览不良信息

网络用好是个宝，查找资料不用跑。网上并非全都好，乌七八糟也不少。

天下大事早知道，学习知识不可少。不良信息决不看，一旦陷入不得了。

要诚实友好交流——要维护网络安全

网上有朋远方来，善待他人莫胡来。网上交友要谨慎，随意约会不安全。

诚实交流要牢记，友好沟通情谊在。网络公约心中记，莫把安全放一旁。

不侮辱欺诈他人——不破坏网络秩序

网络自有规矩在，自我约束洁身爱。网络塞车难疏通，莫在网上逞英雄。

侮辱他人不可取，互相欺诈更不该。冲浪必须讲秩序，别把自由当放纵。

要增强自护意识——要有益身心健康
自护意识需加强，是非真假要分清。网上风光无限好，运用不良添烦恼。
学会防范最要紧，换得平安网上行。合理利用是关键，身心健康最重要。
不随意约会网友——不沉溺虚拟时空
网上也会起风浪，黑客来袭要紧防。网络是个假时空，现实虚拟有不同。
单凭网上聊聊天，是非好坏难分辨。上网冲浪要节制，过度沉溺可不行。
（资料来源：https：//baike. so. com/doc/5378801 －5615014. html）

心理小贴士：

服几味良药，让我们来主宰网络

中国现代学者和思想家胡适曾给大学生推荐过一个防身药方的三味药，并为这三味胡家铺子的陈药正式定名为问题丹、兴趣散、信心汤。在这里再加两味即目标丸、朋友膏一起送给大学生网民们。

（1）目标丸。迷恋网络主要源于空虚，而空虚则主要源于空闲。经常制定切实可行的目标是治疗空虚的一味良药。

（2）兴趣散。寻找一定的兴趣，形成一定的爱好是治疗空虚，让网虫走出阴影的又一良方。

（3）问题丹。时时寻一两个值得研究的问题是养成兴趣爱好打发空虚无聊的有效途径。

（4）信心汤。树立坚定的信心是大学生网虫们走出网络泥潭的关键。

（5）朋友膏。交几个知心的朋友，建立良好的人际关系是避免迷恋网络不能自拔的好方法。

谈谈你对这五味良药的理解，面对网络，我们该怎么办？

（资料来源：刘凤姣．大学生心理健康教育［M］．湖南：中南大学出版社，2012）

第三节　心理辅导与训练方案

一、找出兴趣共同点——热身阶段

操作：

在限定的时间（如10分钟）内寻找他人，找到5个两人之间的共通点（可以是兴趣或其他方面），然后再寻找下一位。相同时间内寻找到最多人的人为优胜者。

小技巧：可事先写好一些备选项，以供他人选择，则进程会快很多。另外，注意要他人签名一定要清晰。

二、感知——感受阶段

案例导入

2012 年 5 月 9 日的中央电视台《今日说法》栏目播出的 15 岁男孩因无钱上网，心生歹意偷钱，杀死同学 5 岁的弟弟为掩人耳目竟毁尸灭迹的案例。湖北省荆门市一个农村发生了一起杀人案件，一名 15 岁的男孩秦某某杀死了同学的 5 岁的弟弟，并毁尸灭迹，手段极其残忍。原本品学兼优的 15 岁少年秦某某，因迷恋上了网络游戏，却因家庭贫困无钱上网，竟然心生歹念：趁自己的好朋友李某父母外出打工，于凌晨三四点到李某家偷钱，不料遇到并吵醒了朋友 5 岁的弟弟小俊，事情的败露不但没有让秦某某悬崖勒马，反而迫使他铤而走险——残忍地杀死了 5 岁的小俊，并偷走了李家 7600 元现金。一个 5 岁的儿童惨遭杀害，凶手竟然是一个 15 岁的少年，这个血案的确让人触目惊心。秦某某是一名初中生，可以说是品学兼优的学生，但自从染上了网络游戏，由于没有玩网络游戏的费用产生了这样的想法。这样一个成绩好、又懂事，在老师、同学和家长眼里都很优秀的学生怎么突然会变成一个丧心病狂的杀人犯呢？同时惊讶于网络游戏对于少年儿童的魔力。

小组讨论：整件事从外表层面上看是网络游戏中止了两个孩子的“生命”，其中 5 岁男孩再也无法回到父母的怀抱，享受本该属于他的生命阳光，而杀害他的凶手秦某某也因故意杀人罪将在狱中渡过他的人生，这不能不说是一场悲剧，悲剧发生后应该给我们带来更多的思考。那么你怎么看待网络成瘾呢？

三、理解——感想阶段

活动一：你上网最喜欢做什么

操作：

在下表中写出你自己上网最经常做的 10 件事情，并写出每周你做这些事情各自所花费的时间，然后和你的小组成员们分享。

上网做的事情及其所花费的时间

序号	上网做什么	所花费的时间
1		
2		

续表

序号	上网做什么	所花费的时间
3		
4		
5		
6		
7		
8		
9		
10		
合计		

活动二：如果网络坏掉 3 个月

操作：

每人一张“如果网络坏掉3 个月”练习纸：填写练习纸内容，组内讨论。在填写及讨论的过程中，成员会逐渐复苏对曾经拥有或将来想要发展的兴趣爱好的期待，增添生活情趣，增强改变生活方式及自我实现的动力。

如果网络坏掉 3 个月……

如果网络坏掉 3 个月，无论是否情愿，我都会拥有好多空白时间，那时候我可以……（请具体写出所做的事情）

（1）例：每晚睡前读一个小时书。

（2）例：结交一个留学生朋友，每个周末同他练习 4 小时外语。

（3）例：每天下午 16：00～17：00 去操场上练习一小时轮滑。

（4）________________________

（5）________________________

（6）________________________

（7）________________________

（8）________________________

（9）________________________

（10）________________________

活动三：小组讨论——网络成瘾的危害

操作：拿出纸和笔填写下面问题：

网络成瘾对学习影响：____________________

网络成瘾对身体影响：____________________

网络成瘾对生活影响：____________________

网络成瘾对人际关系影响：______________________________

网络成瘾对________影响：______________________________

网络成瘾对________影响：______________________________

活动小结：

如果你的网络成瘾对你有较多的负面影响，这时你需要内省一番，寻找问题的根源。比如，你是否客观评价过网络成瘾？是什么原因使你成为这样？有没有改善的可能。

网络成瘾自我测评：网络成瘾量表

指示：以下是一组有关自我感觉的句子，请按你的情况作答。

1 = 很不同意　2 = 不同意　3 = 同意　4 = 很同意

1. 起床后情绪低迷，头昏眼花，疲乏无力，食欲不振，神不守舍，但一上网便精神抖擞，百“病”全消。

2. 上网时表现得思维敏捷，口若悬河，滔滔不绝，并感到非常愉快，但离开网络便思维迟钝，情绪低落，空虚无聊。

3. 只有不断上网才能感到满足，从而使上网时间经常比预定时间长。

4. 无法抑制上网的欲望。

5. 每看到一个新网址就会心跳加快或心律不齐。

6. 只要长时间不上网操作就手痒难耐。

7. 每当互联网的线路被掐断或由于其他原因不能上网时，便感到烦躁不安或情绪低落。

8. 平常有不由自主地敲击键盘的动作，或身体颤抖的现象。

9. 对家人或亲友隐瞒迷恋互联网的程度。

10. 因迷恋互联网而面临失学、失业或失去朋友的危险。

评价方法：如果符合以上标准中的 4 项或 4 项以上，且持续时间已经达 1 年，那么就表明已经患上了 IAD（网络成瘾综合征）。

四、整合——感悟阶段

活动一：手机依赖测评

操作：

对下面 17 道题，每一道题目选出一项和自己情况相符的选项：

	从不	偶尔	有时	经常	总是
1. 你被告知你在手机上花的时间太多了	1	2	3	4	5
2. 你的朋友和家人抱怨过你对手机的使用	1	2	3	4	5

续表

	从不	偶尔	有时	经常	总是
3. 你试图向别人隐瞒你在手机上花了多少时间	1	2	3	4	5
4. 你发现自己使用手机的时间比预期的长	1	2	3	4	5
5. 你花在手机上的时间总是不够	1	2	3	4	5
6. 你尝试减少使用手机但没有做到	1	2	3	4	5
7. 因为花时间在手机上而导致你失眠	1	2	3	4	5
8. 一段时间内，你全神贯注地想着错过了一个电话	1	2	3	4	5
9. 如果一段时间你没有检查消息或打开你的手机，你感到焦虑	1	2	3	4	5
10. 你发现要关闭自己的手机非常困难	1	2	3	4	5
11. 没有手机你会不知所措	1	2	3	4	5
12. 当你感觉孤立时，会用手机跟其他人通话	1	2	3	4	5
13. 当你感到孤独时，会用手机给别人打电话	1	2	3	4	5
14. 当情绪低落时，你会玩手机让自己感觉好一点	1	2	3	4	5
15. 你发现当自己需要做其他事情的时候常常还忙于玩手机，而这会引发问题	1	2	3	4	5
16. 你使用手机的时间太多，直接结果是你的创造力下降了	1	2	3	4	5
17. 曾经有几次你宁愿玩手机也不愿意去处理更加紧急的事情	1	2	3	4	5

评分标准：

手机成瘾指数量表（MPAI）主要用于诊断青少年和大学生手机成瘾。该量表采用5点评分，1表示从不，5表示总是，包括17题，4个维度。

戒断性包括项目8、9、10、11，失控性包括了项目1、2、3、4、5、6、7，

低效性包括项目15、16、17，逃避性包括项目12、13、14。戒断性是指个体无法适应不能正常使用手机时出现的不良的情绪等反应；失控性指个体没有办法控制自己在手机上花费的大量时间；低效性指过度使用手机导致较低的学习或者工作效率；逃避性指利用手机逃避现实世界，使用者沉浸在手机网络世界中。如果被试17道题中有8题是肯定回答，就被界定手机成瘾。

得分越高表示手机依赖倾向越明显。该量表参考扬（Young）的网络成瘾筛选标准，受试者在17个条目中，对8个条目做出肯定回答，即被界定为手机依赖者。

活动二：小组讨论——手机的影响

操作：

8个人一组，每个人轮流指出手机对大学生的影响，并填写在小组的汇总卡

片上：“我认为手机使用会影响____________。”

小组讨论后，每个小组派一位同学将填好的卡片分享给全班同学，总结手机对大学生的影响。

活动三：自我控制训练

操作：

（1）每人拿一根橡皮筋，套在手腕上，在上课时如果想看一下手机，就拉动橡皮筋抽一下自己手。

（2）统计在一定时间内每位同学拉橡皮筋次数。

（3）分享感受。

活动总结：

手机使用是否影响了正常的学习与生活，如果存在手机成瘾的情况，怎么提升自我控制能力，更加合理使用手机。

推荐阅读：《大学生网络成瘾的预防与戒除》

王恪所著，这是国内第一部专门研究北京市高校大学生网络成瘾问题的专著。作者在总结、参考国内外网络成瘾问题研究的基础上，以北京市高校大学生为主要研究对象，阐述了大学生网络成瘾的现状与危害，剖析了大学生网络成瘾的深层原因，探讨了大学生网络成瘾问题的预防和戒除方法，以期为大学生的健康成长、成才起到积极的推动作用。

推荐电影：《好友请求》

在今天，社交网络上的好友请求早就变成一个相当复杂的大学问了。既要考虑如何发出，发出之后又要考虑如何撤回，收到好友请求又得考虑如何删除或者如何拒绝。暗恋已久的学长加好友该如何处理？前女友加好友该如何面对？亲戚长辈加好友又要怎么分组？一个陌生人发来好友请求又该如何操作？

小小的一个好友请求，操作不当的话，可是会引起大麻烦的，轻则丢人，重则丢命。德国恐怖电影《好友请求》讲的就是这么一个因为处理不当，最终好多人丢命的故事。影片是由西蒙·凡赫文（Simon Verhoeven）执导，阿莉西娅·戴柏南：凯里、布里特·摩根等主演，该片于2016年在德国上映。

这部电影非常准确地把握了社交网络上人与人之间成为朋友关系的错觉，并成功地把“网络成瘾症”融入电影中去。在电影中，劳拉和玛丽娜正是一门研究“网络上瘾”的课程中的同学，而劳拉还曾调侃说过她们正是自己的两个病人和案例。

第十章　感恩生命，幸福生活

本章导语

人生一世，就好比是一次搭车旅行，要经历无数次上车下车，时常有事故发生，有时是意外惊喜，有时却是刻骨铭心的悲伤……

降生人世，我们就坐上了生命列车，我们以为，我们最先见到的两个人：我们的父母，会在人生旅途中一直陪伴着我们。

很遗憾，事实并非如此，他们会在某个站下车，留下我们孤独无助，他们的爱，他们的情，他们不可替代的陪伴，再也无从寻找。

尽管如此，还会有其他人上车，他们当中的一些人，将对我们有着特殊的意义，他们之中有我们的兄弟姐妹，有我们的亲朋好友，我们还会体验千古不朽的爱情故事。

……

生命之谜就是：

我们在什么地方下车？坐在身旁的伴侣，在什么地方下车？我们的朋友，在什么地方下车？我们无从知晓……

我们常这样想：到我该下车的时候，我会留恋吗？我想我还是会的。和我的朋友分离，我会痛苦；让我的孩子孤独地前行，我会悲伤。

我执着地希望，在我们大家都要到达的那个终点站，我们还会相聚……

我的孩子上车时，没有什么行李，如果我能在他们的行囊中，留下美好的回忆，我会感到幸福。

我下车后，和我同行的旅客，都还能记得我，想念我，我将感到快慰。

献给你，我生命列车上的同行者，祝你旅途愉快！

［**本章问题**］

（1）有人说："生命的成长没有界限，没有假期，也没有终点。"你认同这种观点吗？为什么？

（2）你认为生命的价值和意义是什么？

第一节 理论导读

人的生命由于其独特性而与世上其他生命有着本质的区别。大学生只有深入理解生命的本质和真谛，才能更加珍惜生命、热爱生命和呵护生命，并进一步提升生命、丰富生命和拓展生命。

一、生命的历程

个体的发展历程通常可以分为婴幼儿期、童年期、少年期（青春期）、青年期、中年期和老年期。在生命发展的每一个阶段都有着该阶段特有的生理特征，个体生命生理的发展同时也伴随着心理的发展。在人生历程的每一个时期都有这个时期心理发展的主要问题。个体的心理发展是一个涵盖非常广泛的综合体，包括认知、记忆、人格、技能和能力、情绪和情感等方面。其中最值得注意的是个体人格的发展。美国著名的精神病医师、新精神分析学派的代表人物埃里克森曾提出心理社会性发展理论，论述了人格发展阶段和相应心理品质的关系。

（一）婴儿期（0～1.5 岁）

基本信任的建立——希望的品质。婴儿期是一个基本信任和不信任的心理冲突期，这期间的小孩开始认识人，当孩子饥饿或哭闹时，父母是否出现则是建立信任感的重要时期。信任使人形成希望的品质，它起着增强自我的作用。具有信任感的儿童敢于希望、富于理想、具有强烈的未来定向；反之，则不敢希望，时时担忧自己的需要得不到满足。

（二）幼儿期（1.5～3 岁）

主能力的成长——自律的品质。这一时期的儿童，掌握了大量的技能，如爬、走、坐、说话，更重要的是他们学会了怎样坚持或放弃，开始意识到“有意志”的决定做什么或不做什么。这时父母与子女的冲突激烈，一方面父母必须承担起规范和控制孩子符合社会规范的任务，为孩子养成良好的习惯；另一方面儿童开始有自主感，他们坚持自己进食、排泄等行为，这时，训练儿童养成良好的习惯是一件非常不易的事。父母的听之任之，放任自流，会不利于儿童的社会化；过分的严厉，又会伤及儿童的自主感和自我控制能力；父母的保护不当或惩罚不当，还会造成儿童的怀疑和害羞，因此，把握好“度”是这一时期形成良好意志品质的关键。

（三）学龄前期（3～5 岁）

主动和目的性的建立——未来的责任感形成的主要时期。这一时期，儿童的主动探究受到鼓励，幼儿就会形成主动性，这为将来责任感、创造力的建立奠定了基础。如讥笑儿童的独创精神和想象力，那么，幼儿就会逐渐失去自信心，使他们更倾向于生活在别人安排好的狭小的生活圈子里，缺少自己开创生活的主动性。

（四）学龄期（6～12 岁）

勤奋的建立——自信的能力。学校生活是训练儿童适应社会、掌握今后生活所需知识和技能的地方。他们顺利地完成学业，就会获得勤奋感，这使他们在今后的独立生活中能够承担责任，充满信心；反之，则会产生自卑。如果儿童过分看重自己的工作态度，而对其他的方面木然处之，生活必然是可悲的。

埃里克森说："如果他把工作当成他唯一的任务，把做什么看成是唯一的价值标准，那他就可能成为自己工作和老板最驯服的和最没思想的奴隶。"当儿童的勤奋感大于自卑感时，他就获得了能力。

（五）青春期（12～18 岁）

自我同一性的建立——忠诚品质的形成。青少年本能冲动的高涨和面临新的社会要求和社会冲突而感到的困惑和混乱，给青少年带来很多的问题，所以这一时期，青少年的主要任务是建立一个新的同一感或自己在别人眼中的形象，以及它在社会集体中所占的情感位置。这一阶段的危机是角色的混乱，随着同一性的发展，便逐渐形成了"忠诚"的品质。

（六）成年早期（18～25 岁）

亲密感的建立——爱的奉献。建立了自我同一感的青年人，与他人发生亲密关系，将自己的同一性与他人的同一性进行融合，有所牺牲和损失。在恋爱中建立真正亲密无间的关系，从而获得亲密感，否则将产生孤独感。

（七）成年期（25～65 岁）

生育感的建立——关心孩子和创造力的品质。当一个人顺利度过自我同一性的时期，在以后的岁月中他将过上幸福充实的生活，他将养儿育女，关心后代的繁殖和养育。这一时期她不仅要生育孩子，同时还承担着社会工作，这是一个对下一代的关心和创造力最旺盛的时期，人们将获得关心和创造力的品质。

（八）成熟期（65 岁以上）

自我的调节有种超脱的智慧感。由于衰老，老人的体力、心力和健康水平每况愈下，对此他们必须进行调整和适应，这一时期是他们对绝望感自我调整的心理冲突阶段。自我调整是个人对自我的接受、承认现实的感受，一种超然的智慧，如果自我的调整大于绝望，他将获得智慧的品质。老年人对死亡的态度又影响着下一代儿童时期信任感的形成。

这几个周期首尾相接，构成一个循环生命周期。人的生命从诞生到死亡是一个不可抗拒的生命周期，也是自然的规律。人生就如同自然界的花朵在四季中都绽放出美丽，在人生的四季中，人所担任的任务，因四季的变化而有所不同。认识和思考人生的发展阶段，了解和面对每一项生命事件的意义，扮演自己的社会角色，采取应有的行动，才能真正实现自己人生四季的美丽。

二、心灵对生命全程的允诺

自人类进入文明社会以来，生命就一直受到人们的关注。许多研究者都从自己所属的学科出发，对生命提出了各自的界定。但到目前为止，人们尚未就生命的定义达成共识。根据前人的理论和社会发展实践可以看出，生命首先代表着一个自然物质的存在，它是人存在的物质基础，但因为人有思想，能够用意识支配自己的生命活动，这是人的生命与其他生命的本质区别，所以生命又是一个精神存在，这样的精神是认知与情感、理性与非理性的统一。这种精神，使人的生命被赋予了全新的功能、价值与意义，使人的生命活动有了更高的目的和意义。但人的精神生命的出现离不开社会活动和社会交往，人是社会的人，社会是人的存在形式，因此人的生命还是一个社会生命。由此来看，人的生命实际上是自然生命、精神生命和社会生命的统一体。精神生命作为一个“中介”，将人的自然生命和社会生命紧密地连接在一起，实现着心灵对生命全程的允诺。

人的这三重生命是一个互为前提、互为因果、循环往复的生命流程，实现着人与自然、人与自我、人与社会的交换和协调。在正确对待生命上，大学生需要做到以下几点：

第一，要懂得担当。生命的过程绝非一帆风顺，要乐观和勇敢地面对一切挫折与挑战，而不是推卸和逃避。事实上，任何挫折和挑战都是对自己的一次考验，成功地战胜挫折就是一次自我成长。

第二，要懂得自爱。生命过程中随时随地都存在着诱惑，我们不仅要具有分清真善美的智慧，还要懂得自爱，避免误入歧途。吸毒、随意的性行为、上网成瘾、沉迷赌博……或许能够带来某种暂时的心理满足，但最终只能带来无尽的悔恨和痛苦。

第三，要懂得欣赏。世间并不缺少美，缺少的是懂得欣赏美的心灵和眼睛。清晨的露珠是美的、傍晚的夕阳是美的、夏日的微风是美的、冬日的暖阳是美的……生命中有太多美的时刻和事物等待我们去欣赏。同样的经历，不同的人或许有不同的体悟和感受。懂得欣赏美的人，就算在逆境中也能发现美，甚至会用一个美丽的故事或轻松的自嘲来诠释挫折的经历；不懂得欣赏美的人，就算在顺遂的情境下，也只能用平淡无奇的语句描述自己的生活。可见，懂得欣赏美的人，也懂得生活的意义和价值。

第四，要懂得创造。美好的生活绝对不是坐享其成，而是需要自己去规划、设计和创造。每个人都有创造的动机。当我们还是婴儿时，就能够试着自己站起来、试着自己走路、试着自己用勺子吃东西……并在那些过程中体验到成就和快乐。可悲的是，随着年龄的增长，我们变得越来越功利，我们会认为“如果没有回报，我们就不去做或不去创造”。这种想法渐渐磨灭了儿时单纯的、非功利的创造所带来的快乐。创造本身就具有非功利的人生意义，它能让我们的生活更充实，让我们体验到成就感，让我们充满活力，让我们更快乐，而懒惰却只能让我们渐渐空虚、无聊、腐朽。

生命之所以可贵，是因为每个人只有一次。如何尽可能扩大生命的意义和价值全都掌握在我们自己的手中。在人的整个生命过程中，总有无数挫折需要勇气去面对；总有无数诱惑需要自己去抵制；总有无数美好需要懂得去欣赏；总有无尽的价值需要我们去创造，这就是我们的心灵对生命全程的允诺。

三、做有生命价值感的“全人”

大学生正处在个人成长和发展的关键时期，是提升自我价值、创造社会价值的资本积累期，此时我们需要学会珍爱自己的生命，探索生命的意义，追求生命的价值，形成正确的生命价值观，做有生命价值感的“全人”。

（一）要懂得付出，并创造价值

要成为有生命价值感的“全人”必须要努力付出，并创造价值。生命的价值来源于自身的创造，而非外界的给予或向外界索取。而且生命的价值不仅仅限于对自身需要的满足，还包括对他人以及社会需要的满足。因此，人生的价值包括社会价值和自我价值。人生的社会价值是个体的人生对社会和他人的存在与发展的意义，是个体的人生对社会和他人需要的满足。其主要表现是个人通过劳动和创造对社会和他人所做的贡献。可以说，劳动、创造和贡献是人生社会价值的基本标志。在这种价值关系中，个人对社会来说，是满足社会需要的手段，谁对社会贡献大，价值就大；贡献小，价值就小；没有贡献，就没有价值；如果有损于社会和他人，就只有负价值，就会被社会和他人否定。人生的自我价值是指个体的生活活动对自己的生存和发展所具有的意义。主要表现是对自身物质和精神需要的满足程度。作为在一定社会关系中活动的个人，他的人生活动必然包含了对自身存在和发展的意义。由于人的需要是多方面的，自我价值也是多方面的。例如，个人对基本生存条件的获得，对自我社会身份的确认和尊重，以及在知识、道德、人格等方面的自我完善等。自我价值的实现是人所共有的追求，也是个体进步的动力和表现。

人的社会价值和自我价值既密切联系、相互依存，又相互区别，共同构成人生价值的矛盾统一体。一方面，人的自我价值不仅是个体生存的前提，也为个体的发展提供条件。个体提高自我价值的过程就是通过努力自我完善以实现全面发展的过程。人的自我价值的实现构成了个体为社会创造更大价值的基础。另一方面，人的社会价值是实现人的自我价值的基础，没有社会价值，人的自我价值就无法存在。人总是生活在社会当中，个体无法脱离社会而独立存在和发展。个体的人生活动不仅具有满足自我需要的价值属性，还包含着满足社会需要的价值属性。人是社会的人，一个人的需要能不能从社会会中得到满足和在多大程度上得到满足，主要取决于他的人生活动对他人和社会的贡献，即他的社会价值。

（二）要目的高尚，提升自身价值

人生目标决定了生命价值的高低，因为人生目标有层次的区别。有的人追求奉献，有的人追求自身利益；有的人志向高远，有的人鼠目寸光；有的人追求高层次的自我实现，有的人追求低层次的欲望满足……尽管人生目的的达成都会让人感到快乐，但高尚的目的不仅能提升个体的生命价值，还能带给人更深厚、长远的幸福感。高远的人生目的可以使人无所畏惧、顽强拼搏、积极进取、乐观向上；短视的人生目的则会使人投机钻营、铤而走险、违法犯罪，或虚度人生、游戏人生、放纵人生，或悲观消沉、看破红尘、厌世轻生。

此外，树立人生价值还需要把握以下几方面：

第一，要从社会客观条件出发来实现自己的生命价值。经济、政治、文化和社会条件是实现人生价值的基础。大学生应把自己的人生价值目标建立在正确地把握社会发展为我们提供的条件，努力、充分地实现自己的人生价值。

第二，生命价值目标要符合社会发展规律。个体价值目标必须与社会主导价值目标相一致，并不是简单地以社会的导向替代个体目标，也不是简单地附和社会实际存在的某种价值目标，而是指与符合社会发展规律和具有客观真理性的主导价值目标相一致。在现实社会中存在着的各种不同的人生价值目标，许多是不符合社会发展趋势的，如拜金主义，选择这样的人生价值目标，就可能走错人生之路，使人生的路越走越窄。

第三，要在客观认识自己的基础上，努力创造实现人生价值的良好条件。每个人的自身条件都会与其他人有一定的差异。某一个具体的价值目标对这个人来说是恰当的、比较容易实现的，而对另一个人来说就未必如此。因此，应当实事求是地根据自身的条件来确定自己的人生价值目标。要实现自我的人生价值，应该做到以下几个方面：

首先，要提升自身的素质。主要包括思想道德素质、科学文化素质和生理、心理素质。

其次，要提升自身的能力。能力是实现人生价值的“本领”。人在自然天赋上有这样那样的差异，在实现人生价值的过程中不可避免地要受到自身条件的限制，但这并不是说，人是完全消极被动的。个人的主观努力在相当大的程度上决定着一个人人生价值的实现程度。人的能力具有累积效应，可以通过学习、锻炼来得到强化。人最初只有参与劳动的一般体力条件，但在劳动过程中，人会不断地提高技巧，积累经验，劳动能力就会不断得到增强。大学生可塑性强，正处于增长知识才干的关键时期，可以通过各种方式和途径全面提高自身的综合素质和能力，努力创造实现自己人生价值的良好条件。

最后，要增强自强不息的精神。“天行健，君子以自强不息。”当代大学生要实现自己的人生价值，需要在实践中继承和弘扬这种自强不息的精神。畏惧劳苦，贪图安逸，坐享其成，最终只能虚度年华，万事蹉跎。只要人生价值目标符合社会总目标，即使自身条件有所欠缺，也要尽心尽力、一往无前。“有志者，事竟成”，只要始终保持自强不息的精神状态，人生终将有所收获。

心理小贴士：

最合宜的位置

我相信，每一个人降生到这个世界上来，一定有一个对于他最合宜的位置，这个位置仿佛是在他降生时就给他准备了的，只等他有一天来认领。我还相信，这个位置既然仅仅对于他是最合宜的，别人就无法与他竞争，如果他不认领，这个位置就只是浪费掉了，而并不是被别人占据了。我之所以有这样的信念，则是因为我相信，上帝造人不会把两个人造得完全一样，每一个人的禀赋都是独特的，由此决定了能使其禀赋和价值得到最佳实现的那个位置也必然是独特的。

然而，一个人要找到这个对于他最合宜的位置，却又不容易。环境的限制，命运的捉弄，都可能阻碍他走向这个位置。即使客观上不存在重大困难，由于心智的糊涂和欲望的蒙蔽，他仍可能在远离这个位置的地方徘徊乃至折腾。尤其在今天这个充满诱惑的时代，不少人奋力争夺名利场上的位置，甚至压根儿没想到世界上其实有一个仅仅属于他的位置，而那个位置始终空着。

（资料来源：周国平．生命的品质［M］．浙江人民出版社，2015：15－16）

第二节　探索提升生命价值的方法

心灵故事：

给予比接受更快乐

“先生，这是你的车吗?”小男孩见到吉姆开口问道。“我哥哥送给我的圣诞礼物。”吉姆回答。“你是说，这车是你哥哥白白送给你的?”小男孩吃惊地瞪大了眼睛，“我希望……我将来能像你哥哥那样。”

吉姆听了大吃一惊。在吉姆看来，小男孩也非常希望有这样一个好哥哥。出于对小男孩的喜爱，吉姆邀请他坐自己的车兜一圈。车开了一段路，小男孩突然把头转向吉姆，请求吉姆把车开到他家门口。吉姆以为小男孩想在邻居们面前炫耀一下，他是坐新轿车回家的。等吉姆把车停好，小男孩赶快跳下车，不一会儿，就背着他的脚有残疾的弟弟回来了。他告诉弟弟，将来他一定要给弟弟买一辆车。这样弟弟就可以坐在车里看那些商店橱窗里的圣诞礼物了。

小男孩的话很让吉姆吃惊，吉姆为此感动不已，连忙下车把那个残疾小男孩抱进了车里，三个人开车兜风，一直到很晚。这一天晚上，吉姆知道了一个道理：给予比接受更让人快乐。

小男孩是一个很懂事的孩子，他的一举一动深深地打动了吉姆。小男孩为残疾的弟弟付出了真诚的亲情，他的弟弟是世上最幸福的弟弟，小男孩也因此而幸福快乐着。由此可见，给予确实比接受更令人快乐。

在生活中，不要老想着从别人身上得到什么，而应该想着能够给予别人什么，因为在生命中，给予比接受更让你觉得快乐。所以，当别人需要你的帮助时，你应该给予最真诚的帮助。如果你给予别人的越多，你就能得到更多的关心、勉励。因为那些获得你帮助的人，会慢慢地累积成一股庞大的力量，回馈给你所需要的帮助与支持，而这些将会为你的成功积蓄宝贵的力量。

（资料来源：小学语文教材三年级下册·沪教版）

生命价值是一种特殊的价值，它包含了自我价值和社会价值两个方面。自我价值既表现为个体存在的意义和个体需求的满足，也表现为社会对个体的尊重和满足。社会价值则表现为个体对社会需求的满足和对社会的贡献。探索生命价值及其意义是对大学生开展生命教育的核心所在。我们要在思考生命的同时，去探寻生命的真谛、意义与价值，进而去创造和提升自身生命的价值。

一、爱自己，也是爱他人

人的生命存在本身就具有价值，因此活着就是对自己、对他人及社会的一种尊重。在公民的人身权利中，生命权是最重要和最基本的权利，如果生命权得不到应有的尊重，那么其他任何权利都无从谈起。因此，生命权至高无上并不可复制。在亲缘关系和社会群体中，我们都有自己的角色，都在履行着一定的义务与责任；我们不但要为自己好好地活着，还要活得精彩，这样我们的亲人、朋友才感到幸福。因此，尊重自己的生命，也是在尊重别人，我们好好活着，也是对别人负责。

（一）大学生要对自己的生命负责

我们不时会在报纸、网络等新闻报道中看到大学生自杀的事件。这些大学生面对学业、爱情、家庭的困难，选择以死亡的方式来解决。这样的案例总是让人为之扼腕，唏嘘不已。生命的可贵在于，每个人只有一次，而且只能前进，不能重来。选择自杀，无疑只是一种逃避的方式。人生很短暂，它包含所有的喜怒哀乐和酸甜苦辣。每个人都会经历悲伤和挫折，面对压力，寻找合理的解决办法，让自己成长，才是最好的途径。我们不能因为其中有哀和苦就否定生命存在的意义，更不能因此就失去感受生命美好的能力。如果总是觉得生活没有乐趣、社会太不公平、未来暗淡，对生活抱着消极的态度，自然会觉得生命是一种负累，渴望逃避生活的折磨。有的时候，我们没有看到生活美好的一面，是被过强的目的性遮蔽了双眼。只有放平心态，保持一种平和、乐观而积极的心态去对待生活，对自己的生命负责，才能看到未来的希望。每个大学生都应当珍惜自己的生命，珍惜生命中的每一段历程，对自己负责，积极勇敢地直面人生、体验生活。

（二）大学生负有回报家庭的责任

大学生在对自己的生命负责的同时，还肩负着对家庭和社会的责任。一名大学生的成长需要投入家庭大量的物力和精力。儿女是父母生命的延续，除了物质上的付出，父母在儿女身上还倾注了无私的精神关爱。“慈母手中线，游子身上衣。临行密密缝，意恐迟迟归。谁言寸草心，报得三春晖。”大学生肩负着父母的殷殷期盼，因此每当碰到不如意的事情或感到生活坎坷时，回想起父母的种种付出，就要咬牙坚持，顽强地生活下去，不仅为自己，也是为自己父母的幸福和快乐，为了将来能从物质和精神上回报家庭，承担起孝顺父母的责任。

（三）大学生负有回报学校的责任

学校为培养大学生也会付出大量的心血。大学生通过学校教育获得专业基础知识和技能；通过学校提供的社会实践平台（如社团组织、勤工俭学等）提升自己的社会技能和综合素质；通过学校提供的科研交流平台，感受教学名师的魅力，获取前沿的理论和技术，从而提升自己的专业能力和思维水平。这些都为大学生将来顺利地走向社会，实现自己的人生价值打下了坚实的基础。此外，在大学期间，学校也时刻关注大学生的身心健康，并为此投入了大量的关爱和帮助。大部分高校都设有心理咨询机构，开展心理健康辅导课程，并给大学生提供心理咨询服务。因此，大学生应当对自己的学校负责，珍惜大学四年的时光，珍爱自己的生命，时刻谨记学校对我们的付出和殷切希望，“今天我以学校为荣，明天学校以我为荣”！

（四）大学生负有为国家服务的社会责任

家庭培养一个大学生需要大量的资金支持，同时国家也为教育投入了大量资金。大学生拥有知识和青春，这决定了他们是祖国的未来和希望，并应当成为为国家服务的中坚力量。他们在为祖国服务的过程中将显示出不同于其他任何群体的优势。他们肩负着强国的责任和使命。如果他们选择轻生，那将是国家的一个重大损失。因此，大学生应当有责任尊重自己的生命权，努力提升自己的抗挫能力，真正承担起建设国家的重任。

每个人的生命都需要被尊重，对于大学生而言，更是如此。其实，人生就是旅途，一帆风顺时，我们应该学会珍惜；当旅途崎岖不平时，我们应该学会敬畏和尊重。

二、创造生命价值，活出精彩人生

社会价值是自我价值的基础，具有很高社会价值的人通常都具有很高的自我价值。人不仅仅是一种自然的存在，更是一种对理想、感情、道德、信仰、价值、精神的追求。这就是生活，正是这种生活才使自然生命超越有限，而具有了价值和意义，人只有找到了自己的生活意义，才能自觉创造有价值的人生。《钢铁是怎样炼成的》一书中，保尔·柯察金有这么一句话："人最宝贵的是生命，它给予我们只有一次。人的一生，应当这样度过：当他回首往事的时候，不因碌碌无为而悔恨，也不因虚度年华而羞耻。这样在他临死的时候，他就能够说'我已经把我的整个生命和全部精力都献给了这个世界上最壮丽的事业——为了人类的解放而斗争'"。人生的价值在于奉献，生命的意义要靠行动实现，只有奉献才能升华生命的价值，所以我们应树立为人民服务的最高价值追求和道德追求，在生存实践中创造生命价值，构建精彩的人生。

（一）拓展生命的广度

我们经常看到，有的同学每天除了上课、吃饭、睡觉、上网，似乎就没有别的事情可以做，每天浑浑噩噩，好像行尸走肉一般，自己也感到生活空虚，似乎生存的意义只是为了一张毕业证书；我们也经常看到，有的同学除了学习以外，参加了多个学生社团，每次活动都全情投入、认真对待，生活丰富多彩，每天都能感到生活是有目标、充实而快乐的。同样是大学生，同样的年龄，生命的长度相同，但生活的广度却相差甚远。

生命原本就存在多种可能性，等待着人们去探索。拓展生命的广度就是拓宽自己的视野，发现和挖掘生命中值得自己去欣赏、投入、奋斗的东西。

有这样一个故事：一位记者到我国的贫困山区采访，碰到一个放牛娃，就问他："你每天放牛是为了什么？"答："为了讨个媳妇。"

问："讨媳妇为了什么？"

答："生娃。"

问："生娃干什么？"

答："放牛。"

在这个故事中，放牛娃回答的人生在他看来或许是幸福的，但是，他并没有看到除了这种生活方式以外，还有很多更有意义的生活方式。而且，在当今的社会中，随着经济、文化、交通、信息沟通方式的急速发展，这种单一的生存方式已逐渐离我们远去，取而代之的是多重选择、丰富综合的生活方式。对于大学生来说，应尽量体验多种健康的生活方式，而不能将自己局限在某个固定思维模式里。要想使自己生命充满活力，就应拓展自己生命的广度。

那么，如何拓展自己生命的广度呢？首先要多读书、看报、上网浏览信息，以扩充自己的知识面，多获取新知识，与时代和社会接轨。其次，不要把自己局限在固定的思维方式和意识形态中，要打破常规，灵活多变。当遇到问题时，要从不同的角度去思考，特别是要学会“换位思考”，站在对立面看待问题。有条件时最好多体验不同的工作，并在工作中多看、多思、多体悟。此外，还应尽可能广泛地与人交流，思维的碰撞会让人体会到人与人的不同；生命有多种存在方式，不要把自己封闭在狭小的范围内自生自灭。

生命的广度无限。作为一名当代大学生，不要孤寂，不要封锁自己的意识和心灵，不要封闭在没有信息刺激的思维方式和环境中，不要与世隔绝……在宝贵的大学时代，我们要拓展生活的多种可能性，多多体验和感悟不同的生活方式这样我们才可以更平和淡定地去面对将来一切未知的可能性，更自信豁达地选择未来的人生道路，更成熟稳健地创造更适合自己的生活。

（二）挖掘生命的深度

生命的意义在于付出和给予，而不在于接受和索取。生命的广度让我们的生活更丰富，丰富的经历和体验增添了我们的智慧，使我们变得更加成熟和稳定。但仅拓展生命的广度远远不够，因为广度只能为提升生命价值提供更多可能性，要真正提升生命价值还需不断挖掘生命的深度。这就是为什么有的人经历了、学习了很多，但大多事情都只是浅尝辄止，最终发现自己的成就还不及那些只专注于一件事情的人。

那么，如何挖掘生命的深度呢？

第一，要养成良好的习惯。播种一种行为，收获一种习惯；播种一种习惯，收获一种性格；播种一种性格，收获一种命运。良好的习惯可以代替一时的冲动，戒除各种坏习惯，避免它们左右自己的意志和影响自己的行为。因此，如果必须要形成习惯的话，那就要形成良好的习惯；如果必须要受习惯支配的话，那就要受好习惯的支配。

第二，要找准目标，不懈努力。诚然，生命的奖赏远在人生旅途的终点，而非起点附近。谁都不知道要走多少步才能达到目标，即使是在迈出第1000步的时候，仍然可能遭到失败。但成功很可能就在第1001步的后面，除非你向前再跨步，否则我们将永远不知道成功还有多远。再前进一步，如果没有用，就再向前一步。事实上，每次向前一小步并不太难。只要坚持不懈地追求进步，一点一滴地做出努力，终究能够达到绳锯木断、水滴石穿的效果。

第三，要保持自信，充分发挥自身优势。每个生命都有其存在的意义，人类作为自然界中的高等动物，能充分发挥其主观能动性，创造出远高于物品本身价值的东西。有了双眼，就可以观察；有了头脑，就可以思考；有了双手，就可以劳作。只要善于观察和思考，见一叶落便可知天下之秋，见瓶水之冰便可知天下之寒。只要勤奋劳作，桑叶在我们的手中就能变成丝绸，黏土在我们的手中就能变成楼房，柏树在我们的手中就能变成殿堂。桑叶、黏土、柏树经过人的创造，可以成百上千倍地提高自身的价值。那么，我们为什么不能充分发挥自身优势，发挥自己更大的人生价值呢？

第四，要珍惜时间，惜时如金。失败的人挥霍时间，成功的人珍惜时间。人的生命只有一次，而人生也不过是时间的累积，珍惜时间，就在今天，因为它们将一去不复返。若让今天的时光白白流逝，就等于毁掉了人生的一部分。时间就像海绵里的水，只要愿挤，总还是有的。我们应当做好时间规划，珍惜每分每秒，把每一天都当作生命中的最后一天，去拓宽生命的广度，挖掘生命的深度，让生命绽放出光彩。

第五，要学会控制情绪。冬去春来、月圆月缺、花开花谢、日出日落，自然界的万物都处在循环往复的变化中，人的情绪也会时好时坏。冲动是魔鬼，我们要学会控制情绪。具体方法有：沮丧时，引吭高歌；悲伤时，开怀大笑；病痛时，加倍工作；恐惧时，勇往直前；自卑时，换上新装；不安时，提高嗓音；穷困潦倒时，想象未来的富有；力不从心时，回想过去的成功；自轻自贱时，想想自己的目标。对于自己千变万化的情绪，不能听之任之，只有积极主动地控制情绪，才能磨炼和完善自己的人格。

第六，要立刻行动。一切的一切都毫无意义，除非我们付诸行动。立刻行动，不把今天的事情留给明天；立刻行动，现在就是所有；立刻行动，即使行动不会带来快乐与成功，但是动而失败总比坐以待毙好。行动也许不会结出快乐的果实，但是没有行动，所有的果实都无法收获。明天是为懒汉保留的工作日，是失败者借口成功的日子。除非行动，否则我们将在失败、不幸、夜不成眠的日子中死亡。成功不是等待，而是将理想、目标化为实在的行动，脚踏实地地努力，一步一步地接近目标。因此，此时、此地立刻行动！

三、提高生存能力，提升生命质量

生命质量的提升不仅需要我们有生命价值意识，还需要具备相应的生存能力。生存能力是指个体为维护自己的社会存在而获取衣、食、住、行的基本能力。它随着时代的发展不断变化。在全球化、信息化的今天，生存能力主要包含了以下几方面内容：

1. 适应能力

适应能力是一个人综合素质的反映，与个人的思想品德、知识技能、创造能力等密切相关。一个适应能力比较强的人能够很快适应新的环境，即使是在比较困难的情况下，也能够变不利因素为有利因素，并最终取得成功。

2. 沟通能力

沟通能力是指个人表达自身思想和从他人那里获得信息的能力。现代社会的进步和科学技术的发展，要求每个出色的社会成员都必须具备较强的沟通能力。因为作为单个的人已不可能再像过去那样独立地完成工作任务或研究课题。培养沟通能力需要自信和技巧，要注意沟通双方的互惠互利，要学会站在对方的立场和观点上看问题，要积极在矛盾和冲突中找到共同点。而不要任意评价别人，不要采用不恰当的询问、命令的语气或威胁的话语，不要提出模棱两可的观点，不要注意力分散或言不由衷。

3. 交往能力

人际交往能力是人们实践经验的结晶，单纯通过教科书的学习是无法培养交往能力的。因此，要培养自己的交往能力，就要大胆参与各种交流和交往，使自己与他人心理相容、平等互敬。

4. 表达能力

表达能力主要包括口头表达能力、文字表达能力、数字表达能力、图表表达能力等。要想提高自己的表达能力，首先要敢于说，这是练好口才的前提；其次要拓宽自己的知识面，做到有话可说，这是练好口才的基础；最后，要善于谈话，这是练好口头表达能力的关键。文字表达能力也是大学生必备的基本素质之一，而当前许多大学生的文字表达能力有待提高，所以我们应抓紧时间去提高自己的人文素质，多做练习，使自己的文字表达能力得到锻炼和提高。

5. 动手能力

动手能力是将知识转化为物质的重要保证。“光说不练”“纸上谈兵”都不如实在的行动更能打动人。对大学生而言，无论今后从事教学、科研工作，还是在生产第一线从事技术管理工作，动手能力的强弱都将直接影响到自己的才能是否能够得到充分的发挥。因此，大学生应克服重理论、轻实践的倾向，在做到基础理论扎实的同时，提高自己的动手能力和生存质量。

6. 管理能力

每个人在工作中都会不同程度地运用到组织管理能力，这是现代社会对人才的新要求。在大学生活期间，要想培养自己的组织管理能力，必须学会抓住机遇锻炼自己，并注意用心向他人学习，以他人之长来补己之短。

7. 决策能力

决策能力是人们在面临多项选择时及时、果断地做出准确判断的能力。它可以使人以比较少的付出获得较大的收获。要想培养决策能力，必须克服从众心理，增强自信心，注意把握全局，勿求十全十美。

8. 创新能力

创新能力是指人的各种智力因素和能力品质在新的层面上融为一体，并有机地结合后形成的一种合力。要想培养创新能力，不仅要注意知识积累还要注意想象力和发散思维的培养。

9. 竞争能力

在现代社会，竞争能力是人们顺利完成某项活动所必备的一种心理特征。对于当代大学生来说，竞争能力的培养尤为重要。要想培养竞争能力，必须意识到竞争能力是自身发展和社会发展的需要，是自身综合实力的展示。我们只有掌握较多的技能，善于把握时机，敢于展示自己，才会在竞争中取胜。另外，在竞争中还应保持健康的心态。

在拥有基本生存能力的基础上，大学生还应自觉地锻造和提升自己多方面的生存能力，提高自己的综合素质和竞争能力，为自己将来的美好生活和社会发展而努力。

四、培养乐观特质

乐观是一种人格特质，是个人对未来事件的积极期望、积极解读和积极推测，相信事件朝着预期方向发展，表现为一种积极的解释风格。乐观是抵御恐惧和焦虑的心理防线，因而是调节心理健康和身体健康的一种重要的内部资源。

1. 积极解释和定义

积极解释和定义意味着，当你的生活中发生积极事件时，你会认为这是你的智慧、你的付出和为任务充分准备的能力使然，当你的生活中发生消极事件时，你能认识到这不仅仅是你的过错，并且是与未来事件或你生活的其他领域无关的孤立事件。当然这样解释不是让你推卸责任，而是促使你发现自身优势，更加乐观地走在奋斗的路上。

2. 用希望浇灌乐观

希望是乐观的力量源泉和维持乐观的精神支柱，很难想象，一个希望破灭的人还有什么乐观可言。相反，如果在困难中善于看到希望或者创造希望，不仅会变得更加乐观，有时还会产生奇迹。所以，学会用希望浇灌乐观是很有实效的。

最后一片树叶的故事：

一个生命垂危的小女孩儿，望着窗外渐渐枯落的树叶，也同时数着自己的生命：如果树上的叶子落尽，自己的生命也就走到了尽头。邻居是一位画家，他为了唤起女孩生命的希望，深夜冒着大雨在墙壁上画了一片树叶。无论刮多大的风，无论下多大的雨，这片树叶顽强地长在那里，女孩凭着这份希望，重新绽放了生命的光芒。

3. 值得推荐的小技巧

其一，乐观的关键是最大化你的成功和最小化你的失败。

其二，诚实地看待你的缺点是有益的，这样你可以致力于改正它们，但是关注你的优点是更加值得注意的。

其三，谨记，所有失败可以成为学习经验和通往下一次成功的重要一步！

其四，积极参与实践。

4. 立刻见效的技术

怎么能促使你的乐观带来更加巨大的健康、财富和事业成功呢？这里有五个立刻见效的技术。其中每一任务只需要一分钟就能完成，因此你能快速地实施并且在当天见效。

（1）腰板挺直、迈大步。乐观的人腰板挺直，步伐迅速，并且大步流星。悲观的人行为懒散，步伐缓慢，并且步履维艰。想象看到某人走路时昂首挺胸，步伐相当快速并且迈着大步，那个人的举止流露出自信。相反，耷拉着脑袋、耸着肩膀并且走路缓慢的人，小步伐流露出沮丧的心情。

为什么一个腰板挺直的姿势就决定了一个人的信心程度？因为在你打起精神之前，你首先需要挺直你的身体！

（2）快乐的声音。一个能如闪电般快速使人感到快乐的方法是使用快乐的声音。当你懊恼时，你的电话响了。你接起来，来电者正好是你想打动的人。我打赌你会用快乐的语调与他（她）交流，因此你会打动你的来电者。结果：你立刻开始感觉你的情绪高涨了。

心理研究证明，人情感上能感觉到自己在做事时的情绪。因此，如果你快乐地做事，你就感到快乐。并且快乐的声音是变得乐观的捷径。

（3）使用积极乐观的词。悲观者习惯于使用消极的词，而乐观者擅长使用积极的词。例如：悲观者说“我有一个问题”；相反，乐观者会说“我有一个再次做得更好的机会”。

消极词：问题，不耐烦，意志消沉，瞎混。

积极词：机会，充电，着迷，很爽。

（4）采取积极的态度。积极的态度关注如何解决问题，考虑自己的优势所在，思索如何取得成功。所以说，成为乐观者的首要方法就是关注问题的解决，在困难突然出现的时候，立刻制定解决策略并且实施行动。而消极态度关注问题本身，老是想着自己的不足，沉溺于面临的困难中，难以自拔。

（5）成为一个乐观的榜样。记住一段时期你是某些人的榜样。当你帮助了那个人，你也帮助了自己。如果你是雇员、同事、家人和朋友的一个愉快乐观的榜样，那么你同时也使自己乐观了。

你怎么做才能成为榜样呢？保证人们看到你是挺直腰杆和大步流星的，用快乐的语调说话，使用积极的词并关注问题的解决。

5. 变悲观失望为乐观希望

持悲观失望态度，总是假设最坏，在人的生活中有较大的消极后果。任何人都能成为一个乐观者。具体步骤如下。

第一，放弃世界反对你或者你是出生在阴霾天的假定。这是在科学方面没有依据的假定。因为你不可能预见未来，所以你不能断定它总是坏的。

第二，寻找你悲观失望的来源。研究发现，根深蒂固的消极性可能经常被追溯到童年经验。如果你看见的所有长大的人是失望、背叛和失败的，那么如今你感到世界灰暗自然是不足为奇的。有时孩子们从家长悲观的眼光中会有所收获，他们沿着这条线对世界做出消极的假设。不管怎样，你能越快将你的悲观情况归因于一个特殊的境遇而不是世界本身的状态，你就越容易改变悲观的观点。

第三，要明白“过去不等于未来”。因为你过去体验的痛苦或失望不能包括你将来经历的所有情况，不要让一个坏的开始成为一个坏的结局。

第四，把自己看作起因，而不是结果。你没有必要成为你的境遇的受害者。停止去考虑在你身上正发生着什么，并且开始考虑你会导致什么发生。如果你对现在的生活方式不满意，设置目标并采取行动吧。吸取你过去的经验去改变你的性格，同时做出更好的决定，而不是让悲观把你变成不惜一切代价避免风险的人。有时冒险是值得的，有时不采取行动就是采取行动。

第五，接受痛苦、失败和失望，并把它们作为生活的一部分，但不是生活的全部。在生活中，每天会冒许多险，而且不是所有的结果都是积极的。但是相反一些行动将导致好结果，并且通常聊胜于无。当不确定时，记住智慧的名言：

我支持它，因为它是真实的，无论什么事情发生；

我感受它，当我最哀痛时；

曾经爱过即使失去也比从来没有爱过要好。

第六，充满感激。一个乐观者是能识别所有情况的好处的。例如：“我是不及格而退学的”可以变成“很好，至少我有一个上学的机会，并且我仍然有时间更改我的年级”。拿着笔记本和笔，写下你做过和遇到的所有好事。在你感到消极时，通过读它们来提醒自己，并不是所有的事情都糟糕。

第七，使用积极肯定。写下提醒你尝试改变看待世界的方式的短句，把它们放在适当的位置上，保证你每天都可以看到。例如：卫生间的镜子上、衣物柜里、计算机显示器上等等。开始的某些肯定句子是：

任何事都是可能的。

我创造我的境遇，我的境遇不创造我。

我可以控制的唯一事情是我对生活的态度。

我总是有一个选择。

第八，切记生活是短暂的。当你感到悲观影响你的判断力或你开始对未来失去信心的时候，提醒自己珍惜时光，来保证你没有或有较少的时刻感受生活的失意。切记，悲观是不切实际的，它需要你浪费时间去细想未发生和不能确保发生的事，并且，悲观助长犹豫不决。

第九，做一个平稳的乐观主义者。没人建议你成为盲目乐观的人，看不到或不承认事情存在糟糕的一面。一个理性的乐观主义者会看到好和坏两个方面，做最坏的准备，向最好的方向努力。前者使你明智，后者让你乐观。

第十，最后的忠告：

（1）远离消极的人。如果你不可能远离他们，学会如何不让他们使你的情绪低落。

（2）不要让你的消极感控制自己。

（3）不要混淆悲观和消沉。消沉可能使一切看起来比实际的更糟糕。

（4）你只能改变你自己，你不可能改变其他人。

（5）当自己的境遇已成事实时，接受“过去是过去”的事实。既然已经做了，就随它去吧，但是它已经结束了，不要让消极境遇引发不合理的事情发生。

心理小贴士：

获得生命意义的途径

弗兰克尔指出，在平淡的日常生活中和痛苦与快乐交织的日常生活中，我们就更容易以自身的勇气和努力超越种种烦恼和焦虑，以积极的生命态度去完成人生赋予我们的使命。

弗兰克尔认为我们获得生命意义的途径主要有三条。

第一，找到一份工作或做点什么事情，对于那些在大街上来往的人们，到了要从看似没有意义的生活中提取意义的时候，他们的创造性简直叫人难以置信。例如，几年前一名拾垃圾的人受到了德国政府的奖励，因为他的工作令所有人感到满意。他在垃圾桶中寻找废弃的玩具，然后利用晚上将玩具修好，再作为礼物送给穷苦的孩子们。他的修理工作为他的拾垃圾工作增加了高尚的意义。

第二，经历一些事情或结交某些人，也就是说，我们不仅可以从工作中，而且也可以从友谊中找到生命的意义。

第三，最重要的是在痛苦中，在无望的环境中，面对无法改变的命运，仍然执着不悔，仍然坚持自己的理想信念，努力去改变自己，即在痛苦中经历生命的意义，这就能使生命得以升华。

（资料来源：陈昉、王明娟：《新编大学生心理健康教育》，北京邮电大学出版社2012年版，第198～199页。）

第三节　心理辅导与训练方案

一、成长三部曲——热身阶段

操作：

（1）所有的成员都蹲在地上扮演“鸡蛋”，然后两人一组“石头剪刀布”，赢的一方成长为“小鸡”，“小鸡”半蹲着走路，输的一方继续为“鸡蛋”蹲在地上。

（2）同为“鸡蛋”的两人继续“石头剪刀布”，赢的成长为“小鸡”，输的继续做“鸡蛋”，同为“小鸡”的两人也继续“石头剪刀布”，赢的成长为“大鸡”，“大鸡”站着走路，输的退化为“鸡蛋”。

（3）“大鸡”之间进行“石头剪刀布”，赢的成长为“凤凰”，可以回到座位，输的退化为“小鸡”。最后剩下各一个“鸡蛋”“小鸡”和“大鸡”。让成员分享感受。

二、感知——感受阶段

视频观看《生命的灵动》、Love Life的公益广告

大千世界处处充满生机，生命的色彩无处不在。看着嫩嫩的芽破土而出，看着绽放美丽的花朵，看着破壳而出的幼小生命，我们会从心底油然而生一种对生命的爱！生命如此的美好，我们有何理由不尊重爱惜生命！

观后感受分享：观看视频后，以小组为单位讨论，谈谈你对生命的认识。

三、理解——感想阶段

活动一：探索自我的生命历程

操作：

（1）活动准备。图画纸或 A4 纸每人一张、若干套油画棒或水彩笔、签字笔、音乐、不太舒服的椅子。

（2）活动过程。

冥想引导语：

“在这个不太舒服的椅子上，一边听这首乐曲，一边做个深呼吸。感谢你得之呼吸的能量，首先感谢自己活着，你继续呼吸，继续听着音乐，感谢自己今天来到这里，感谢自己决定要用这段时光来丰富自己，与人分享。如果你的身体有任何紧绷，请检查自己的脚是否放在地板上，背是否靠在椅子上，深深吸气到那紧绷的感觉里，给它一个爱的讯息，谢谢它让你知道你的不和谐。现在我邀请你随着这美妙的背景音乐，进入内在，那属于你的神圣之地，在你内在深处核心的地方，有着你的名字，感谢那部分的你，那是你的真我，是它带你来到这世界，带着你所有的潜能、所有的资源来成长，就在此刻，记得！是你做的，就是你，因为你在这里现在给自己一个许可，做一小段时光之旅，回到你出生的那一天，那个时刻，那个地方，你是个美好奇妙的小宝宝，带着生命力来到这世界，带着所有资源，这些资源让你成为今日的你与未来可能的你。谁在哪里呢？也许你知道，也许你只能想象，但确定的是你妈妈在那里，也许还有其他帮忙的人。然后快进你这一生的影片。甚至在你还不会说话的时候，你就发现自己对妈妈的期待，自己对自己的期待，还有他们对你的期待。你记得你想得到的东西你会向谁要，不会向谁要，你很早很早就学会了如何应对，你很早很早就知道别人对你的看法，很早很早，你就开始学习，开始了解且相信我们就是这样，你也有期待、渴望，渴望被爱、被重视、被宝贝。你可不可以给自己一点时间去回忆，你知道自己有多被重视，被宠爱呢？很早很早我们就对自己有个画像，那是个什么样的景象呢？有多少时候你真的觉得被爱、觉得很开心呢？有哪些挣扎呢？无论如何你感谢自己的力量，让你经历一切仍存活至今。如果过去很艰辛，那你可能有更多的力量，比别人更聪明，无论如何你感谢你所做的各样应对，感谢所有的艰难、所有的美好。然后你第一天上学，认识第一个小朋友，第一个朋友肯定你，把你当模范。一年一年过去了，我们到了青春期，这个阶段很辛苦，我们要找到我是谁，你好好感谢那些年岁的探索、创造、不适和梦想。如果梦想成真，你要做什么，你今天要做什么？你对自己明天的梦想是些什么，明年的呢，五年后的梦想呢？你可以看得到、感觉得到自己不久的将来吗？你是否感谢自己利用所有的资源去得到自己想要的？而且你还需要哪些资源来发现自己，帮助自己得到你要的，你能感谢自己拥有这些成长改变的机会吗？”

“不管你现在的感觉是什么，接触你的感觉，深深地吸一口气，吸进你的感谢，感谢自己活着，感谢那些人，他们没有创造你，而是催生你的生命力，感谢你内在的生命力，也感谢宇宙，我要你再谢谢自己，把自己带来这儿，谢谢自己和大家分享开放、好奇心、兴奋并去学习、成长和探索你的内在。现在我要你跟自己的能量接触，这些来自大地的能量，我们都拥有这些能量，还有来自上天的能量，感谢这两股能量在你内心交汇，请你给它们颜色，给来自大地的能量一个属于你的颜色，也给那来自上天的能量一个颜色，或者你可以给它们一个声音，一段属于你的音乐。在下一个呼吸里，你开始在内心起舞，跟你那独特的能量起舞。然后你可否允许自己牵着两边人的手，通过你的手跟他们的能量相遇，你开始感觉到，室内有一股美好奇妙的能量，当你准备好了，回到这里。给彼此有言或无言的欢迎，欢迎你左边的人，右边的人，我也再次欢迎大家，谢谢你们。”

（3）小组带领者请成员选出喜爱的颜色，根据上述冥想中出现的、自己在6岁以前、6～12岁和12～18岁的三个年龄阶段时看到的场景：住过的地方、读书的地方、家里的人物、周围的环境，分别画三幅画。

（4）画完后组内交流，促进自我了解与彼此了解。回顾过往的经历，每个时期命运都为你关上了哪扇门，开启了哪扇窗？

活动二：“假如生命还有三天”——生命的宝贵

操作：

（1）给每位学生发一张纸，每人在纸上写出假如生命只有三天大家会去做的事情。

（2）然后依次向右传，请其他学生写下他们对这位学生的鼓励或建议。直到这张纸最后落到主人的手里。

（3）每位学生仔细阅读他人写给自己的内心话。

（4）请学生们大声念出自己“三天生命的规划”，并对他人表示深深的感谢。

（5）活动分享其实每个人都有遗憾，也都想去挽回，只是因为一些原因没有去做，与其等到那个时候，不如现在就去做。如果我们把每一天都当作生命的最后一天来过，那我们的生命一定更加精彩。

活动三：突围闯关——生命的坚强

操作：

（1）将全体学生分成六组，每组一位组员站在团体中央，其他组员手臂互相勾住，形成包围。受包围者可任意用钻、跳、推、拉等方式力求挣脱突围。

（2）在此游戏中，被包围的同学极力想冲出来，筑成“包围墙”的同学极力挡住被包围的同学出来，双方相互“斗争”。

（3）一分钟内，不管是否突围成功，都换另一位组员突围，直到每位组员都尝试过。

（4）请“突围”成功的同学谈谈自己在活动过程中的感悟。

（5）活动分享：在灾难频繁的今天，我们很有必要对每个人自己的生命价值做一番思索。感悟生命和净化心灵，从而以愉快饱满的精神去度过剩余时光，在以后的人生路上走得更坚强和快乐。

活动四：我的 Style

操作：

（1）指导者准备彩色折纸，发给每一位学生。

（2）指导语：这是一个很特别的任务，每个人要用这张纸创造出雪花来。在任务进行中，眼睛要闭上，不可以偷看，不可以说话或问问题，请遵从老师的指令。现在，请闭上眼睛，保持安静，跟“我”一起来完成任务。

（3）先将手中的纸对折，然后在右上角撕下一个边长一公分的等腰三角形；

（4）再将手上的纸对折，然后在右上角撕下一个半径一公分的扇形（1/4 圆）；

（5）再将手上的纸对折，然后在右上角撕下一个边长一公分的正方形；

（6）等大部分学生完成指令动作后，指导者继续下指令。恭喜你们成功完成任务，现在可以睁开眼睛，看看你的纸，看看他的纸，请把你的纸举高，看看别人的纸；

（7）等学生看完后，请学生把完成任务后的心情及自己的特点写在“我的特别雪花”学习单上。

（8）讨论与分享：

①你的雪花是什么样子？周围人的雪花有与你的雪花形状完全一样吗？

②为什么你的雪花会与别人的不一样？这让你感受如何？试分析哪些因素会影响你的雪花创作过程，让你的雪花与他人的不一样？

③你有什么特别之处？你和别人有哪些不一样？你如何看待自己的这些不一样？你能接纳自己与他人的不一样吗？这让你有何感受？

四、整合——感悟阶段

活动一：拥有与丧失，珍爱生命

操作：

（1）每人发一张练习表，小组带领者请成员想一想个人生活中什么最重要，依次写下，并思考为什么这样写。

（2）组内交流分享每人的思考是什么及理由。

（3）然后请成员逐一删除，每删一项，就交流一遍。以帮助成员澄清自己的价值观，在丧失练习中学习珍惜拥有。体验丧失的痛，同时换位思考，体验亲人失去自己的痛，促进成员热爱生命。通过自我的探索与他人分享，使团体成员对自己的人生价值观有更深入的了解，并指导自己日常的生活。

你生活中最重要的五样事物及选择的理由： 1. 2. 3. 4. 5. 丧失练习（体验过程及内心的感受）：   练习中得到的启发：

活动二：冥想——独一无二的我

操作：

（1）切换灯光，将房间的光线调暗；

（2）播放轻柔放松的背景音乐；

（3）指导语：请先找到让你舒适的坐姿，让自己安静下来，跟随“我”的引导开始一段冥想之旅。如果这是你的第一次，说明这是你的新经验。可能会有点陌生与不寻常，如果你产生任何想法或感受都没有关系，接受它带给你的新体验。轻轻地闭上你的眼睛，注意自己的呼吸，留意几次吸气与吐气，同时使心静下来；如果分心，就轻轻地把注意力带回到呼吸上。

我努力在学习上做到最好，但我不要求自己十全十美。我接受不够完美的自己。我不必事事要求完美，我不需要做出让别人喜欢的样子，我不再把能量浪费在“别人会怎么看我”上面，我做我自己，我接受我真实的样子。我接受我的每一种感觉，不管是好的还是坏的，我开始学会爱自己，我不再批判自己做得好不好。我不再处处与别人计较，我不再活得那么辛苦，我做真实的我自己。我不再为别人而活，我不再为面子而活，我做我自己的主人，我活出我自己。

我是最特殊的人，我是世界上最独特的人，我是最真诚的人，我可以做自己；我爱我自己，我是最善良的人，我乐于分享，我乐于助人，我满意我自己；我接受丰足与爱，我接受我还有情绪，我接受我还有愤怒，我接受我还有怨尤；我接受我还无法做到无条件接纳一个人、爱一个人，我接受我还无法原谅某一个人，但是我正在努力学习爱，爱已经起步了。我的未来是安全的，我是安全的，我是可以放轻松的，我可以信任生命，我让自己成为接受的、开放的，我不必和别人比较，我可以做自己，我接受这样的我，我接受所有对我有益的事物。我努力敞开我的心，我对一切事情表达感谢，我接受爱，我值得被爱，我可以享受生命。

我值得享受丰足与爱，我已经被负面的念头掌控了几年！我决定摆脱它了！我一定做得到！我此生的目的是学习无条件地接受自己、接纳别人。世界上没有十全十美的人，完美的人并不存在。

我爱此时此刻的我自己，我爱我自己的每一部分，包括我的光明面与黑暗面。我接受我的残忍、邪恶，我也接受我的良善美好。我接受失败的我自己，我也接受成功荣耀的我自己。我接受过得不好的我自己，我也接受过得很好的我自己。

我是一个永恒的生命体，为了学习爱与宽恕来到人间。我是丰足、开放、慷慨、慈爱的。我乐于分享，我喜欢奉献。我接受现在的我自己，我接受这样的我自己。我值得被爱。不论过去曾经发生什么事情，都不影响我纯净美好的本质。

过去的阴影丝毫不影响我的纯净美好。爱与力量在我的内心深处，我有无限力量、无限潜能、无限智慧，我已经准备好！

生命意义感量表

1. 问卷

指导语：以下有20个问题，分别描述您的一些感受，每个问题下面有一个划分为7个刻度的标尺，标尺上的数字是从感受的一个极端延伸到另一个极端。请逐条在标尺上圈出最适合于您的数字。（请注意每个标尺上只能选择一个数字）

（1）我常觉得

1　2　3　4　5　6　7

无聊　　中性的　　充满活力

（2）我觉得我的生活

1　2　3　4　5　6　7

总是令人兴奋　　中性的　　单调无趣

（3）我的生活

1　2　3　4　5　6　7

毫无目标与计划　　中性的　　有清楚、明确的目标

（4）我的一生

1　2　3　4　5　6　7

空虚且毫无意义　　中性的　　很有意义与目标

（5）我觉得每一天

1　2　3　4　5　6　7

都是崭新的一天　　中性的　　都是一成不变

（6）如果可以重新选择，我宁愿

1　2　3　4　5　6　7

从未出生　　中性的　　再活九次这样的人生

（7）如果不再上学，我会

1　2　3　4　5　6　7

做一些我一直想做的事　中性的　整天无所事事

（8）在达成生活目标方面，我

1　2　3　4　5　6　7

毫无进展　中性的　完全达成我的理想

（9）当我空闲时，我觉得

1　2　3　4　5　6　7

空虚且沮丧　中性的　生活是多姿多彩的

（10）我觉得周围世界

1　2　3　4　5　6　7

令我感到困惑　中性的　很有意义且适合

（11）如果今天我死了，我会觉得

1　2　3　4　5　6　7

不虚此生　中性的　此生毫无价值

（12）想到我的生命，我

1　2　3　4　5　6　7

常怀疑我为什么活着　中性的　能了解自己活着的理由

（13）我是一个

1　2　3　4　5　6　7

很不负责任的人　中性的　很负责任的人

（14）对于“人有选择的自由”这个观点，我相信

1　2　3　4　5　6　7

人有完全的自由　中性的　完全受遗传和外在环境的影响

（15）我觉得死亡是

1　2　3　4　5　6　7

很可怕的事　中性的　很自然的事，是生命的一部分

（16）对于自杀，我

1　2　3　4　5　6　7

曾认为是解决问题的一种办法　中性的　从不考虑

（17）我觉得自己寻找生命意义、目标或人物的能力

1　2　3　4　5　6　7

很强　中性的　完全没有

（18）我觉得我的生命

1　2　3　4　5　6　7

掌握在我的手中　　中性的　　不是我所能控制的

（19）我觉得我日常的任务或工作是

1　2　3　4　5　6　7

快乐和满足的来源　　中性的　　痛苦与沉闷的

（20）我发现我

1　2　3　4　5　6　7

还没有找到生活的使命　　中性的　　已找到明确且令我满意的目标

2. 计分方法

生命意义感量表包括20道题目，以7级计分方式作答，4的位置代表中立，两端各有相对的形容词句，被试依个人的实际感受加以选择。计分方式为将各题得分相加，其中第（1）、（3）、（4）、（6）、（8）、（9）、（10）、（12）、（13）、（15）、（16）、（20）题为正向计分题，第（2）、（5）、（7）、（11）、（14）、（17）、（18）、（19）题为反向计分题。

3. 结果解释

总分由20～140分，112分以上者表示有明确的生活目标与意义；92～112分者对生命意义与目标不确定；92分以下者明显缺乏生命意义。分数越高，表示有越清楚的目标，即生命意义感高。量表分为4个维度：生活态度包括（1）、（2）、（5）、（7）、（9）、（15）、（19）、生活目标包括（3）、（4）、（8）、（13）、生命价值包括（6）、（10）、（11）、（12）、（16）和生活自主包括（14）、（17）、（18）、（20）。

推荐阅读：李伟文《电影里的生命教育》

在我们的成长岁月中，会遇到各式各样的问题。对生命有许多困惑和不解，但这些问题大多都无法有标准答案。于是我们可以选择看电影，从别人的人生故事中寻找答案。

推荐电影：《把爱传出去》

尤金·赛门特（凯文·斯帕西饰）是一位善于把生活安排得井井有条的社会学教师。阿琳·麦肯尼（海伦·亨特饰）是一位生活拮据的单亲妈妈，为了抚养儿子特维（海利·乔·奥斯蒙特饰）而没命地工作，借酒消愁是她的唯一“爱好”。

这一切在这一天发生了改变，尤金给特维的班级布置了一道特殊家庭作业：让世界变得更美好。特维决心从自己做起，因为他相信做善事一定会有善报，他想出了一个办法，帮助其他人，并让被帮助的人承诺去帮助其他人，于是他把无家可归的流浪汉请到自己家……在特维的感召下，人们从起初的猜疑、嘲讽到逐渐地表示认同，大家惊讶地发现自己在付出爱心的同时，也在得到别人的帮助，这个世界真的可以变得更美好！

参 考 文 献

[1] 马培安. 大学生心理健康教育 [M]. 济南: 山东人民出版社, 2014.

[2] 李广平, 余凯, 郭赟. 大学生心理健康教育 [M]. 北京: 北京大学出版社, 2013.

[3] 唐植文. 当代大学生心理健康教育 [M]. 北京: 北京邮电出版社, 2013.

[4] 崔艳. 大学生心理健康教育 [M]. 大连: 东北财经大学出版社, 2013.

[5] 孙智凭, 陈斯祁, 白托娅. 大学生心理健康教育与拓展 [M]. 北京: 中国传媒大学出版社, 2013.

[6] 樊富珉, 何瑾. 团体心理辅导 [M]. 上海: 华东师范大学出版社, 2010.

[7] 钟志农. 心理辅导活动课操作实务 [M]. 宁波: 宁波出版社, 2007.

[8] 李坤崇. 班级团体辅导 [M]. 北京: 中国人民大学出版社, 2010.

[9] 吴增强, 蒋薇美. 心理健康教育课程设计 [M]. 北京: 中国轻工业出版社, 2007.

[10] [美] 埃里克·H. 埃里克森著, 孙名之译. 同一性: 青少年与危机 [M]. 北京: 中央编译出版社, 2015.

[11] 焦雨梅, 穆长征, 覃江霞等. 大学生心理健康教育 [M]. 镇江: 江苏大学出版社, 2013.

[12] 曹前贵. 大学生心理健康教育 [M]. 长春: 吉林大学出版社, 2010.

[13] 黄俊伟, 钟毅平. 大学生气质类型与主观幸福感关系初探 [J]. 集美大学学报, 2010 (1).

[14] 徐岳敏. 学生心理拓展训练教师实用手册 [M]. 重庆: 西南师范大学出版社, 2010.

[15] 司家栋, 张付山. 使人成为人——体验式心理健康教育新课程 [M]. 济南: 山东文艺出版社, 2009.

[16] [美] David Capuzzi 著, 孙时进译. 团体咨询方法——培训师手册 [M]. 北京: 中国轻工业出版社, 2008.

[17] 明宏等. 心理健康辅导——基础理论、个体辅导、团体训练 [M]. 北京: 世界图书出版社, 2005.

[18] [美] Irvin D. Yalom, [加] Molyn Leszcz 著, 李敏, 李鸣译. 团体心理治疗——理论与实践 [M]. 北京: 中国轻工业出版社, 2010.

[19] 李权超, 谢玉茹. 使用团体心理游戏与心理辅导 [M]. 北京: 军事医学科学

出版社，2010.

［20］龚蕙香．团体心理咨询的实践与研究［M］．杭州：浙江大学出版社，2010.

［21］刘伟．集中·封闭·大型团体咨询［M］．北京：中国轻工业出版社，2010.

［22］阳志平等．积极心理学团体活动课操作指南［M］．北京：机械工业出版社，2010.

［23］傅宏．班级心理健康教育理论与操作［M］．江苏：南京师范大学出版社，2008.

［24］［美］亨德里克．因为爱情：成长中的亲密关系［M］．北京：世界图书出版公司，2014.

［25］郭瞻予，房素兰．让快乐伴你成长——大学生心理健康教育读本［M］．沈阳：辽宁大学出版社，2014.

［26］张大均．大学生心理健康教育［M］．北京：科学出版社，2011.

［27］周家华，王金凤．大学生心理健康教育［M］．北京：清华大学出版社，2010.

［28］闫军秀．当代大学生婚恋观的误区与教育对策［J］．河北师范大学，2010（6）.

［29］敖凌航，张少平．大学生心理健康［M］．武汉：武汉大学出版社，2011.

［30］戴朝护．大学生心理健康［M］．北京：北京大学出版社，2011.

［31］张湘富，张丽颖．大学生生命教育教程［M］．北京：高等教育出版社，2011.

［32］何敏，古晶．大学生心理健康教育［M］．西安：西安交通大学出版社，2014.

［33］白羽．改变心力——团体心理训练与潜能激发［M］．杭州：浙江文艺出版社，2006.